普通高等职业教育"十三五"规划教材

21世纪高职高专规划教材 ◆ 连锁经营管理系列

连锁经营管理专业示范建设系列教材

连锁企业采购管理

（第二版）

LIANSUO QIYE CAIGOU GUANLI

主　编　楼永俊　副主编　张　琼

中国人民大学出版社

·北京·

21 世纪高职高专规划教材·连锁经营管理系列
编委会

总 序

我国的连锁经营经过二十多年的发展，取得了令人瞩目的成果，呈现出强大的生命力。连锁经营现已遍布批发、零售、餐饮、中介、住宿、教育、旅游等众多领域，不仅境外品牌群雄逐鹿，本土品牌也日益壮大，这种形式已被企业广泛采用并得到消费者的充分肯定。近年来，随着连锁经营的迅速发展，连锁经营管理专业人才的需求急剧增加，但是由于我国高校连锁经营管理专业教育起步晚，发展时间短，在人才培养模式、课程体系、教学内容和教学方法等方面还有待于提高，无论在数量上还是质量上，都远远不能满足连锁经营发展的需要，连锁经营管理人才的短缺已成为我国连锁经营进一步发展的瓶颈。

为了促进连锁经营的发展，我国已将连锁经营管理作为紧缺人才岗位培训项目，有计划地培养连锁经营管理人才，许多高职院校陆续开设了该专业，招生和就业情况良好。例如，浙江商业职业技术学院开设了连锁经营管理专业，经过多年的建设取得了显著成绩，已被评为浙江省示范专业，为连锁企业输送了大量高素质应用性经营管理人才，受到企业的欢迎。

教材是专业建设的核心，是开展专业教学的基本依据，在贯彻执行国家的教育方针、培养高素质人才方面起着极其重要的作用。为了协助高职院校办好连锁经营管理专业，促进我国连锁经营的发展，中国人民大学出版社组织了全国多所在连锁经营管理专业方面办学有特色、社会影响力较大的高职院校成立了“21 世纪高职高专规划教材·连锁经营管理系列编委会”，选择经验丰富的专家学者、一线骨干教师和企业经营管理者共同编写了本套连锁经营管理系列教材，旨在进一步促进连锁经营管理专业的建设，提高教学质量，为我国连锁经营管理的发展提供人才保障。

该系列教材以保证基础、体现先进、强化应用、突出能力为指导思想。在编写组织上，基于精品课程，大多数参与院校的连锁经营管理专业为重点建设专业，强调“校企合作、工学结合”，编者中不仅有长期从事高职教育的教授，而且有来自连锁企业的经营管理者，校企优势互补，使教材更加适应连锁经营管理的实际需要；在设计思路上，以培养连锁经营管理的职业岗位能力为主线，贯彻“项目引导、任务驱动”的教学理念，突出高职教育特色，使课程体系和教学内容更加契合高职教育规律；在内容规划上，该系列教材内容精练、教辅完备，根据完成项目任务的需要设置了理论知识和实训项目，并提供课程网站、电子教案、案例集、PPT课件和习题答案等教学资源，为提升教学质量奠定了良好的基础；在教学方法上，以真实工作任务及其工作流程为依据科学地设计工作任务，教、学、做、评相结合，边做边学，理论与实践一体化，密切关注热点问题，使学生及时跟踪行业动态，积极主动地学习，并利用组织的协作培养合作意识和团队精神，得到全面发展。

近年来，我国连锁经营管理专业建设不断改革深化，已得到社会的认可和企业的支持，形成了良好的发展氛围。相信本系列教材的出版将进一步推动高职院校连锁经营管理专业的建设与改革，为培养高素质的连锁经营管理人才起到一定的促进作用。

前言

连锁经营作为我国现阶段发展最快、最富有活力的经营形式，已从零售领域逐步向批发领域、生产领域和服务领域迅速扩张。随着竞争的日益激烈，多数连锁企业已从过去跑马圈地式的规模发展，转向企业内部精耕细作式的经营与管理。能否科学有效地进行商品采购管理，控制或降低采购成本，是连锁企业实现经济效益的重要保障。也正因为此，连锁企业对采购管理的人才需求巨大。

本教材通过学校专业教师、行业企业专家与业务骨干的共同分析、论证，以连锁企业采购管理工作流程为主线，以连锁企业采购管理过程中的关键项目为载体，从采购部门具体岗位的工作任务出发，将专业知识教学与解决实际问题相结合，系统地设置了认识连锁企业采购管理、连锁企业商品采购决策、连锁企业采购谈判与合同管理、连锁企业采购作业管理、连锁企业供应商管理、连锁企业采购绩效评估与改善、连锁企业采购新模式的应用共7个项目模块。通过项目教学，使学习者不仅能了解连锁企业采购活动的业务流程与基础知识，同时能掌握完成采购管理过程中典型工作任务的基本技能。本次修订对个别内容疏漏进行了改正并增补了相关案例。

本教材既适用于高等职业教育财经类专业“连锁企业采购管理”课程的教学，也可供连锁经营管理人员培训进修使用，还可作为各类从事工商企业经营管理工作人员的参考用书。

本教材由浙江商业职业技术学院联合物美华东发展学院共同开发、编撰，由浙江商业职业技术学院楼永俊任主编、张琼任副主编。具体分工如下：楼永俊负责大纲拟定、体例设计和项目二、三、四、五的编写，张琼负责项目一、六、七的编写；物美华东发展学院徐建负责部分企业案例、制度规范、表格等资料的提供。全书由楼永俊总纂定稿。

本教材在编写过程中参考和借鉴了一些专家、同人的著作与论文，在此特别致谢。由于编者水平所限，书中难免有疏漏与不当之处，敬请广大读者不吝赐教，以便于修订和完善。

编　者

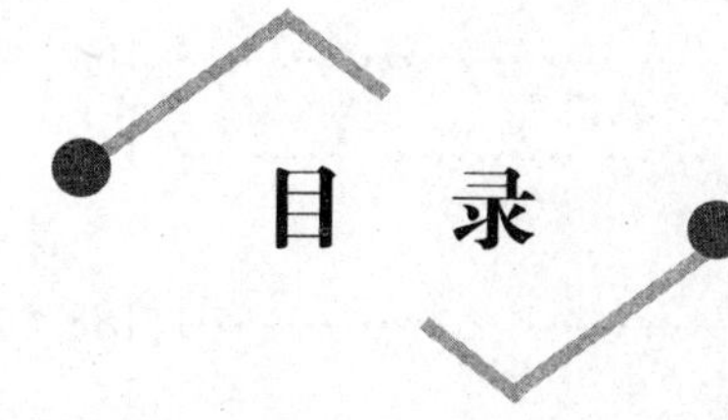

目　录

项目一　认识连锁企业采购管理

项目简介

连锁企业所涉及的行业大多属于竞争激烈的零售业或服务性行业，实施价格竞争的空间已然不大，连锁企业要想在当前的市场竞争中脱颖而出，唯有在降低成本上深挖潜力，这就迫使连锁企业必须将精力集中到采购环节。可以说，采购管理对于连锁企业而言，是核心竞争力，是主要的利润来源，其重要性是不言而喻的。而对于刚刚进入新星超市有限公司采购部的大学毕业生小李而言，学习相关的基础知识、了解采购部门的组织结构与职责、掌握采购管理的流程，是他开展具体工作的第一步。

工作流程

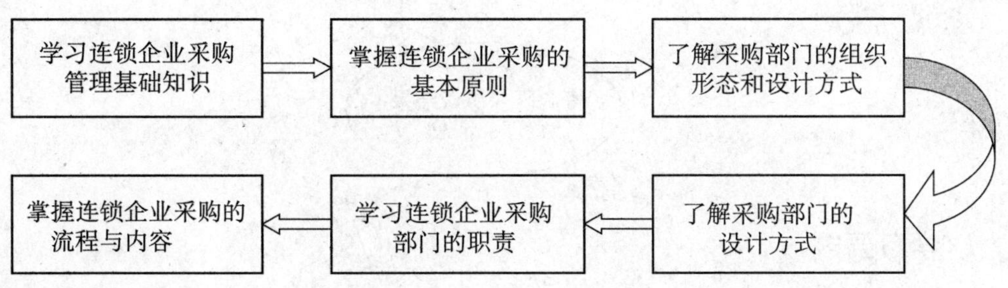

学习目标

- 能调查、分析连锁企业的采购类型、采购部门组织结构和管理职责
- 能清晰、准确地绘制连锁企业采购管理流程图

任务一　学习采购管理基础知识

小李到采购部报到的第一周，部门经理王峰就按照人事部新人入职培训的要求，让小李和采购部其他新进的员工参加相关培训。培训的主要内容包括：连锁企业采购管理的基本概念与采购原则、采购部门的组织形态与设计方式、采购部门的职责。在进行了三天的专题培训之后，培训专员布置了课后调查作业：新星超市有限公司采购部属于什么类型的采购组织？它的采购类型有哪些？部门管理职责和各岗位工作职责是什么？

任务工作流程

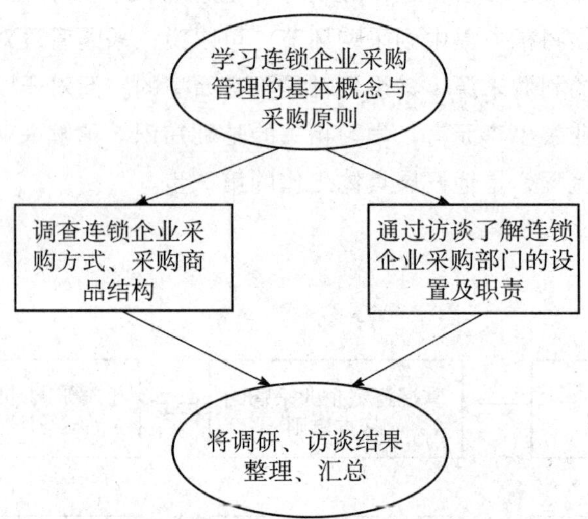

学习要求

能通过连锁企业采购管理基础知识的学习，了解连锁企业采购部门的组织形态、采购类型和职责。

相关知识

一、采购管理的基本概念与采购原则

采购管理是现代连锁企业管理的重要组成部分，其管理水平的高低是衡量连锁企业是

否具有核心竞争力的重要指标之一。科学的采购管理可以大大降低连锁企业的经营成本，从而提升经济效益和利润空间。

（一）连锁企业采购管理的基本概念

1. 连锁企业的含义

连锁企业是指采用连锁这种经营方式，将多个分店组成一个整体的企业形式。其本质是把现代化工业大生产的原理应用于商业，改变传统商业那种购销一体、柜台服务、单店核算、主要依赖经营者个人经验和技巧来决定销售的小商业经营模式，实现店名、店貌、商品、服务的标准化以及商品购销、信息汇集、广告宣传、员工培训、管理规范等的统一化，最终实现商业经营活动的标准化、专业化和统一化，从而达到提高规模效益的目的。

2. 连锁经营的特点

与传统的企业经营形态相比，连锁经营作为企业的一种现代化经营模式，具有鲜明的特点：

（1）多店铺组织。连锁经营从基本形式来看，是由一个总部和若干个门店组成的。我国《连锁经营规范意见》规定：连锁店应由 10 个以上门店组成。这些门店如同被一条锁链连接在一起，所以称为“连锁商店”。因此，多店铺组织是连锁经营的基本特征。

（2）网络化流通。连锁经营的多店铺组织形式，从其业务营运角度来分析，其实质是网络化流通。连锁企业通过对上游企业的控制建立供货网络，通过门店扩张控制最终市场，并通过信息网络实现两者的有机联结。

（3）标准化管理。标准化管理是多店铺组织与网络化流通的必然要求，其目的是确保连锁门店的统一形象，稳定商品质量和服务质量，简化管理工作，提高管理效率，并控制人为因素对经营管理可能造成的不利影响。

3. 连锁企业采购管理与采购的区别

连锁企业采购管理，就是指为保障连锁企业商品或物资供应而对整个连锁企业采购活动进行计划、组织、指挥、协调和控制的活动。这种管理活动不但面向连锁企业全体采购人员，而且面向连锁企业其他人员，其使命就是要保证整个连锁企业商品或物资的正常供应与流转。

采购是指在一定的时间、地点条件下，通过商品交易手段，实现从多个备选对象中选择购买能够满足自身需求的物品的企业活动过程。连锁企业采购，是指连锁企业根据连锁经营需求提出采购计划、审核采购计划，有目的地选择供应商，并经严格的商务谈判，确定商品价格、交货方式及相关条件，最终签订合同并按合同要求收货付款的过程。相对来说，采购只是指具体的采购业务活动，一般只涉及采购人员，其使命就是完成采购部门布置的具体采购任务。

可见，连锁企业采购管理和采购不完全是一回事。虽然采购本身也有具体的管理工作，但它属于采购管理的组成部分。不过，采购管理本身又可以直接管到具体采购业务的每一个步骤、每一个环节和每一个采购人员，因此，采购管理与采购又是有联系的。连锁企业由于采购量大、品种多、牵涉广、事情复杂，管理工作必不可少，所以都毫无例外地设有采购管理组织机构。

4. 连锁企业采购的主要特征

（1）实行统一采购制度。

对于连锁企业来说，其核心竞争力就在于实行统一采购制度。只有实施了统一采购，才能真正做到统一陈列、统一配送、统一促销策划、统一核算，才能真正发挥连锁经营的规模经济优势。

在连锁经营中，商品采购权主要集中在总部，由总部设立专门的采购部门或配送中心承担采购任务，各门店一般不承担采购任务。与传统商业分散采购相比，统一采购有利于降低采购成本、规范采购行为、稳定商品质量。

（2）购销业务统分结合。

虽然连锁企业实行统一采购和购销分离的经营体系，但总部采购人员的职责绝不仅仅是将商品采购进来，他们还要对商品销售负责，要统一规划促销活动。这就促使采购人员在决定商品采购前要及时掌握销售动态，真正做到“以销定购”，同时门店也可在总部授权下对少数具有特殊配送要求的商品进行采购和加工，如生鲜商品中的叶菜、鲜活水产和各类熟食品等。

（3）采购计划性强。

连锁企业采购计划的制订，是建立在对市场状况和供应商情况进行深入调查研究的基础之上的，充分体现了消费的需求和商品的供应趋势。因此，连锁企业的商品采购必须制订周密的计划，并按严格的程序执行，以此体现连锁企业的经营方向和经营方针。

（4）采购批量大。

连锁企业由于拥有庞大的销售网络体系，占据众多的零售终端渠道，因此，与其他形式的企业相比，其商品采购批量特别大。这就使连锁企业在与供应商进行采购谈判时处于相对的优势地位。连锁企业有条件在互惠互利的基础上，要求进入连锁销售网络的供应商以较低的价格提供商品，从而降低成本、提高利润。

5. 连锁企业常见的采购类型

根据我国连锁企业经营管理的现状，目前连锁企业常见的采购类型有以下四种。

（1）代销采购。

代销采购是指连锁企业先将供应商的商品采购到各门店销售，然后按采购合同约定的结算时间和结算方法，与供应商进行货款结算的一种采购方式。代销采购具体有两种形式：

1）定期结算。定期结算是指连锁企业在约定期限内（一般是三个月以内），根据所采购商品的销售情况付款给供应商。连锁企业实际销售多少，便给供应商结算多少，已在连锁企业但还没销售的商品暂不结算，待下次结算时再根据销售情况结算。

2）批次结算。也称翻单结算，即连锁企业与供应商约定，供应商送来第一批商品，连锁企业先暂不付款，在连锁企业要求进下批货时再将上次所欠货款全部付清。结算的利润分成由双方事先在合同中约定，没有固定的模式。这种采购形式的最大优势是减少了连锁企业的资金占用和经营风险，但却大量占用了供应商的流动资金，且连锁企业的利润空间较小，在结算不及时的情况下，还容易引起经济纠纷。

（2）买断采购。

买断采购是指连锁企业收到供应商的商品时，经检验符合合同所规定的标准，便立即付清全部货款的采购方式。这是一种购销关系比较规范的采购方法，也是在国际零售业比较普遍的经营手段，如美国沃尔玛 80%的商品都是买断经营，德国麦德龙 89%的利润是通过买断经营来获取的。

买断采购按货款结算的条件不同，又可分为“即期结算”（货到付款或款到付货）和“数期结算”（货到后一定期限内结算）两种。即期结算的优点在于连锁企业不会对供应商拖欠货款，从而大大减少了供应商流动资金被占用的情况。采用数期结算的一般在 1～3 个月内结算，数期越短，连锁企业要求的进货价就越低。实施买断采购，供应商不需要对商品进行退货，一旦商品滞销，连锁企业便要承担所有损失，因此买断商品的进货价一般比代销低。买断采购把连锁企业真正推向市场竞争的前沿，全面考验连锁企业的综合管理能力。从总体上来看，买断采购增加了连锁企业的资金占用和经营风险，但能以较低的价格采购商品，利润空间较大。

相关链接 1－1

小城市家电连锁之“基因”

与家电连锁巨头“大规模采购、低价格分销”的竞争模式相比较，四五线城市家电连锁更有特色和核心竞争力。在这个连锁体系中，各个县级市开设自营连锁店，是一个集物流、管理和服务等多项功能于一体的综合控制中心；围绕每个县级市，在周围每个乡镇开设 1～2 家连锁店，同时在每两个连锁店之间开设一个维修店。

首先，完全买断的采购模式更适合规模较小的基层市场。因为可以获得厂家最低价、最“新鲜”的货源。表面上采购方承担了市场风险，但却有助于其以“短、平、快”的销售模式实现快速周转。据悉，这些家电连锁店平均每 10～15 天就更换一次最热点的货源，能保持商品始终是最新的。这对于不走“类金融”道路的小连锁体系来说，是一条比赊购更踏实的路子。

其次，解决农村消费者购物便捷性问题最为直接的方法就是把家电店开到农民的家门口；而解决三、四级市场消费者信任问题最有效的方法就是用统一的品牌、商品、定价和服务开设连锁店，由容易被消费者信任的当地人来管理。这些开在农民家门口的家电店，产品品牌、价格和城里的都一样，还能迅速送货上门，维修服务也十分便捷，消费者自然买账。

最后，售后服务将成为小连锁体系最强有力的优势。为了满足三、四级市场消费者的售后服务需求，每两个连锁店之间，选取交通便利的地方设立一个家电维修点。而这些维修点员工的培训、日常的管理，也都纳入自营连锁店的管理范畴。

资料来源：www. yzdsb. com. cn.

(3) 订单采购。

订单采购是指连锁企业根据市场情况和销售经验，在商品的规格品种、花色质量和数量时间等方面明确向供应商提出要求并按单订货的方法。订单采购的结算可分两种方式进行：一是连锁企业先付一定比例的定金，货到后再付清余款；二是等货到后一次性付清全部货款。如国美电器脱离中间商，与长虹、TCL、康佳、海信、东芝、索尼、松下、LG、飞利浦、三洋等众多厂家直接接触，开出亿元采购订单。

(4) 招标采购。

招标采购是指大型或特大型连锁企业定期向全社会公布本企业的商品采购计划和要求，各供应商自愿投标竞争，连锁企业经过一定程序选定供应商后再签订合同并按合同供货的方法。招标采购能使连锁企业在较大范围内选择最佳供应商，采购到质优价廉的商品来满足市场需求。但这种方法一般适用于具有较大的规模和较高的市场信誉的连锁企业。

(二) 连锁企业的采购原则

由于采购管理是连锁企业成本管理中最有价值的部分，因此在实施采购活动时必须遵循相应的基本原则。

1. 五不原则

“五不”即无计划不采购、三无产品不采购、名称规格不符不采购、无资金来源不采购、库存已超储积压的商品或物资不采购。

2. 五权分离原则

“五权分离”就是计划审批权、采购权、合同审查权、质量检验权、货款支付权应分开，以有效防止采购人员的徇私舞弊行为。

3. 六优选原则

“六优选”是指质优价低优选、本企业优选、近处企业优选、老供应商优选、直接生产企业优选、信誉好的企业优选。

4.5R 原则

（1）适时（Right Time）。需要购进的商品如果不按时购进，就会出现脱销或者因为调整计划而造成管理成本增加；不该购进的商品购进了，就会导致企业资金的积压，而且可能会造成商品贬值。

（2）适质（Right Quality）。很多企业的采购人员只考虑商品采购成本，而往往忽略了品质成本，品质成本主要包括预防成本、鉴定成本以及失败成本。

（3）适量（Right Quantity）。采购人员应依照销售需求计划中的数量购买商品，配送中心管理人员也应以订购单的品名、数量、交货期作为收货的依据。

（4）适价（Right Price）。价格永远是采购时要考虑的重要因素。

（5）适地（Right Place）。能在近处购买就不必舍近求远。

相关链接 1-2

对于家乐福而言，如何在保证商品一定质量水准的前提下尽可能控制价格是一个重大的问题。大型连锁超市快速发展的基础就是向消费者让利，也就是控制价格。而它所“让”的这部分“利”从哪里来？首先就是控制供应价格，压缩供应商的利润空间；其次就是控制物流成本。据估计，家乐福的平均物流成本已经占到经营成本的15%以上，而个别商品（如生鲜产品）的物流成本可能已经高达50%以上。事实上，物流成本这部分还有非常大的压缩空间，但在现有的分区采购、分区物流的情况下还很难说究竟有多大的潜力。

资料来源：张琼．连锁采购管理实务．大连：东北财经大学出版社，2010.

二、连锁企业采购部门的组织形态与设计方式

（一）连锁企业采购部门的组织形态

连锁企业采购部门的组织形态有集中型采购组织、分散型采购组织和混合型采购组织。连锁企业一般采用集中型采购组织形态。

1. 集中型采购组织

集中型采购组织的结构如图 1-1 所示。这种组织结构，一般在连锁企业总部层面可以找到中心采购部门。商品采购的决策集中制定，在制定过程中通常与中心工程技术或研发机构紧密合作。这种集中决策模式，既体现在供应商选择决策上，也体现在与供应商之间的商贸洽谈上。连锁企业与具有资格的供应商之间所签订的合同，通常长达数十页，规定的各项条款十分详细，既规定了一般的采购条件，也规定了特殊的采购条件。采购活动一般由连锁企业总部的采购部门实施，我们从某百货连锁企业集中型采购组织图（见图 1-2）中可以看出这一点。

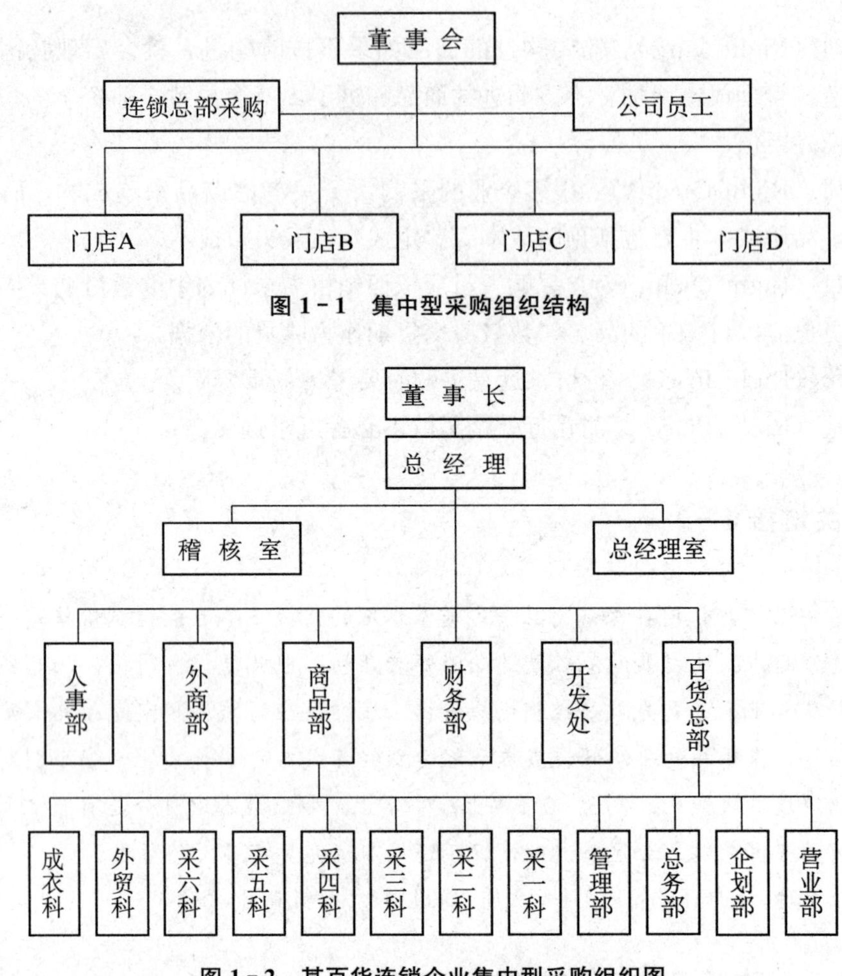

图1-1　集中型采购组织结构

图1-2　某百货连锁企业集中型采购组织图

连锁企业采用的集中型采购主要有以下三种组织形式：

（1）总部职能采购部门组织形式。

即连锁企业采购权集中在总部，并设立专职采购部门负责完成采购任务，采购权一般不下授，品项的导入和淘汰、价格的确定与调整以及促销活动的规划等均由总部决定；门店只负责商品陈列、库存管理以及商品销售等工作，对商品采购无决策权，但可以根据门店销售情况对商品采购提出建议和要求，以供总部采购时参考。

此种组织形式的优点是：大批量集中采购可以降低成本，提高经济效益；门店专心致力于销售，可提高销售效率；容易形成较好的价格形象，便于连锁企业掌握货源。其不足之处是弹性小，难以满足消费者多样化需求，门店与采购部门之间容易产生矛盾。

（2）采购委员会组织形式。

大型或特大型连锁企业往往建立采购委员会来进行商品采购决策。采购委员会成员由各门店选派的人员组成，目的是综合各门店的意见，以使采购决策更加科学合理。但由于采购委员会成员比较复杂，出现意见分歧往往难以在短时间内统一，会错失采购时机。所以，这种组织形式较适用于所经营的商品品种变化不大的连锁企业。

此种组织形式的优点是：能充分听取各门店意见，采购决策更为合理；门店与采购部门共同参与采购决策，可减少双方矛盾。其缺点是容易发生意见分歧，导致采购决策时间过长。

（3）联合采购组织形式。

这是指由各连锁企业组成采购联盟等采购组织，实行统一采购、分散销售，从而低成本、高质量地完成采购任务的一种组织形式。此种组织形式主要被自愿连锁和特许经营连锁等连锁组织所采用，目的是通过联合实现大批量采购，以降低成本、提高经济效益。

此种组织形式的优点是：采购量大，容易获得较优越的进货条件；专业采购，能保证商品质量；小企业也能享受较大的折扣收益。其缺点是：只适用于销路较好的大众化商品；组织复杂，运作协调难度较大，采购时间比较长。

2. 分散型采购组织

以某大型连锁超市为例，分散型采购组织的结构如图 1－3 所示。分散型采购组织的主要特点是每个门店的负责人对自身的财务后果负责，这种组织形态常见于连锁刚形成时。其优点为：将采购权委托各门店自行负责，可精简人力；采购组织具有相当弹性，较具市场竞争力；价格由各门店自定，机动性强，有较大的经营主导权；较能符合消费者的需求；有利于各门店与供应商直接沟通。其缺点是：不同的经营单位可能会与同一个供应商就同一种产品进行谈判，结果达成了不同的采购条件，当供应商的物资供应吃紧时，经营单位之间可能会成为竞争对手；较难发挥大量采购、以量制价的功能，利润很难控制，容易产生各自为政的弊端，且无法塑造连锁经营统一的企业形象。

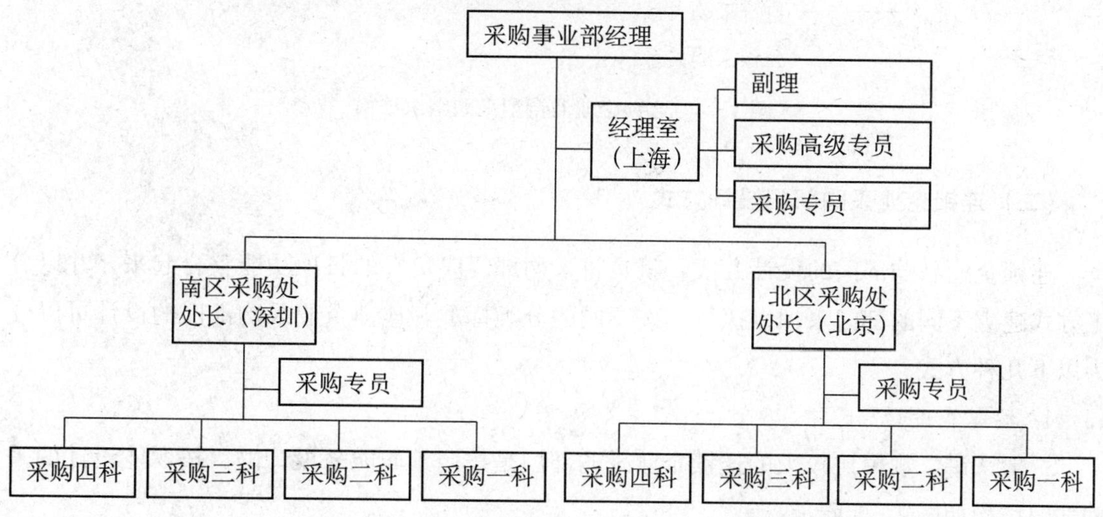

图 1－3　某大型连锁超市分散型采购组织结构

实际上，选择分散型采购组织的连锁经营并不是完全意义上的连锁经营。

3. 混合型采购组织

一般而言，采用混合型采购组织形态的连锁企业，在连锁企业一级的层次上存在着企业采购部门，同时连锁企业内部的各门店也进行采购活动。

连锁企业采用混合型采购组织形态，通常是基于以下几种情况：

一是配送系统尚不完善，全部商品由总部采购还不经济，部分商品需要门店自行采购；

二是当地的一些尚未进入工业化生产的土特产品，可由门店根据经营需要自行采购；

三是一些鲜活商品和易腐烂的瓜、果、蔬菜等食品由门店根据自身的经营条件自行采购；

四是一些加盟店、特许店，在征得总部同意后也会根据自己原有的经营特点，对某些商品进行自行采购。

连锁企业混合型采购组织结构如图 1-4 所示。

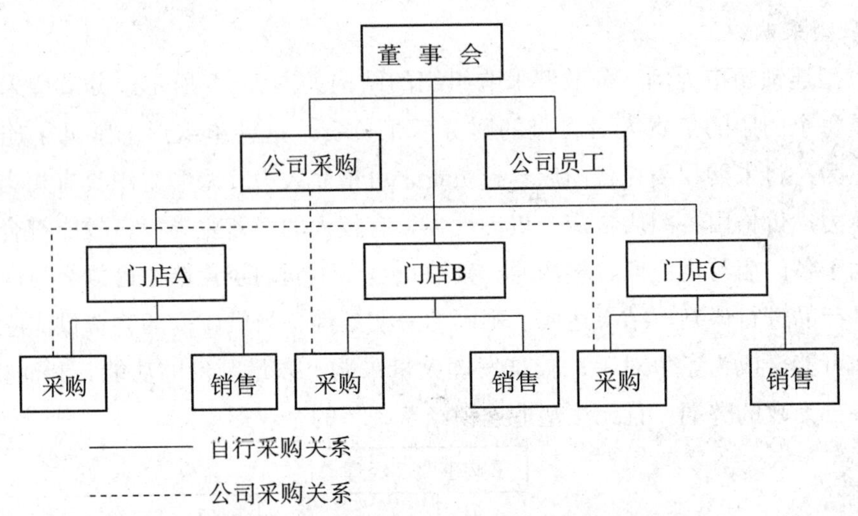

图 1-4　连锁企业混合型采购组织结构

（二）连锁企业采购部门设计方式

连锁企业采购部门的设计方式，就是将采购部门应负责的各项功能整合起来，并以分工方式建立不同的部门来加以执行。按不同的分类标准，连锁企业采购部门的设计可以分为以下几种方式。

1. 按职能设计

一般来讲，规模比较大的连锁企业采购部门是按照其职能来设计的。按职能设计的采购部门结构如图 1-5 所示。

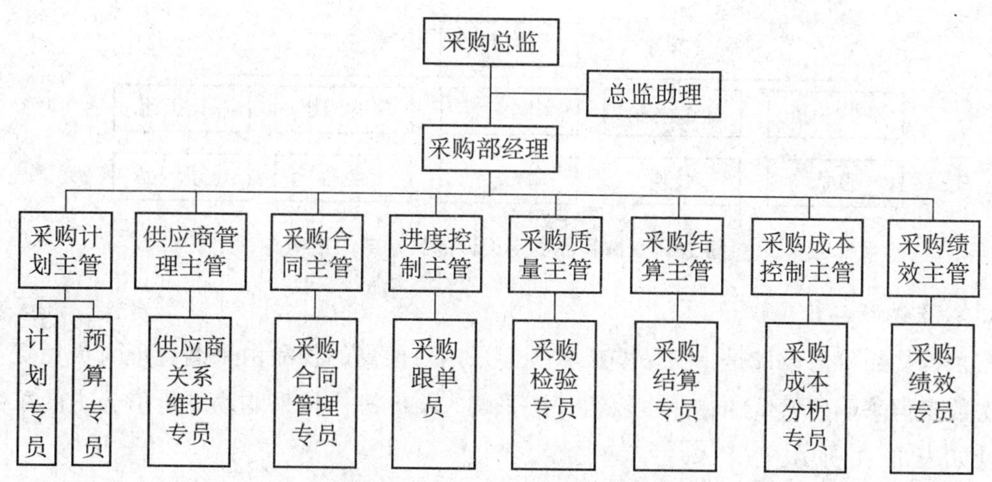

图 1-5　按职能设计的采购部门结构

2. 按采购地区设计

按采购地区设计是指依照连锁企业商品的采购来源分设不同的采购部门，如国内采购部、国际采购部。按采购地区设计的采购部门结构如图 1-6 所示。

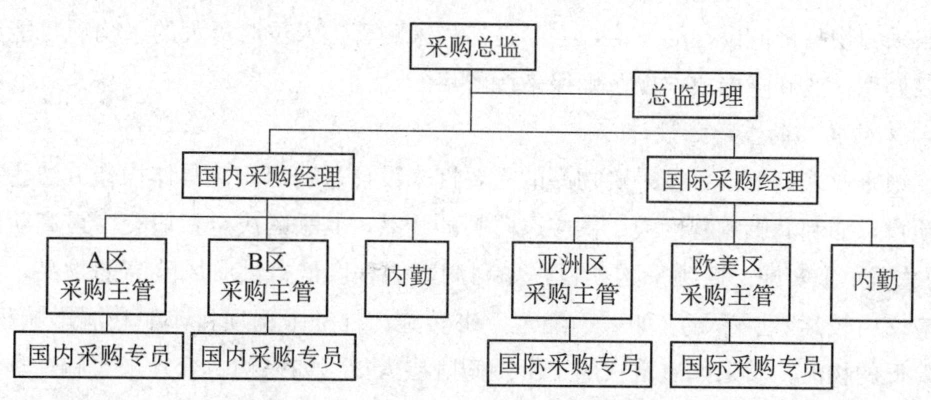

图 1-6　按采购地区设计的采购部门结构

这种采购部门的划分方式，主要是基于国内采购和国际采购的手续以及交易对象有显著的差异，因而对采购人员的工作要求也不尽相同。不过，采购总监必须就所购买商品比较国内外采购的优劣，判定采购事务应交哪一部门承办。

3. 按物品类别设计

按物品类别设计是指采购部门按物品类别分别设立采购部门。按物品类别设计的采购部门结构如图 1-7 所示。

此种采购部门的设计方式，可使采购人员对其经办的项目非常精通，能够发挥“熟能生巧”以及“触类旁通”的优势。这也是连锁企业最常见的采购部门设计方式，适用于采购种类繁多的连锁企业。

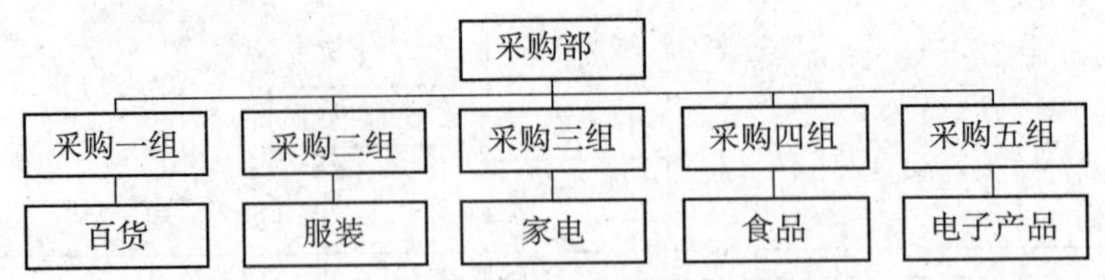

图 1-7　按物品类别设计的采购部门结构

4. 按采购物品价值设计

按采购物品价值设计是指将采购次数少但采购价值高的物品由采购管理人员负责，将采购次数多但采购价值低的物品授权给基层采购人员办理。按采购物品价值分工的采购组织设计如表 1-1 所示。

表 1-1　按采购物品价值分工的采购组织设计

物品	价值	次数	承办人员
A	70%	10%	经理
B	20%	30%	主管
C	10%	60%	职员

按照采购物品价值设计的方式，主要是保障采购管理人员对重大的采购项目能够集中精力加以处理，达到降低成本以及确保来源的目的。

5. 按采购物品的重要性设计

在连锁企业采购中，可按采购物品的重要性来设计采购组织。具体操作方法为：策略性采购项目，如利润影响程度大、供应风险高的物品，其采购决定权应交由最高阶层领导（如采购总监）来实施；瓶颈采购项目，如利润影响程度低、供应风险高的物品，其采购决定权应交由较高阶层领导（如采购经理）来实施；杠杆采购项目，如利润影响程度高、供应风险低的物品，其采购决定权应交由中间阶层人员（如采购主管）来实施；非紧要采购项目，如利润影响程度小、供应风险低的物品，其采购决定权应交由较低阶层（如采购职员）来实施。按采购物品重要性分工的采购组织设计如表 1-2 所示。

表 1-2　按采购物品重要性分工的采购组织设计

类别	利润影响程度	供应风险	采购承办人
策略性采购项目	高	高	采购总监
瓶颈采购项目	低	高	采购经理
杠杆采购项目	高	低	采购主管
非紧要采购项目	低	低	采购职员

6. 按采购过程设计

在连锁企业中，按采购过程设计采购部门可将询价、比价、议价和决定分由不同人员负责，能产生内部牵制作用。按采购过程设计的采购部门结构如图 1-8 所示。

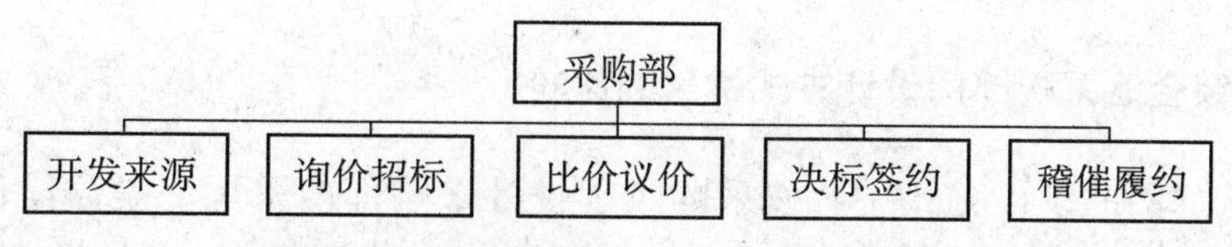

图 1-8　按采购过程设计的采购部门结构

这种采购部门的划分方式适用于采购量价值巨大、事务浩繁，且作业过程复杂、交货期长以及采购人员较多的连锁企业，借此可将采购工作分工专业化，以避免由一位采购人员承担全部有关作业可能造成的不利情况。

7. 混合式设计

在许多稍具规模的连锁企业中，通常会兼有以采购物品、地区、价值等为基础来建立采购部门的内部组织。按混合式设计的采购部门结构如图 1-9 所示。

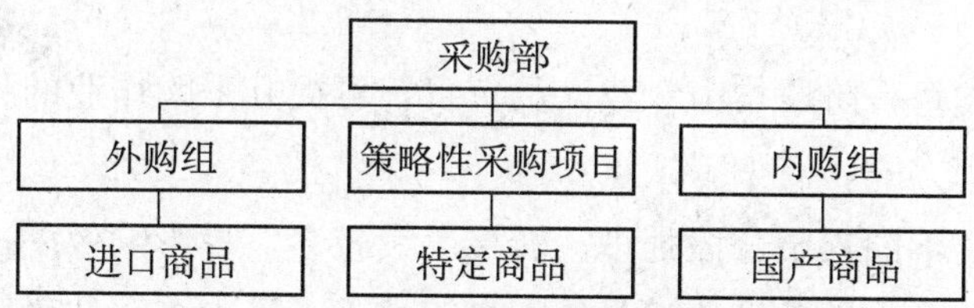

图 1-9　按混合式设计的采购部门结构

相关链接 1-3

某连锁超市采购部门组织结构图

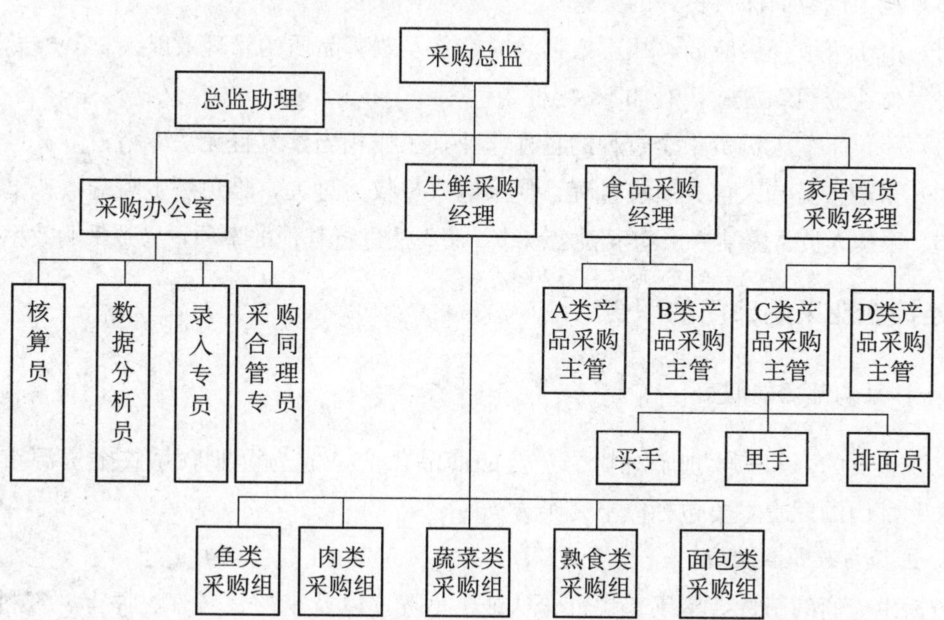

资料来源：周鸿：采购部规范化管理工具箱．北京：人民邮电出版社，2008.

（三）连锁企业采购部门设计方式优劣的比较

以上采购部门的设计方式中，按采购过程设计采购部门采用的是分段作业的组织方式，每位采购人员只承担一项采购事务的部分过程并承担局部责任；其余的设计方式分别以物品、地区、价值等为基础来建立部门，采购人员承担一项采购事务的全部过程与有关作业，包括开发来源、询价、订购、付款等，并承担一切责任，这是一贯作业的组织方式。

分段作业的组织方式，有下列优点：

（1）每位采购人员只负责采购过程的一部分，能减少错误；

（2）采用分段作业的组织方式，一方面是分工合作，另一方面则内部牵制，故采购人员不容易勾结；

（3）采购过程的每一阶段均由专业人员负责，可提升采购作业的品质。

分段作业的组织方式，有如下缺点：

（1）采购过程由不同人员分段处理，转接手续较多，易影响效率；

（2）采购人员各自为政，且购买与使用之间接手人员太多，徒增联系上的困难；

（3）采购人员因其对任何采购项目均无完整的决定权，故工作满足感比较低。

一贯作业的组织方式，有下列优点：

（1）一位采购人员可综合全部采购过程，权责相当分明；

（2）符合规模经济的原则；

（3）能与供应商保持良好的关系；

（4）由于可取舍供应商，故可增强及时交货及改善品质的管理效能。

一贯作业的组织方式，有如下缺点：

（1）一位采购人员负责全过程的各项作业，工作相当繁复且无法专精；

（2）采购人员一人包办所有过程，使采购人员权力过大，难免滋生弊端；

（3）采购人员常因某一采购事项之羁绊，而无法进行其他的事项，导致采购效率偏低。

三、连锁企业采购部门的职责

（一）采购部门的职责

连锁企业的采购，实现了对整个企业的商品供应，成为企业联系整个资源市场的纽带。采购部门的职责主要包括以下几个方面。

1. 选择与评价供应商

包括供应商的筛选、鉴别、评价、认证、培养，以及审核、考察、评审、资料备案等具体工作。它是采购工作的起点和重点，没有对供应商的了解和管理，供应商的产品和服务就很难满足企业的需要。对供应商做的工作越多，采购工作就越有效率，管理问题就越少。

2. 保证企业在采购价格上的优势

采购部门应及时了解市场（国际/国内）的行情，保证连锁企业在采购价格上的优势，在市场状况发生明显变化时能够妥善利用供应商的资源并采取适当战略降低风险和取得竞争优势。如沃尔玛始终保持自己的商品售价比其他商店便宜，就是在压低进货价格和降低经营成本方面下工夫的结果。沃尔玛直接从生产厂家进货，并尽量降低进货价格；公司纪律严明、监督有力，禁止供应商送礼或请采购人员吃饭，以免采购人员损公肥私。沃尔玛成功的关键在于商品物美价廉及对顾客的服务优质上乘。

相关链接 1－4

影响采购商品价格的因素分析

1. 采购商品的供需关系

当连锁企业所采购的商品供过于求时，则采购商处于主动地位，通常可以获得最优惠的价格；当需要采购的商品为紧俏商品时，则供应商处于主动地位，商品价格可能会被趁机抬高。

2. 采购商品的品质

连锁企业对采购商品的品质要求越高，采购价格就越高。采购人员应在保证商品品质的情况下追求价格最低。

3. 采购商品的数量

商品采购的单价与采购的数量成反比。供应商为了谋求大批量销售的利益，常采用价格折扣的促销策略。所谓价格折扣是指当采购商采购数量达到一定值时，供应商适当降低商品单价。因此，大批量、集中采购是降低采购价格的一种有效方法。

4. 交货条件

交货条件包括承运方的选择、运输方式、交货期的缓急等。如果商品由采购商承运，则供应商会降低价格；反之，价格将提高。

5. 供应商成本的高低

供应商所供应商品的成本是影响采购价格最根本、最直接的因素。任何企业的存在都是因为利润，任何产品的生产都是受到利益的驱动，供应商进行生产的目的是获得利润，因此商品的采购价格一般在供应商的成本之上，两者之差即为供应商的利润，供应商的成本是采购价格的底线。

资料来源：http：//bbs. qfc. cn/school. php？ mod＝vieFKnowledge&knid＝1190.

3. 制定采购制度和设计合理的采购流程

采购部门应制定适合本企业的采购制度并设计满足质量控制和财务管理的采购控制流程，确保企业的采购活动能够满足生产部门、市场部门及企业内部的各种采购要求。采购活动是企业中资金占用最多的活动，它的合理运作依靠企业中每个部门、每个员工的大力支持。采购活动的整个流程反映了企业各个方面的规定，如财务制度、人力资源管理制度、销售管理、仓库管理、配送管理、信息管理等。管理完善的企业，资金的使用效率和效益都远远好于一般企业。值得注意的是，很多企业都有流程，但是存在两方面问题：一方面，流程不合理，流于形式；另一方面，流程没有真正发挥效力，违反流程的事一再发生，被领导们一句“下不为例”就轻松放过了，流程成了表面文章。树立流程的威信、坚守流程是采购工作能够充分发挥作用的关键。

4. 提高采购效率

经济全球化迫使许多企业拓宽其采购渠道，在全球范围内确定能提供质优价廉的商品和服务的潜在供应商。信息技术革命也使得采购过程中的柔性和敏捷性变得更高。采购部门应通过不懈的努力，降低采购运作的成本，提高采购效率，提高门店和供应商的满意度。

相关链接 1－5

五大因素影响采购效率

1. 法律因素

法律规定了不同采购方式的时间要求，尤其对招标方式规定了 20 天的候标期，一个项目如果采用招标方式完成的话最短需要 40 多个工作日。

2. 组织因素

主要是指采购集中与分散两种模式的划分是否科学合理，是否符合人们的认知水平及是否适应监管水平。一般而言，集中度高则效率低；反之，效率高。

3. 市场供求因素

市场供求因素与经济发展水平、财政收支规模和政府采购规模关联度较高。经济发展水平低、采购规模小的地方，潜在供应商和竞标供应商也相应少一些。

4. 管理因素

采购代理机构的代理服务水平决定采购效率的高低。如果采购代理机构在采购组织效率、技巧、采购文件编制、采购前期市场调查、分包等方面存在较大缺陷，每个环节均存在较大漏洞，就会导致质疑、投诉案件上升，从而拉长采购周期。

5. 供应商投标技巧因素

供应商投标技巧不高，可能导致采购失败。供应商在投标中常见的错误有：编制的标书不满足采购文件规定的商务条款；投标书不符合基本形式的要求；业绩资料不能证明其有效性；提供的财务报表真实性较差；投标样品粗制滥造或质量低劣等。

资料来源：http：//www. projectbidding. cn/info/zce/wushi/20120225/1004168121. html.

5. 控制采购风险

采购风险通常是指采购过程可能出现的一些意外情况，包括人为风险、经济风险和自然风险。具体来说，主要是指采购预测不准导致商品脱销、供应商群体产能下降导致供应不及时、货物不符合订单要求、滞销商品增加、采购人员工作失误或和供应商之间存在不诚实甚至违法行为，这些情况都会影响采购预期目标的实现。

（二）各层级采购人员的职责

1. 采购总监的职责及工作项目

采购总监的主要职责有以下几点：

（1）在总经理的领导授权下，直接负责采购部门的各项工作，并行使采购总监的职权；

（2）在企业总体经营策略的指导下，制定符合当地市场需求的营运政策、客户政策、供应商政策、商品政策、价格政策、包装政策、促销政策等；

（3）在遵循企业总体经营策略的基础上，领导采购部门达成企业的业绩及利润要求；

（4）对采购人员进行相应的培训；

（5）保持采购本部与门店的密切沟通和配合。

采购总监的主要工作项目包括：

（1）制定各项经营政策和措施并督导其实施；

（2）制定各采购部门各月度、季度、年度各项销售指标、利润及业务指标并督导其落实；

（3）协调各采购部门经理的工作并予以指导；

（4）负责各项费用支出核准及各项费用预算审定和报批落实；

（5）负责监督及检查各采购部门执行岗位工作职责和行为规范的情况；

（6）负责采购人员的考核工作，在授权范围内核定员工的升职、调动、任免等；

（7）定期给采购人员进行相应的培训。

2. 采购经理的职责

（1）对分配给本部门的业绩及利润指标进行细化及考核；

（2）负责本部门全体商品的品项合理化、数量合理化及品项选择；

（3）负责本部门全体商品价格决定及商品价格形象的维护；

（4）制定本部门商品促销的政策和制订每月、每季、每年的促销计划；

（5）督导新商品的引入，开发特色商品及供应商；

（6）督导滞销商品的淘汰；

（7）决定与供应商的合作方式，审核与供应商的交易条件是否有利于本企业的营运；

（8）负责审核每期促销商品的所有内容；

（9）参与A类供应商的采购，为企业争取最大利益；

（10）在采购主管需要支援时予以支援；

（11）负责本部门工作计划的制订及组织实施和督导管理；

（12）负责本部门的全面工作，保证日常工作的正常开展；

（13）负责执行采购总监的工作计划；

（14）负责采购人员的业务培训和管理。

3. 采购主管的职责

（1）采购部门商品政策的执行监督；

（2）门店商品结构的设计与搭配；

（3）商品基本售价的决定（价格底线的决定）；

（4）控制商品利润；

（5）设定与监督商品品质基准；

（6）维持重点商品的价格形象；

（7）指导门店销售促进方向；

（8）督导新商品的引入；

（9）监督滞销品的淘汰；

（10）开发特色商品；

（11）决定厂商业务合作的方式；

（12）进行采购人员的培训与管理。

4. 采购人员的职责

（1）把握预算实绩。采购人员对于每月各门店的营业额，有责任促其能达成预算实绩。

（2）制订销售计划及采购计划。每月的重点销售商品必须有一个完整的销售计划。为了执行销售计划，采购人员同时要制订一个采购计划以利于执行，如确定重点商品的预定销售价格、采购价格、采购数量、采购来源等。

（3）进行采购作业。包括：商品的议价，交易条件协商，新商品的引进及议价，商品的配送方式，数量决定。

（4）实施商品管理。包括：畅销品及滞销品的分析，滞销品的处理，库存状况的掌握及控制，商品的店间移动调度，商品配置表的制定与管理，坏品退货监督，订货业务的检查，商品质量的监督，商品台账的管理，卖场陈列展出指导。

（5）商品信息收集。包括：门店商品销售信息收集，顾客商品需求信息收集，竞争店商品销售信息收集，供应商商品变动信息收集等。

5. 采购助理

（1）协助采购经理/主管开展日常工作；

（2）在采购经理/主管外出时暂代其履行职务；

（3）分派采购人员及采购文员的日常工作；

（4）负责次要商品的采购；

（5）协助采购人员与供应商谈判价格、付款方式、交货日期等；

（6）进行采购进度的追踪；

（7）进行保险、公证、索赔的督导；

（8）审核一般商品采购申请；

（9）进行市场调查；

（10）进行供应商的考核。

6. 采购文员

（1）请购单、验收单的登记；

（2）订购单与合约的登记；

（3）交货记录及跟踪；

（4）供应商来访的安排与接待；

（5）采购费用的统一申请与报支；

（6）进出口商品文件及手续的申请；

（7）电脑作业与档案管理；

（8）承办保险、公证事宜。

此处需要强调的是，在不少连锁企业采购部门的岗位设置中，采购助理往往身兼助理与文员的工作。

任务二　确定采购流程与采购管理内容

小李在结束了新人入职培训后，正式走上了采购二科采购助理的岗位。到岗的第一天，采购二科科长郑刚就给小李布置了一项任务：在正式接手助理工作之前，把新星超市有限公司采购流程及相应的采购管理内容搞清楚。郑科长说这是小李今后开展工作的基础，两天后他会来检查小李绘制的采购流程图。

任务工作流程

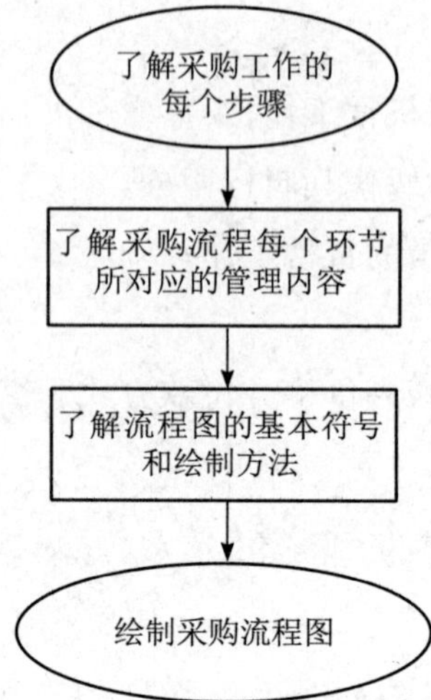

学习要求

能熟练地调查、研究特定连锁企业的采购流程，并准确地绘制出连锁企业采购流程图。

相关知识

一、连锁企业采购基本流程

（一）连锁企业采购作业流程

连锁企业采购作业流程会因采购方式及采购对象等的不同而在作业环节上有所差异，但一个完整的采购过程，一般包括以下几个基本环节。

1. 确认采购需求——请购

任何采购都产生于企业中某个部门的确切需求。企业各部门应该清楚地了解门店对商品的需求：需要什么、需要多少、何时需要。采购部门将各门店商品的需求加以汇总，从而进行采购。

2. 需求商品的说明

如果不了解本企业门店到底需要什么，采购部门就不可能进行采购。因此，在确认需求之后，要对需求商品的细节加以描述，包括商品品质、包装、售后服务、运输及检验方式等，使商品来源选择及价格谈判等能顺利进行。

3. 选择供应商

明确了采购需求之后，连锁企业就可以开始市场考察以选择供应商。可在原有供应商中选择业绩良好的厂商，通知其报价，或者采用各种方式选择新的供应商。供应商的选择是连锁企业采购活动中的重要一环，它涉及企业是否能购买到所需的产品或服务。供应商的选择应综合考虑价格、质量、交货、售后服务等因素。

4. 采购合同谈判

选定供应商之后，连锁企业要确定采购价格、采购条件、供货条件等，以便与供应商进行谈判。连锁企业可以通过招标方式来确定价格条件。有些采购活动不是通过招标进行的，则可以和供应商进行谈判来确定。

5. 签订采购合同和订单

采购合同的条款和条件达成一致后，连锁企业就可以与供应商办理订货签约手续。订货签约手续包括订单和合约两种方式。订单和合约均属于具有法律效力的书面文件，买卖双方的要求、权利及义务，必须在订单或合约中予以说明。

6. 商品跟催

连锁企业把采购订单发给供应商之后，应对订单进行跟踪和催货。当订单发出的时候，同时会确定相应的跟踪接触日期。

7. 商品验收和发票的核对

商品的验收是采购活动的一个重要环节，连锁企业一般都会集中验收，验收部门直接或间接地向采购部门负责。

8. 验收不符与退货处理

所交商品与合约规定不符而验收不合格者，应依据合约规定退货，并立即办理予以结案。

9. 结案

验收合格付款或验收不合格退货的，均应办理结案手续，清查各项书面资料（合同、订单、验收单、发票、申请付款单等）有无遗失，报高级管理层或权责部门核阅批示。

10. 记录与档案维护

凡经结案批示后的采购事项，应列入档案登记编号分类并予以保管，以备今后选择供应商时参阅或事后发生问题时查考。

相关链接 1-6

采购程序流程图符号释义

流程图是对某一个问题的定义、分析或解法的图形表示，图中用各种符号来表示操作、数据、流向以及装置等。采购程序流程图是概括性地描绘物理系统的传统工具，它的基本思想是用图形符号描绘采购活动的每个过程，表达的是在整个采购过程中的物资或商品的流动情况。流程图中常使用的符号主要有以下几种。

1. ⬭

开始与结束的标志，是个椭圆形符号，“开始”或“结束”写在椭圆形符号内。

2. ▭

活动标志，是个矩形符号，用来表示过程中的一个单独步骤。活动的简要说明写在矩形符号内。

3. ◇

判定标志，是个菱形符号，用来表示过程中的一项判定或一个分岔点。判定或分岔的说明写在菱形符号内。常以问题的形式出现，对该问题的回答决定了判定标志之外引出的路线，每条路线标上相应的回答。

4. ⟶

流线标志，用来表示步骤在顺序中的进展，流线的箭头表示一个过程的流程方向。

5. ▭

文件标志，用来表示属于该过程的书面信息。文件的题目或说明写在符号内。

6. ○

连接标志，是个圆圈符号，圈内有一个字母或数字。在相互联系的流程图内，连接符号使用同样的字母或数字，以表示各个过程是如何连接的。

资料来源：http：//edu. gongchang. com/g/liucheng-2011－09－07－21538. html.

（二）设计采购流程的注意点

连锁企业在设计采购作业流程的时候，应该注意以下几点。

1. 商品采购流程应与采购数量、种类、区域相匹配

过多的流程环节会增加流程运作的作业成本，降低工作效率。当然，流程过于简单、监控点设置不够多等，也会导致采购过程的操作失去控制，使商品的质量、供应、价格等出现问题。

2. 采购流程的先后顺序及时效控制

应注意采购流程的流畅性与一致性，并考虑作业流程所需的时限。例如，避免同一主管对同一采购文件做数次的签核；避免同一采购文件在不同的部门有不同的作业方式；避免一个采购文件会签部门太多，影响作业时效和效率。

3. 采购流程中关键点的设置

为便于控制，使各项在处理中的采购作业在各阶段均能跟踪管理，应设置关键点的管理要领或者办理时限。如国际采购，从询价、报价、申请输入许可证、出具信用证、装

船、报关、提货等均有管理要领或者办理时限。

4. 采购流程中权利、责任或者任务的划分

各项作业手续及查核责任应有明确的权责规定及查核办法，如请购、采购、验收、付款等权责应予区分，并确定主管单位。

5. 避免作业流程中发生摩擦、重复与混乱

注意变化性或弹性范围以及偶然事件的处理规则，可以采取“紧急采购”及“外部授权”等方式。

6. 采购流程应反映集体决策的思想

由计划、设计、工艺、认证、质量、营销等人员一起来决定供应商的选择，处理程序应合时宜。应注意采购程序的及时改进，早期设计的处理程序或流程，经过若干时日后，应加以检查，不断改进与完善，以回应组织的变更或作业上的实际需要。

7. 流程的设计应配合作业方式进行调整

例如，手工的作业方式改变为计算机管理系统辅助作业后，其流程与表格应做相应的调整或重新设计。

二、连锁企业采购管理的内容

采购管理是现代连锁企业管理的一项重要职能，也是专业管理的主要领域之一。采购管理的内容包括：制订采购计划、进行采购决策、组织实施采购计划、监督与控制采购、收集与使用采购信息。

（一）制订采购计划

制订采购计划，即根据需求品种情况和供应商的情况，制订出切实可行的采购计划，其中包括选择供应商、供应品种、具体的订货策略、运输进货策略以及具体的实施进度计划等，具体解决什么时候订货、订购什么、订购多少、向谁订购、怎样订购、怎样进货、怎样支付等，这些具体的计划为整个采购订货画了一个蓝图。在制订采购计划前，需要有专门的采购管理组织对企业的需求及资源市场进行分析。

1. 采购管理组织

采购管理组织是采购管理最基本的组成部分。为了做好企业复杂繁多的采购管理工作，需要有一个合理的管理制度和一个精干的管理组织机构，需要有一些能干的管理人员和操作人员。

2. 需求分析

需求分析，就是要弄清楚企业在什么时候、需要什么品种、需要多少等问题。采购部门应当掌握全企业的物资需求情况，制订物料需求计划，从而为制订科学、合理的采购计划做准备。

3. 资源市场分析

资源市场分析，就是根据企业所需求的物资品种，分析资源市场的情况，其中包括对资源分布情况、供应商情况、品种质量、价格情况、交通运输情况等的分析。资源市场分析的重点是供应商分析和品种分析。分析的目的，是为制订采购计划做准备。

（二）进行采购决策

采购部门在制订了采购计划之后，就要进行以下几方面的决策。

1. 采购商品的品名和规格决策

这主要是指采购商应该选择哪种品牌的物资。通过品牌或商标来选择商品意味着对供应商声誉的信赖。一般来讲，除非品牌物资的价格太高，否则不会选择品牌知名度不高的替代品。

2. 采购量（批量）决策

在商品采购过程中，采购量少则交付频繁，采购量多则交付次数就少。采购量与交付效率指标是最常用的评价供应商的标准。对企业来讲，采购量（批量）决策中重要的是采购时间方面的决策，它能减少采购过程中的时间间隔，协调商品流动，消除供应链系统的浪费，确保商品以经济批量按时到达。

3. 采购方式决策

几乎所有采购商的采购方式决策都集中在自制还是外购这个问题上。在传统的生产经营中，大多数企业都倾向于选择自制，从而形成一个逆行联合的包括很多制造与组装分厂的大型组织，大额采购仅限于企业内部进行加工的原材料。随着国际市场的逐渐形成，企业向具有相应优势的外部供应商购买需要的物品或服务，可以更好地集中精力管理自己的业务，这种发展趋势已促使企业在经营规模上进行必要的收缩，从而拓展了采购的范围。在自制与外购的决策中还涉及分包、外包等具体决策。

4. 采购价格决策

虽然价格只是采购工作的一个方面，但它却非常重要。从采购部门的目标来看，所采购物资或服务的“适价”对企业实现持续发展、提升竞争力等战略目标具有关键作用。采购人员必须熟练地掌握各种定价的方法，了解各种定价方法的适用时机，并且能够利用讨价还价的技巧来获得满意的采购价格。在决策方面，采购部门要加强对内部成本和外部成本的管理，利用一切机会来降低、控制成本，从而确保采购成本最低化。

（三）组织实施采购计划

采购计划的组织实施，就是把上级制订的采购订货计划分配落实到人，根据既定的进度实施。通过这样的具体活动，完成一次完整的采购活动。采购计划的组织实施包括选择供应商、向供应商订货、验收入库、合同监督和采购评价。

1. 选择供应商

了解供应商是有效采购的前提条件。在一般情况下，采购商可以通过供应商的商品目录、行业期刊、工商企业名录、销售代表等途径来搜集有关信息。其中，供应商的销售代表是采购商接触最多的，他们能为采购商提供供应源、产品型号、产品规格、售后服务等方面的信息。

在了解了供应商之后，采购商还要对供应商进行正式或非正式的评价。根据供应商以往交付、订货的情况，追踪并检查其产品在质量、数量、价格、交货日期、服务等方面的情况，从而对供应商进行评级，选择最高等级的供应商。

2. 向供应商订货

向供应商订货具体包括联系指定的供应商进行贸易谈判、签订订货合同等。如果采购订单涉及金额较大，特别是在一次性购买大量商品的情况下，通常采用招标采购的方式，邀请供应商积极投标。

3. 验收入库

在采购过程中，采购商的一个非常重要的权利就是在接收货物之前进行检验，以鉴定交付的货物是否与合同中规定的要求相一致。如果供应商交付的货物未能与合同中规定的相一致，采购商可以选择以下策略：拒收全部货物，拒收发生的费用由供应商全部承担；接收部分货物，拒收次品；接收全部货物，并要求赔偿。

需要注意的是，拒收供应商的货物必须在交付货物后的合理期限内。在实践中，由于许多采购商希望得到货物，他们往往采用其他方法来解决不符合合同规定的货物，主要看违反订购合同的严重程度。如果不严重的话，对供应商提出口头警告就可以了。

4. 合同监督

市场经济本质上就是契约经济、合同经济，采购商与供应商在达成交易之前必须订立订货合同或购销合同，以明确双方的权利和义务。有效的合同包括 4 个基本要素：有资格的签约方，包括委托人或有资格的代理人；合法的标的或目的；发盘和接受；具体细节（如外汇率等）。采购商的采购订单是包含了买方发盘并在供应商接受时签订的一种合法的合同形式。大多数订单都包含了确认或接受的条款，有些采购商订单的背面还印有适合于任何交易的条款细节，供应商需要注意或向法律顾问咨询。一旦签订合同，采购商要主动与供应商联系，督促其按期交货。同时，要对交货时出现的产品质量、规格、数量等方面的问题进行交涉，确保合同顺利履行。

5. 采购评价

采购评价，就是在一次采购完成以后对本次采购活动的评估，或在月末、季末、年末对一定时期内采购活动的总结评估。通过采购评价，可以肯定成绩、发现问题、制定措施、改进工作，不断提高采购管理水平，并将评价结果档案化，便于下一次采购时参考。

（四）监督与控制采购

采购的监督与控制是采购管理工作的重要组成部分，其目的是确保采购计划的顺利执行。它具体包括对采购人员的监控、对采购流程的控制、对采购预算及执行情况的控制。

1. 对采购人员的监控

采购人员是采购活动的实施者，直接影响采购计划的完成。连锁企业要加强对采购人员的职业道德教育和业务知识的培养，努力提高采购人员的综合素质，消除和杜绝采购过程中采购人员的行贿受贿、贪污腐败、假公济私等行为。同时，应建立有效的奖惩制度，规范采购人员的业务行为。

2. 对采购流程的控制

采购流程包括许多环节，对其控制要有所侧重，要抓关键环节，达到以点带面的效果。具体来讲，采购流程包括以下控制重点：

（1）采购计划的制订。在采购管理中，实际的采购计划始于从每个经营年度的销售预测、生产预测和市场趋势预测中获取信息。销售预测将提供有关材料需求、产品及采购后获得的服务的总量；生产预测将提供关于所需材料、产品和服务的信息；市场趋势预测将提供价格、成本和供求方面的信息。此外，还应考虑库存控制数据。库存控制数据的确定要考虑采购提前期的时间问题与安全库存量，再将这些估计数据与商品的价格趋势结合起来，制订出科学的采购计划。

（2）供应商的评级与选择标准。选择供应商是实现企业合理采购的基础。对其进行控制主要是考核供应商能否满足企业有关物资质量、数量、交付、价格、服务目标等方面的具体要求，与此相联系还包括对供应商的历史记录、设备与技术力量、组织与管理水平、财务状况、商誉、品牌知名度、地理位置、运输条件等的分析与评估。

（3）采购合同的拟定与审批。采购合同的拟定要依据《中华人民共和国合同法》，如果采购商与国外的供应商进行交易，则采购合同中要特别规定解决争端时应适用哪国的法律。如果采购合同双方当事人所在的国家都采用《联合国国际货物销售合同公约》（United National Convention on Contracts for the International Sale of Goods，简称CISG），那么除非合同双方有其他约定，否则都必须遵守CISG。

（4）采购合同的督导执行。具体包括：严密跟踪供应商准备商品的详细过程，发现问题要及时反馈，不可贻误时机；如果本批商品需要提前交付，应该立即与供应商协商，解决提前交付的相关问题；科学进行库存控制，使库存出货进度与合同执行进度相衔接。

（5）供应商交付货物的检验。对供应商交付货物的检验包括品名规格验收、数量验收、品质验收以及凭据验收。

(6) 采购绩效的考核。由于采购对企业经济效益有很大影响，所以对采购绩效进行考核就显得非常重要。对采购绩效的考核主要包括：企业内部是否建立了明确的考核目标，是否建立了完善的绩效衡量体系，主要有哪些具体的数量指标，采用的绩效标准是否科学合理。

在美国高级采购研究中心采购主管的圆桌会议上，来自《财富》杂志500强企业的60位采购主管列出了衡量采购绩效最重要的10个标准：采购商与供应商双方共同努力降低的材料成本的比例；主要供应商按时交付的比例；接到有具体预定期限订单的比例；内部顾客的满意度；统一集中采购节约的材料成本所占的比例；交付材料的次品率；与供应商之间的战略伙伴关系的建立与改善程度；供应商提前交付货物的比例与程度；供应商认同采购商采购标准的比例；与供应商建立长期供货关系的比例。

(7) 采购文件的保管。根据不同的标准对采购文件进行分类、编号、归档，建立系统的采购文件数据库，以便以后生产经营过程中使用。

3. 对采购预算及执行情况的控制

采购预算是采购过程中发生成本费用的具体匡算，它不仅包括成本费用总额，而且包括费用列支情况。它是采购计划的具体化，也是实施采购计划的保证。连锁企业要建立健全严格的采购预算管理体制，明确费用列支的范围和责任。

相关链接 1-7

解百优化采购流程，推动连锁经营

1995年，杭州解百集团股份有限公司（以下简称解百集团）开始发展超市连锁经营。在发展过程中，解百集团积极借鉴国内外连锁经营的成功经验，摸索出了一条切实可行的连锁发展之路。在采购和配送方面，解百集团制定了一套较为规范的操作流程和配套的组织机构与规章制度，把加强商品采购管理放到极其重要的位置。设立了专门的采供部，下设专职采购人员和三信员。采购人员由一批综合素质较强，具有一定的经营管理意识、市场意识和公关谈判技巧的人员组成，负责新渠道引进和新产品引进；三信员（质量、计量、物价管理员）负责商品质量把关，并直接参与新产品引进的资质审核，包括商品质量、计量、价格、标识、合同的审核，引进的新产品必须做到证件齐全。各门店专门负责销售，不具有独立的进货权。新产品引进后配送到各门店，门店销完后向采供部提出要货计划，采供部保证在两天内将货品配送到要货门店，实行统一进货、统一配送、统一结算。这种“进销分离”的经营模式，使各个岗位分工明确，有利于岗位之间相互合作、相互监督，使采购人员一心一意钻研市场需求，了解市场动态，提高业务能力，引进适销对路的商品；门店则专门研究市场营销，提高促销水平，扩大市场占有率。这种模式为净化进货渠道、杜绝人情货、引进货真价实的商品提供了机制上的保障。

资料来源：http：//www. china-b. com/jyzy/jyyz/20090222/2892481. html.

（五）收集与使用采购信息

连锁企业要做好采购信息的收集与使用就是要指定专职工作人员负责此项工作，使收集的采购信息面广、点新，客观反映市场状况。一般来讲，可以通过以下几方面的调查来获取采购信息：

（1）对所购商品或服务的调查，包括价格、功能等。

（2）对供应商的调查。包括：财务状况分析、生产设施分析、分销成本分析、供应商的态度、从供应商购买物资的质量保证、供应商绩效评价、供应商销售战略、涉外贸易环境等。

（3）对采购系统的调查。对采购系统调查的主要目的是改进采购系统的管理，所涉及的调查项目包括：采购价格的形成、价格折扣分析、货物的总成本、付款或现金折扣的程序、供应商追踪系统、货物验收系统、少量或紧急采购过程、与供应商之间的数据共享、采购人员绩效评价方法、采购部门绩效评价方法、供应商绩效评价方法。

相关链接 1－8

细节决定成败之采购流程的 11 大细节

（1）供应商要提供尽可能详细的资金、产品、生产规模、资信认证等相关报告，资料越详细越好。

（2）采购商对供应商提供的资料做一个详细的归类，并且给出是否值得扶持、资金是否值得肯定的内部分析。

（3）采购商查看供应商的工厂。主要视察供应商的工厂规模是否与他们提供的基础资料一致，如果有不一致的地方就不与其合作。

（4）采购商向供应商提出样品需求，看样品的尺寸、规格以及其他参数是否符合需求。

（5）采购商对供应商进行技术分析，主要分析供应商产品的价格、质量以及其他条件是否符合要求。

（6）如果符合要求，采购商给供应商下达一个评审通知书。符合要求的供应商可以进入采购商的供应链。供应商首先要进入采购商的供应链，才能有资格为采购商提供产品服务。

（7）采购商与供应商进行初期的商业谈判，正常的谈判时间为三个月。

(8) 双方签订合同。

(9) 供应商开始对采购商提供小批量的产品。

(10) 采购商对供应商的小批量产品进行复查。所有的小批量产品必须进行严格的检查。

(11) 如果小批量产品通过审核，那么此供应商的产品将会加入采购商的产品目录。

资料来源：http：//edu. gongchang. com/g/liucheng-2011－09－07－21545. html.

案例讨论

国美电器三大克敌制胜的"法宝"

1. 连锁经营

国美电器实行直营连锁和加盟连锁并行的扩张模式，以直营连锁店为主，辐射加盟连锁店。该模式既形成了跨地区的经营优势，又允许每个地区、每个门店在经营管理上保留自己的特色，同时实行本土化的用人制度以尽快掌握和融入当地市场。按照"立足北京，发展全国零售连锁网络"的战略思路，2010 年国美电器销售收入达人民币 509.10 亿元，截至 2010 年年底，门店总数达 826 家。国美电器通过以下三点发挥了"连锁经营"的长处。一是统购分销。公司总部负责全盘的采购订货，为各地区分部门的门店统一制订采购计划，以大批量现款购进获得厂家的优惠折扣，从而以极具竞争力的低价位掌握销售优势。二是广告宣传费用摊薄及其效益最大化的实现。由于众多连锁店都是统一的企业形象，一次性广告投入即可产生全面的广告宣传效益，而每家门店所摊的费用则很少。三是提高资金利用率，摊薄经营管理费用。国美电器的业务员每年运作的资金能达到5 000万元至 1 亿元，而独立的零售商的业务员却只能有其 1/10 左右。同样，投入每个门店的资金数量也随着连锁店数量的增加而减少。

2. 专业特色

国美电器专营家用电器已有 20 多年，可谓深谙此道，在产品种类、型号规格、价位、性能方面连营业员也能如数家珍。从售前的电话咨询到售中的专业讲解，还有周到细致的一条龙的售后服务（整体设计、免费送货、免抬进家、上门安装、顾客建档、电话回访、跟踪服务以及 800 免费咨询和投诉电话），消费者"心明眼亮"，掏钱也就少了几分顾虑。

3. 规模采购

在与供货厂家的合作中，国美电器采取现款现货、规模采购，使厂家既规避了产品积压的风险，又节省了大笔宣传推广、产品促销和人员管理费用，以此形成"进货越多—进价越低—售价越低—销量越大—进货更多"的良性循环。而这种为许多商家所羡慕的销售模式，已成为国美电器的基本供销模式。具体反映到市场上，就是国美电器的家电售价普遍比其他店低，最大差距甚至可达几百元、上千元。

国美电器之所以胜出，就胜在其经营观念新、业态新。上可以取得厂家最优惠的价格，中可以扩大销售量、战胜同行，下可以为消费者带来更多的实惠，而这也造就了国美电器目前专业家电销售市场龙头的地位。

资料来源：http：//wiki. mbalib. com/wiki.

问题：

1. 国美电器的商品采购部门属于什么类型的组织？它采用了哪些类型的采购方式？
2. 为什么这种组织类型和采购方式可以获得成功？

课程实训一

◆ 实训项目

调查当地苏宁电器的采购类型、采购部门组织结构和管理职责。

◆ 实训任务

1. 了解该连锁企业的经营规模和经营品种。
2. 调查其主要的采购类型，分析采购类型和商品品种之间的关系。
3. 调查该连锁企业采购部门的组织结构和管理职责，并分析其优缺点。

◆ 实训提示

1. 指导老师应讲解实训的目的和要求，并协助学生分组及产生组长。
2. 组长应充分发挥小组成员的积极性，并取得组员的配合与支持。
3. 学生讨论发言的参与度应计入平时成绩。

◆ 实训效果评价标准

采购部门调查实训考评表

考评人		被考评小组	
小组成员			
考评内容	采购类型调查与采购部门组织结构分析		
考评标准	考评点	分值（分）	评分（分）
	对苏宁电器采购类型调查是否全面	20	
	对采购类型与品类关系的分析是否正确	20	
	对采购部门组织结构及优缺点分析是否正确	30	
	组员讨论参与度	10	
	小组发言效果	20	
	合计	100	

注：评分满分 100 分，60～70 分为及格，71～80 分为中等，81～90 分为良好，91 分以上为优秀。

课程实训二

◆ 实训项目

调查当地某家大型连锁超市的采购工作流程，并绘制流程图。

◆ 实训任务

1. 每个小组选择该超市采购部（商品部）某一具体科室，调查其具有典型性的商品采购流程。

2. 绘制该超市采购工作流程图。

◆ 实训提示

1. 指导老师应讲解实训的目的和要求，并协助学生分组及产生组长。

2. 组长应充分发挥小组成员的积极性，组织小组成员调研、收集采购部门工作流程。

3. 学生讨论发言的参与度应计入平时成绩。

◆ 实训效果评价标准

绘制采购流程图实训考评表

<table>
<tr><td>考评人</td><td></td><td>被考评小组</td><td></td></tr>
<tr><td>小组成员</td><td colspan="3"></td></tr>
<tr><td>考评内容</td><td colspan="3">绘制采购流程图</td></tr>
<tr><td rowspan="6">考评标准</td><td>考评点</td><td>分值（分）</td><td>评分（分）</td></tr>
<tr><td>对采购部门工作流程的调查是否全面</td><td>30</td><td></td></tr>
<tr><td>绘制的采购流程图是否正确</td><td>40</td><td></td></tr>
<tr><td>组员讨论参与度</td><td>10</td><td></td></tr>
<tr><td>小组发言效果</td><td>20</td><td></td></tr>
<tr><td>合计</td><td>100</td><td></td></tr>
</table>

注：评分满分 100 分，60～70 分为及格，71～80 分为中等，81～90 分为良好，91 分以上为优秀。

项目小结

1. 采购管理是现代连锁企业管理的重要组成部分，在整个连锁企业的正常运转中起着举足轻重的作用。科学的采购管理可以大大降低企业的经营成本，给企业带来很大的经济效益和利润空间。

2. 连锁企业采购管理，就是指为保障连锁企业商品或物资供应而对整个连锁企业采购活动进行计划、组织、指挥、协调和控制的活动，其使命就是要保证整个连锁企业商品或物资的正常供应与流转。

3. 连锁企业采购类型主要有：代销采购、买断采购、订单采购、招标采购。

4. 采购管理的内容包括：制订采购计划、进行采购决策、采购计划的组织实施、采购的监督与控制、采购信息的收集与使用。

主要概念

采购　采购管理　代销采购　买断采购　订单采购　招标采购　集中型采购组织　分散型采购组织　混合型采购组织　一贯作业　分段作业

课后自测练习

一、单选题

1. 下列选项中的（　　）是连锁企业采购的特征。

A. 实行门店分散采购　　B. 采购批量小

C. 采购计划性强　　D. 采购与销售无关

2. 下列选项中的（　　）不是集中型采购常用的组织形式。

A. 总部职能部门采购　　B. 采购委员会

C. 事业部采购　　D. 联合采购

3. 连锁企业通常采用（　　）采购制度。

A. 混合　　B. 分散

C. 集中　　D. 以上都不是

4. 连锁企业采购批量大的主要原因是（　　）。

A. 有较多的供应商　　B. 有庞大的销售体系

C. 采购技术先进　　D. 采购人员众多

5. 定期结算是连锁企业常见的采购类型，它属于（　　）。

A. 代销采购　　B. 买断采购

C. 订单采购　　D. 招标采购

二、多选题

1. 下列选项中，（　　）属于采购的特征。

A. 采购是一种交易行为

B. 采购的过程是一个选择的过程

C. 采购的目的是满足自身的需求

D. 采购过程是商流、物流、信息流的有机统一

E. 采购是从资源市场获取资源的过程

2. 下列选项中，（　　）是集中采购的优势。

A. 有利于商品的标准化　　B. 可以获得谈判优势

C. 更少需要内部协调　　D. 较少的官僚采购程序

E. 有更强的顾客导向

3. 下列选项中，（　　）是连锁企业采购组织设计的方法。

A. 按采购地区设计　　B. 按物品类别设计

C. 按采购商品价值设计　　D. 按采购商品的重要性设计

E. 按采购功能设计

三、判断题

1. 分散型采购组织中不同的经营单位可能会与同一个供应商就同一种产品进行谈判，结果达成了不同的采购条件。

2. 连锁企业不会采用混合型采购组织。

3. 一般来讲，企业规模越小，分支机构分布越邻近，采用分权制采购的可能性越大。

四、简答题

1. 一个完整的采购过程，一般包括哪些基本环节？

2. 连锁企业的采购组织具有哪些职责？

3. 连锁企业采购部门一贯作业方式设计的优劣有哪些？

4. 连锁企业采购部门分段作业方式设计的优劣有哪些？

5. 连锁企业采购制度有哪几种？分别阐述它们的优缺点。

项目二　连锁企业商品采购决策

项目简介

商品采购计划是整个采购运作的第一步，也是进行其他采购管理工作的基础。新的一年即将到来，采购部经理王峰将根据四个采购科提报的新年度商品采购计划，主要包括各业务板块有关品类、价格、数量等方面的决策，最终形成新星超市有限公司整体的商品采购计划。

工作流程

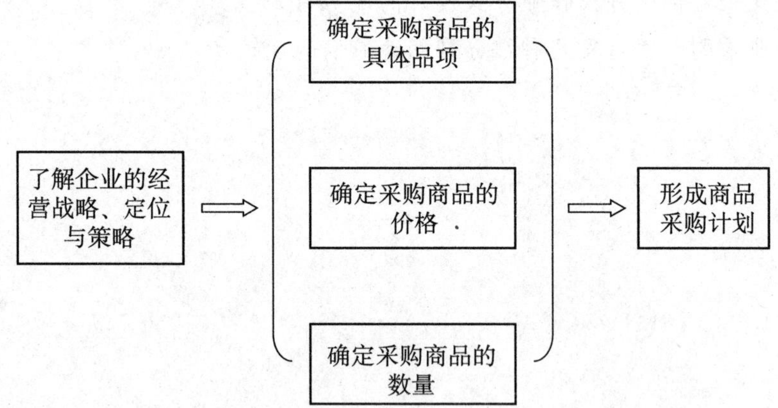

学习目标

◆ 使学生熟悉连锁企业采购计划的基本组成部分

◆ 能熟练地从特定企业情境出发，进行采购计划的商品品类决策、价格决策和数量决策

任务一　进行商品采购品类决策

小李所在的采购二科负责新星超市有限公司百货类商品的采购工作，在采购计划编制任务下达之后，科长郑刚将任务进行分解，由科内采购助理分别完成相应品类商品的采购计划，最终形成采购二科百货类商品的采购计划。小李被分派的业务板块是文化体育用品类商品，他该如何编制采购计划呢？

任务工作流程

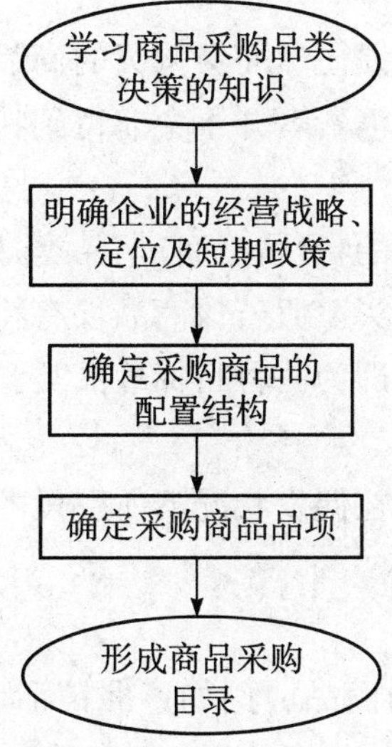

学习要求

能根据连锁企业经营现状进行商品采购品类决策，编制商品采购目录。

相关知识

一、品类的定义及角色

（一）品类的定义

连锁企业采购工作的第一步，就是确定待采购商品的品类。品类的定义是指品类的结构，包括次品类、大分类、中分类、小分类等。品类的定义不能与信息系统脱节。不少连锁企业都清楚品类的结构，但在信息系统中没有相应地做维护，当需要知道中分类、小分类的销售情况时，信息系统只能显示品类所有单品的信息，员工需手工统计某中分类或小分类的销售数据，这极大地制约了品类管理。另外，品类定义会随购物者购物习惯的变化而改变，如婴儿用品传统上分散于食品、服装、纸品等品类，但为方便怀孕的准妈妈或带着孩子的妈妈购物，出现了婴儿街、宝宝屋等购物区域，所有的婴儿用品集中陈列，一个新的品类（婴儿用品品类）应运而生。

（二）品类的角色

在定义品类角色时，需考虑品类对商店、对目标购物群以及对品类发展的重要性。不同的品类因其品类角色的不同，应采取不同的品类战术。品类所扮演的角色主要包括以下几种。

1. 常规品类

即消费者在日常生活中或因习惯使然而会购买的商品，如报纸、杂志、饮料等。通常这类商品每家商店都有贩卖，因此消费者并不会非得到特定的商店购买本类商品不可。

2. 目标性品类

本类商品具有吸引消费者消费的特性，而且该品类是某商店与众不同的卖点，消费者会为了购买这类商品而专程前来购买。假若该商品仅有特定商店贩卖，则消费者要买该商品，势必要到这些商店，此类商品即为一种目标性品类。

3. 偶发性品类

该品类商品主要是满足消费者在偶发状况下所引发的需求。如一般商店所提供的轻巧雨具等商品，便是偶发性品类商品。

4. 季节性品类

即为特定节日或活动所摆设的商品。例如：促销活动中，常可看到消费满 5 000 元，再加 500 元即可得到价值 1 000 元的“泰迪熊”等标语，该卖场中原本可能并无陈列“泰迪熊”品项，但在促销活动中便会陈列该商品以刺激消费。又如：每年 11 月中旬便会有商店开始陈列与圣诞节相关的商品供消费者选购。

5. 便利性品类

即具有增进消费者从事某项活动之便利性的商品。如便利商店会提供影印、传真、代收停车费、快递等服务。虽然该品类商品的单价可能偏高，但消费者认为该品类商品所带来的便利性的价值超过其售价，故愿意以较高的价格购买该类商品。

二、确定连锁企业商品采购的范围

（一）收集商品信息

1. 收集商品信息的方法

商品信息主要有两个方面：一是现成资料，它是指从连锁企业内、外部获取的以文献记载为主的已有资料，是二手资料；二是原始资料，它是指通过实地调查等得到的一手资料。

原始资料调查收集的方法有以下几种：

(1) 调查法。即调查人员直接向被调查者提出问题，以获取第一手资料的方法。它包括电话询问、邮寄调查、计算机访问和网上查询。

(2) 观察法。即调查人员不直接接触被调查对象，而是通过现场观察事情经过或人的行为来取得第一手资料的方法。

(3) 实验法。调查人员在实验调查概念界定范围内先做小规模试验，“试销”或“试购”，用样本结果推断母体的结果。非正式实验不必做误差测试，虽欠精确，但可节省费用和时间。

2. 所需信息

(1) 商品供求状况。连锁企业在制订采购计划时必须考虑外部环境，必须了解和掌握商品的基本供求状况，包括市场供求、价格变动情况和趋势，各地供货厂商的产品质量、价格、信誉、运费及货源稳定程度等。市场调研资料对于制订采购计划是很重要的。

(2) 所处行业的经营状况。在竞争市场中，企业通常都依托于行业，同时培养自己的竞争优势，使自己有别于行业中的其他企业。分析行业市场机会，了解行业生产与销售态势能对连锁企业制订切实可行的采购计划提供重要的参考。

(3) 竞争对手有关数据分析。分析和了解竞争者，是连锁企业制订竞争战略和策略的基础。连锁企业应通过市场调研明确竞争对手的市场目标是什么，估计竞争对手的优势与劣势，判断竞争对手的反应模式。

(4) 连锁企业历年商品销售量。采购计划是为维持正常的产销活动，对某一特定时期应在何时购入何种商品的估计作业。在制订连锁企业采购计划时必须考虑企业历年的消耗量，总结规律，预测下一年的需求量，以制订合理的采购计划。

(二) 汇总和整理商品信息

1. 汇总商品信息

汇总有手工汇总和计算机汇总两种。手工汇总是根据需要，将各种项目在分类基础上进行人工处理，具体方法有实条法、划记法、折叠法、分单法、卡片法、图示法等。人工汇总的工作量较大，误差率较高。计算机汇总是工作人员事先给商品的相关信息设计出便于计算机识别和处理的计算机编号，由计算机完成汇总工作。这种方法前期工作量大，不过使用方便、准确率高。

在使用商业 ERP 管理系统的情况下，商品信息汇总工作可以通过计算机自动完成，而且汇总的信息十分全面。

2. 整理商品信息

整理商品信息对于零售业采购和期货交易十分重要。一般来说，信息整理包括规范、加工、传递、存储、输出五个步骤。经过处理的商品信息要基于连锁企业的管理信息系统进行存储。信息存储的基本要求是：安全、节约空间、查询方便。此外，在整理采购商品信息时，要进行必要的审核与编辑。

（三）确定商品采购范围需要考虑的因素

采购什么样的商品是采购决策的关键。采购品种一般是在过去采购实绩和销售实绩的基础上，根据市场预测得出的消费需求及其变化趋势的有关资料进行综合分析后确定的。连锁企业在确定商品采购范围时需要考虑以下几个方面。

1. 连锁企业的经营规模及特点

确定商品采购范围，必须首先考虑连锁企业的业态类型、经营规模及经营特点。不同业态的连锁企业，其商品经营有着不同的分工。专业性连锁企业以经营本行业某一大类或几大类商品为界限，其专业分工越细，经营范围越窄；综合性连锁企业除了经营某几类主要商品外，还兼营其他有关行业的商品。连锁企业的经营规模越大，经营范围越宽；反之，则越窄。此外，连锁企业各门店的经营对象是以附近顾客为主，还是面向更广泛的市场空间；是属于百货商店，还是超级市场、便利店；是以高质量商品、高水平服务为经营特色，还是以价格低廉为经营特色，这些都将对连锁企业商品采购范围产生重大影响。

2. 连锁企业的目标市场

连锁企业目标顾客的职业构成、收入状况、消费特点、购买习惯等都将影响连锁企业商品采购范围的选择。如果连锁企业的门店处在人口密度大的城市中心，由于目标顾客的流动性强、供应范围广、消费阶层复杂，因而经营品种、花色样式应比较齐全；如果连锁企业的门店处在居民区附近，由于消费对象比较稳定，故经营品种比较单纯；如果连锁企业的门店处在城市郊区、工矿区、农业区、学校集中区，由于这些地区消费者的特殊职业形成了其特殊需要，在确定商品采购范围时，也要充分考虑这些地区消费者需求的共性及个性。

3. 商品的生命周期及新商品的开发

任何商品都有其生命周期，即从进入市场到退出市场所经历的四个时期：导入期、成长期、成熟期、衰退期。在信息时代，科技日新月异，商品的生命周期不断缩短，新产品不断涌现，旧产品不断被淘汰。连锁企业必须跟上这种不断变化的时代步伐，随时注意调整自己的经营范围。一方面，连锁企业必须跟踪掌握商品在市场流通中所处的生命周期，商品到达衰退期，应立即加以淘汰；另一方面，应随时掌握新商品动向，对于有可能成为畅销商品的新商品，在上市前即列入商品采购计划范围之内。

处在不同时期的商品有不同的表现，需要采用不同的采购策略，详见表 2-1。

表 2-1　　商品不同生命周期的不同采购策略

商品生命周期	商品表现	采购策略
商品导入期	商品刚刚上市，需要迅速被消费者所认知，需要企业对市场的大力培育。	全面考察后谨慎决定。
商品成长期	商品已形成一定的知名度，并有相应的顾客群体，销售呈增长趋势，企业需加大对市场的推广，扩大商品影响力。	根据市场反应积极组织进货，大量销售。
商品成熟期	商品已拥有稳定的消费群，并形成一定的市场规模，但市场渐趋饱和。	适当控制进货数量，以免造成库存积压。
商品衰退期	商品销售日渐下滑，消费者逐渐选择更新的商品替代。	迅速淘汰该商品。

4. 竞争对手情况

在同一地段内，相同业态的连锁企业的门店之间，经营特点不宜完全一致，应有所差别，其差别主要体现在门店主营商品的种类上。连锁企业只有弄清楚周围竞争对手的经营对策、商品齐全程度、价格和服务等状况，才能更好地确定自己的商品采购范围。

5. 商品本身的特点

连锁企业经营一方面是为了满足广大消费者的需要，另一方面也是为了取得更多的利润。在人力、物力、财力及营业面积限制的条件下，很难使商品经营品种无所不包，故应首先选择那些利润高、周转快的商品经营。此外，应根据商品消费连带性的要求，把不同种类但在消费上有互补性或在购买习惯上有连带性的商品一起纳入经营范围，既方便顾客挑选购买，也利于扩大销售。在确定商品采购范围时，还应考虑商品的自然特性，如某些化学性质相抵触的商品或对人体有害而需要特定的保管设施的商品不宜经营，以免发生不必要的损失和不良影响。

连锁企业商品采购范围的确定，除考虑以上几个方面外，还应随着企业的经营规模、经营目标、商品生产技术发展、人口数量及消费者收入水平等实际情况的变化而随时加以调整，不能一成不变、墨守成规。

相关链接 2-1

某超市商业状况市场调查规范

1. 目的

根据自然商圈、自然客流的消费水平，确定商品定位、基本商品结构、价格政策及毛利空间。根据轨迹商圈、消费层、竞争对手的强项确定商店特色，构建“差异经营”的商品种类及数量。根据团购网点分布、消费特点及要求，建立、培养团购销售网络。

2. 适用范围

本市场调查规范适用于公司采购部全体员工。

3. 调查方法

（1）在地图上标出由封闭街道组成的三类商圈。

（2）将每类商圈分成若干个大体相当的调查区（不小于33个），每一个调查区也是由街道封闭而成的。为了使样本分布更加均匀，还可以把商圈分为内圈（第一商圈）、中圈（第二商圈）、外圈（第三商圈），每个商圈由11个调查区组成。

自然商圈主要目标消费者：周边社区居民；

轨迹商圈主要目标消费者：有计划购买者；

团购商圈主要目标消费者：团购及大宗购买者。

（3）在每一个调查区中，随机选定一起点，按右手原则进行等距抽样。

（4）每一个调查区成功样本＝总体样本/调查区数目。

4. 工作程序

（1）确定商圈。

1）自然商圈（2公里以内）：自然辐射、自然客流、自然忠诚度，制定稳定忠诚度的措施和办法。

2）流动商圈（2公里～5公里）：因人文生活和娱乐习惯、交通方便而形成的商圈，用“差异经营”引来目标客流。

3）其他商圈：团购网络、批发网络、便民店、加盟店网络等形成的商圈，用政策开发网络、稳定商圈。

（2）确定调查科目。

1）人口分布（包括流动人口的分布情况）、数量、主要收入来源、工资收入水平、生活消费习惯。

2）住房消费、装修水准。

3）企事业单位、宾馆、饭店、学校的分布情况、效益情况、消费能力及消费渠道。

4）便民店的网点分布及进货渠道。

5）现有商业模式、竞争对手情况。

6）交通主干线及支干线情况。

7）在本地区规划发展中的角色及发展前景。

（3）了解三个商圈内顾客需求的商品。

三、确定连锁企业商品政策

商品政策是连锁企业在确定经营范围和采购范围的基础上，根据自身的实际情况建立起来的具有独特风格的商品经营方向，也是连锁企业采购商品的指导思想。一般来说，连锁企业采用的商品政策主要有以下几个。

（一）单一的商品政策

这是指门店经营品种不多、变化不大的商品来满足大众的普遍需要，如专卖店、快餐店、加油站、自动售货机等均采用这一商品政策。采用单一商品政策的门店一般在竞争中不易取得优势，因而它的使用主要局限于：

（1）消费者大量需求的商品，如加油站、粮店、烟酒专卖等。

（2）享有较高声誉的商品，如麦当劳的汉堡、可口可乐等。

（3）有较高知名度的专卖商店。

（4）有专利保护的垄断性商品。

采用单一商品政策要注意商品的个性化，其品质应优于其他商店，这样才能对消费者形成吸引力。

（二）市场细分化商品政策

市场细分化就是把消费市场按各种分类标准进行细分，以确定连锁企业的目标市场，如按消费者的性别、年龄、收入、职业等标准进行划分。各类顾客群的购买习惯、购买特点以及对各类商品的购买量是不同的，连锁企业可以根据不同细分市场的特点来确定适合某一类消费者的商品政策。例如，若连锁企业选择的目标市场是儿童市场，则商品经营范围将以儿童服装、儿童玩具、儿童食品、儿童用品为主，借此形成自己独特的个性化的商品系列，并随时注意开发和培养有关商品，以满足细分市场的顾客需要。

（三）丰满的商品政策

这是指在满足目标市场的基础上，兼营其他相关联的商品，既保证主营商品的品种、规格、档次齐全和数量充足，又保证相关商品有一定的吸引力，以便目标顾客购买主营商品时能兼买其他相关物品，或吸引非目标顾客前来购物。要使连锁企业经营的商品让人感到满意，必须重视下列几类商品：

（1）名牌商品。这类商品一般是企业长期经营，在消费者中取得良好信誉的商品。这类商品品种全、数量足，能提高门店的声望，并给人以丰盛感，对促进销售有重要作用。

（2）诱饵商品。这类商品品种齐全、数量足可以吸引更多消费者到门店来购物，同时也可以连带销售其他商品。

（3）试销商品。包括新商品和本行业刚刚经营的老商品，这类商品能销售多少很难预测，但是将这类商品保持一定的品种和数量，也会增强门店经营商品的丰盛感，促进商品销售额的扩大。

（四）齐全的商品政策

这是指连锁企业经营的商品种类齐全、无所不包，基本能满足消费者进入门店后可以购齐一切的愿望，即所谓的“一站式购物”。一般的超大型百货商店、购物中心以及大型综合超市均采用这一商品政策。采用这一政策的连锁企业，其采购范围包括食品、日用品、纺织品、服装、鞋帽、皮革制品、电器、钟表、家具等若干项目，并且不同类型商品分成许多商品柜或商品区。有的连锁企业门店的商品部经理可以自由进货、调整商品结构，及时补充季节性商品，但连锁性质的大型超市则采取集中采购和配送的方法。当然，任何一个大规模的连锁企业要做到经营的商品非常齐全是不可能的。因此，目前国内外一些老牌百货商店正纷纷改组，选择重点经营商品，以这个重点为核心建立自己的商品品种政策，力争形成自己的经营特色，以与越来越广泛的专业商店竞争。

四、确定连锁企业商品结构配置策略

在确定了连锁企业经营范围和采购范围之后，接下来应研究哪些商品是主力商品，哪些商品是辅助商品，它们之间应保持怎样的比例关系，花色品种、质量等级应如何分配等。

商品结构，实际上就是由不同商品种类而形成的商品广度与不同花色品种而形成的商品深度的综合。所谓商品的广度是指经营的商品系列的数量，即具有相似的物理性质、相同用途的商品种类的数量，如化妆品类、食品类、服装类、家电类等。所谓商品的深度是指商品品种的数量，即同一类商品中，不同质量、不同尺寸、不同花色品种的数量。保持合理的商品结构，对商店的发展有着重要的作用。由于商品广度和深度的不同组合，形成了目前连锁企业商品结构的不同配置策略，这些策略各有利弊。

（一）广而深的商品结构配置策略

这是一种连锁企业选择经营的商品种类多，而且每类商品经营的品种也多的策略，一般为较大型的综合性商场所采用。由于大型的综合商场的目标市场是多元化的，常需要向消费者提供一揽子购物，因而必须备齐广泛的商品类别和品种。

这种策略的优点是：

（1）目标市场广阔，商品种类繁多，商圈范围大，选择性强，能吸引较远的顾客专程前来购买；

（2）顾客流量大，基本上能满足顾客一次进店购齐一切的愿望；

（3）能培养顾客的忠诚感，易于稳定老顾客。

这种策略的缺点是：

（1）商品占用资金较多，而且很多商品周转率较低，导致资金利用率较低；

（2）商品结构广泛而分散，试图无所不包，但也因主力商品过多而无法突出特色，容易导致企业形象一般化；

（3）企业必须耗费大量的人力用于商品采购上。

（二）广而浅的商品结构配置策略

这是一种连锁企业选择经营的商品种类多，但在每一种类中经营的商品品种少的策略。在广而浅的商品结构配置策略中，连锁企业提供广泛的商品种类供消费者购买，但对每类商品的品牌、规格、式样等给予限制。该策略通常被廉价商店、杂货店、折扣店等零售企业所采用。

这种策略的优点是：

（1）目标市场比较广泛，经营面较广，能形成较大商圈，便于顾客购齐基本所需商品；

（2）便于商品管理，可控制资金占用。

这种策略的缺点是：由于商品花色品种相对较少，满足需要能力差，顾客的挑选性有限，很容易导致失望情绪，不易稳定长期客源，较难保证企业经营的持续发展。

（三）窄而深的商品结构配置策略

这是一种连锁企业选择较少的商品经营种类，而在每一类中经营的商品品种很丰富的策略。这种策略体现了连锁企业专业化经营的宗旨，主要为专业商店、专卖店所采用。一些专业商店通过提供精心选择的一两种商品种类，配有大量的商品品种，以吸引偏好选择的消费群。目前国内一些大型百货商店和超级市场也开始注重引入这种策略。如广州新大新、广州百货大厦，近年来不断减少商品种类，五金、布料等商品最早消失，随后家具、杂货也逐渐缩小经营范围，开始以服饰、皮革、电器、美容品、食品为主力商品。

这种策略的优点是：

（1）专业商品种类充分、品种齐全，能满足顾客较强的选购愿望，不会因品种不齐全而丢失销售；

（2）能稳定顾客，增加重复购买的可能性；

（3）能形成经营特色，突出企业形象；

（4）便于专业化管理。

这种策略的缺点是：

（1）种类有限，不利于满足消费者的多种需要；

（2）市场有限，风险大。

（四）窄而浅的商品结构配置策略

这是一种连锁企业选择较少的商品种类和在每一类中选择较少的商品品种的策略。这种策略主要被一些小型商店，尤其是便利店所采用，也被自动售货机和登门销售的零售商所采用。自动售货机往往只出售有限的饮料、香烟等商品；而销售人员上门销售的商品种类和品种也极其有限。这种策略要成功使用，有两个关键因素，即地点和时间。在消费者想得到商品的地点和时间内，采取这种策略可以成功。

这种策略的优点是：

(1) 投资少、见效快；

(2) 商品占用资金不多，经营的商品大多为周转迅速的日常用品，便于顾客就近购买。

这种策略的缺点是：

(1) 种类有限，花色品种少，挑选性不强，易使顾客产生失望情绪；

(2) 商圈较小，吸引力不大，难以形成经营特色。

由于目前的便利店所经营的商品在品种和价格上难以吸引消费者，因而它们的优势主要在经营地点、经营时间和便民服务上。

五、连锁企业商品采购品项决策

连锁企业要想增强商品对顾客的吸引力，形成经营特色，必须选择适销的商品。连锁企业在选择商品品项时要遵循以下几个原则：一是采购的商品要与连锁企业的定位相吻合，要能充分体现出企业总体经营方针和经营特色；二是采购的商品要符合目标市场的需要，既能满足消费者的现实需求，又能创造和引导消费者潜在的消费需求，通过开发新产品淘汰滞销产品，建立合理的商品结构，将消费者的潜在需求转化为现实需求；三是要考虑连锁企业现有的经营条件，引进的新商品要有能力去经营。

（一）采购单品品项决策

采购单品品项决策与编制商品计划有很大区别。后者是一种发生在采购操作行为前的活动，是着眼于宏观的决策行为，而前者是发生在采购操作中的活动，它侧重于微观决策，后者对前者有指导作用。采购单品品项决策分为两类：一类是对现有经营的商品是继续维持采购，还是将其淘汰，它主要用商品贡献度理论以及对将来的销售预测来分析和评估；另一类是对是否要引进某一新商品的决策。由于与前者相比缺乏相关数据，后一类决策分析起来难度更大。一般而言，是否要引进一个新商品，要考虑以下几个因素。

1. 商品定位因素

采购中考虑商品定位因素，其目的是要使商品能更好地满足目标市场定位，并使商品之间能互相配套，最大效用地发挥作用。采购操作中主要要求采购人员按采购计划选择新的商品。采购计划中商品种类分布表，往往并不是指具体的特定商品，而是指构成商品种类的单品需要具备哪些条件。除非特殊情况，采购商品时，要根据采购计划的要求进行。只有根据采购计划进行采购，才能保证商品定位的前后一致性，减少采购工作的盲目性。

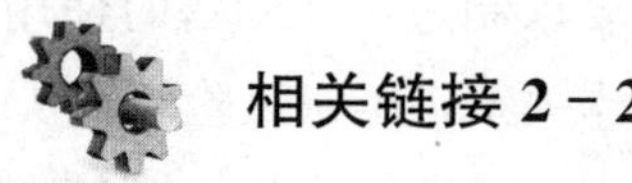

相关链接 2－2

超市商品系统功能定位

商品是卖场的灵魂，通过商品结构系统的合理组合和陈列来体现。公司经营的商品在提升业绩、获取最大化效益目标上发挥的功能是不同的，分为形象商品、销量商品、效益商品。

1. 形象商品

具有低价和品牌代表性，并为消费者所熟知的生活必需品，视其降价力度和品牌在市场的影响力程度，分为全店形象商品和部门形象商品。其特征为：（1）售价代表全店的低价形象；（2）对顾客有吸引力的生活必需品或大多数顾客熟悉其价格、品质；（3）单品有规模销量，对专业客户有吸引力；（4）价格水平在一定时期内稳定（至少 30 天）。

2. 销量商品

价格较市场有优势，能达到一定的销量要求，保证获取正常毛利的商品。其特征为：（1）品项较多，单品销量能达到一定规模；（2）保证正常毛利水平；（3）由市场认可的成熟商品组成；（4）采购重点监控管理的商品。

3. 效益商品

新品、个性化商品、季节性商品等为效益商品。其特征为：（1）品项多，为满足顾客一次性购足目标不可缺少的品项，对树立品项丰富形象起到重要作用；（2）销量低，季节性强，但对扩大销量可起到衬托作用，通过市场培育可发掘出部分销量商品或形象商品，促进供应商的信心；（3）效益高，需保证高毛利，对经营效益好坏起到决定性作用。

资料来源：http：//www. weixiu6. com/wuliu/k0237/27930. html.

2. 商品本身的因素

主要包括功能、感觉、资讯三个方面的因素。功能是形成商品价值的基础，商品的材质、结构、设计、耐久性、使用性、安全性等都包含在这个方面；感觉方面以造型、外壳、色彩、商品的格调、容器、包装等为主要要素；资讯方面是指商品知名度，具体地说是指厂家及其品牌的知名度。

3. 采购条件因素

包括价格条件、折扣条件、付款条件、附带服务、供给能力、交货时间等。

（二）自有品牌品项决策

为满足消费者对不同商品的需求，连锁企业在商品采购方面，除了加强与供应商的合作外，还会推出一系列自有品牌商品。自有品牌的实施有两条基本途径：

一是连锁企业委托生产者制造。即连锁企业根据市场动态对商品的质量、规格、类型、原材料、包装等方面自行设计，然后委托生产企业按照设计要求制造，在销售时使用自有品牌。其特点是：连锁企业与生产企业是一种较为松散的协作关系，经营风险较大。

二是连锁企业自设生产基地，即自己投资办厂生产自己设计、开发的商品。其特点是：生产企业和连锁企业不是交易关系而是协作关系，有共同的利益，稳定性较强，交易费用低，但需要连锁企业具有相当的规模与一定的经济实力。

针对自有品牌商品，连锁企业从设计、原料选择、生产到经销全程跟踪控制，最后贴上连锁企业品牌在自己的卖场进行销售。因此，自有品牌的商品采购还涉及产品设计、生产、销售等过程。

1. 采购技术规格

技术规格描述了产品技术方面的要求，一般由连锁企业技术部门、产品设计部门确定，它是连锁企业进行采购的依据或标准，也是连锁企业质量检验部门所遵循的标准。

产品设计是产品质量的基础。在产品的开发过程中，产品性能规格越来越复杂，也越来越难以改动，而且后期的改动会造成成本增加。因此，采购功能必须纳入产品早期开发过程。在新产品开发过程中，连锁企业通常从以下几方面与供应商进行沟通与合作：

（1）采购设计。采购人员是新产品设计小组的一员，他们根据采购的标准对设计提出意见，把采购目标市场的信息纳入新产品的设计阶段。

（2）供应商早期的参与。通过与供应商的合作经历，可以找出优秀的供应商并与其合作，邀请他们对新产品设计提出意见、对材料的选择提出建议，从而使设计不至于因为今后的更改而耗费更多的成本。

（3）派驻工程师。如一些大的连锁企业派工程师到供应商处专门解决各种问题，有的供应商向连锁企业派驻工程师，时间可长可短，目的是解决开发过程中出现的设计和制造问题。

连锁企业在开发新产品时，采购人员起着侦察员的作用。由于采购人员比开发者和工程师与供应商的联系更密切，因此，他们在产品开发的早期阶段介入，有助于更好地了解产品的功能和结构，能够有效地降低成本和改进产品。

2. 采购需求规格

规格是描述产品各方面要求的各种形式的结合体，需求规格一般由产品设计部门、使用部门或采购质量专职管理机构共同确定，它是进行生产的依据或标准，也是检验部门所遵循的标准。

采购部门必须保证产品需求规格能在供应商处得到满足，同时必须确保供应商能遵守交货时间、交货质量和价格等其他协议，因此采购商必须进行全面质量管理。

连锁企业采购部门必须先明确需求，即需要什么规格的产品，他们应当准确、详细地描述产品的规格，以利于更好地向供应商采购。一种产品的规格可以用多种形式进行描述，因此，采购需求规格就是指产品的描述方式。它通常包括以下几种方式：

（1）品牌。品牌指产品的牌子，它是销售者给自己的产品规定的商业名称，包括名称、标志和商标。品牌实质上代表着供应商对交付给连锁企业的产品特征和服务的一贯性的承诺。当连锁企业对购买的某件产品的销售效果感到满意，往往会再购买同样品牌的产品。当然，购买品牌产品可能成本比较高，连锁企业也可根据自身情况选择非品牌的替代品。采购时过分强调品牌，也会导致潜在供应商数量减少，从而丧失众多供应商带来的价格降低或质量改进的机会。

（2）至少同等规格。在政府采购的招标或采购商的发盘中，经常会有这样的情况，规定一种品牌或厂商的型号，然后注明“至少同等规格”。在这种情况下，采购商把责任留给了供应商，让他们去制定同等或更高的质量标准，自己不必再花费精力去制定详细的产品规格。

（3）样品。通过检查一件欲购产品的样品，来判断是否能接受该产品。该方法主要适用于那些难以用文字、图样表达的物料，如塑胶件的外观标准就常需用样品来配合图样加以规定。

（4）国际（国家、行业）标准。很多商品不需要样品，只要写明所需大小及供应商应遵守的国际（国家、行业）标准即可。另外，如果某供应商生产的产品在行业中处于领先地位，样品经试用后又完全能满足企业要求，那么可能就会把该供应商提供的产品标准作为今后检验同类产品的标准。

3. 采购标准化

所谓标准就是对具有多样性和重复性的事物，在一定范围所作的统一规定，并经过一定的批准程序，以特定的形式颁布的规范和法规。制定标准和贯彻标准的活动过程称为标准化。

按标准化的适用范围，可分为工业标准和企业标准。工业标准指的是为简化产品品种、规格，统一产品规格、质量以及性能而制定的一系列规范、规定。如产品系列的确定，零部件标准化、通用化范围的规定，主要产品技术标准的制定等。这类标准是行业或全国通用的，分别称为行业标准（专业标准）、国家标准，是相关企业必须严格执行的，也是采购活动的主要依据和手段。企业标准是指在国家或行业标准的基础上，由采购企业自行制定的规格。在采购工作中，采购部门也可以把企业标准寄给行业内主要的几个供应商以征求他们的意见。

采购标准化意味着可以简化采购工作量，意味着采供双方就明确的尺寸、质量、规格所达成的协议。通过加强采购标准化工作，可以减少采购的品种、降低库存，从而降低产品的最终成本。

相关链接 2-3

自有品牌发展进入黄金期

从20世纪80年代开始，自有品牌商品在全球零售市场中所占比例越来越高，尤其是在快速消费品领域，自有品牌商品已经渗透到原本完全由传统的制造商品牌占据的商品类别中。在德国、西班牙、比利时和荷兰的大卖场当中，50%的产品都是零售商的自有品牌。美国的情况极为相似，自有品牌产品包括食品、家用产品，以及个人的美容产品，还有消费类电子和家具。我们熟悉的乐购、沃尔玛、麦德龙、家乐福、欧尚、屈臣氏、安达屋、罗森、易买得和家得宝等国际零售业巨头，旗下都拥有大量的自有品牌产品。

自有品牌在欧洲和美国发展得十分迅速，在超市里占30%～50%，特别是在英国，这个比例达到60%。自有品牌的出现使得消费者能够获取物美价廉的商品，从性价比角度来看，消费者得到了实惠。

目前市场出现了三分制的消费者比例划分：1/3 的消费者是制造商品牌的忠实拥护者，他们不会购买自有品牌的商品；1/3 的消费者十分信任高性价比的自有品牌商品；而另外 1/3 的消费者就是自有品牌和制造商品牌的争夺对象。

在美国，很多制造商同时拥有多个品牌和生产线。同一个制造商既有自己品牌的产品，也有零售商自有品牌的产品，其品质是一样的，但是标签不一样。自有品牌可以为消费者节省成本，因为自有品牌减少了渠道的中间环节。

对于制造企业来说，零售商自有品牌和制造商品牌是错位竞争的关系。消费者也好，零售商也好，其实整个市场都是十分崇尚公平的。制造商可以卖自己品牌的商品，零售商也可以卖自己品牌的商品。零售商与制造商的合作是大势所趋，关键还在于零售商如何控制制造商生产自有品牌产品的质量。

资料来源：http：//www. tradetree. cn/content/1433/2. html.

（三）新商品引进决策

对于不少连锁企业而言，新商品的引进是采购的日常工作，应制定新商品引进率指标，并落实到全年、每月和每个商品类别，这样可以经常为顾客带来新鲜感，并在新商品中创造较高的利润。

在新商品引进决策时应注意以下要点：

（1）通过对竞争对手的调查引进新商品。

（2）通过对市场的考察引进新商品。

（3）新商品引进时遵循“人无我有，人有我优”的原则，突出特色。

（4）新商品的生命周期。

新商品引进后，采购部向供应商下第一张订单，根据店铺面积、商品结构、陈列位置等，统一为各门店订购适量商品。在采购主管通知门店新商品清单时，应注明商品品名、商品编码、规格、型号、供应商名称、最小订货量、进价、售价、陈列要求等。门店按订单验收供应商商品，并按采购部通知要求加以陈列。采购部门根据新商品销售情况，进行后续商品的订货工作。新商品引进时应有一定的试销期，该新商品必须在试销期内达到相应的营业指标（销售量指标、销售额指标、利润指标等）才能成为正常商品。经过试销后，新商品销售未达到预期目标，要与供应商进行沟通调整或淘汰。

(四) 商品淘汰决策

对有效销售发生率一直较低的商品，连锁企业应坚决予以淘汰，促进企业商品销售和周转的良性循环。具体操作要点为：

(1) 商品淘汰应遵循“一进一出”的原则，通过设定最低销售量和最低销售额来淘汰商品；

(2) 对于质量不合格或多次遭顾客投诉的商品要坚决淘汰；

(3) 对淘汰商品建立档案，以防以后再次进货。

商品淘汰时要有严格的程序：

(1) 列出淘汰商品清单，交采购经理确认、审核、批准；

(2) 统计出各门店和配送中心（仓库）所有金额；

(3) 确定商品淘汰日期，通知门店清点淘汰商品的库存量；

(4) 淘汰商品的供应商用货款抵押，换新供应商的商品；

(5) 淘汰商品的退场（下货架—统一点数打包—退场）。

六、制定连锁企业商品目录

当连锁企业确定了采购范围、采购商品的结构与品项以后，还必须将各商品品种详细列出，形成连锁企业的商品目录。商品目录是连锁企业经营范围的具体化，也是连锁企业进行采购的依据，是连锁企业管理的一项重要内容。

连锁企业的商品目录包括全部商品目录和必备商品目录两种。全部商品目录是连锁企业制定的应该经营的全部商品种类目录；必备商品目录是连锁企业制定的必备的最低限度商品品种目录。必备商品目录不包括连锁企业经营的全部商品种类，而只包括其中的主要部分。

必备商品目录是按照商品大类、中类、小类顺序排列的，每一类商品都必须明确标出商品的品名和具体特征。由于商品特征不同，消费者选择商品的要求不同，因而确定商品品名和特征的粗细程度和划分标准也不相同。一般情况下，商品特征的多少决定着品名划分的粗细程度，特征简单的商品如食盐、食糖等，品名可以粗一些；特征复杂的商品，品名可以适当细分。目前，有些连锁企业采用电脑进行管理，实行单品核算，则商品品名应根据最细小的标准来划分，直至无法划分的程度，以便准确区分每一具体商品。

必备商品目录确定以后，再根据顾客的特殊需要和临时需要加以补充与完善，便形成了连锁企业全部商品目录。连锁企业商品目录制定以后，不能固定不变，应随着环境的变化定期进行调整，以适应消费者的需要。一般来说，季节性商品需分季调整，非季节性商品按年度调整，做到有增有减。但在调整中要注意新旧商品交替存在的必要阶段，在新产品供应商不稳定之前，不可停止旧商品的经营，以免影响消费者的选择需要。

相关链接 2－4

构建商品结构的原则

一、目的

为建立满足超市发展需求的、具有竞争力的商品结构，特制定此原则。

二、适用范围

适用于采购部。

三、概念界定

（一）商品结构

商品结构的概念涉及以下几方面的内容：

（1）是以卖场的面积为前提的。

（2）是以商品的属性为基础的。

（3）是以商圈、客层、商品定位、商品角色为依据的。

（4）是以大、中、小分类为构架的，这种分类直接关系到商品品类、采购范围以及卖场的商品摆放。中、小分类最为重要。（大分类是树干，中分类是树枝，小分类是树叶，DM是树花。）

（5）以高、中、低作为档位层次。

（6）不同地区的品类及品牌角色都不一样。认定是以市场份额和竞争环境为依据的，而且是动态的、不断变化的。

（7）品项的选择以高、中、低档中的A、B类品牌中的目标品项为主。

（二）品类角色的内容和关系

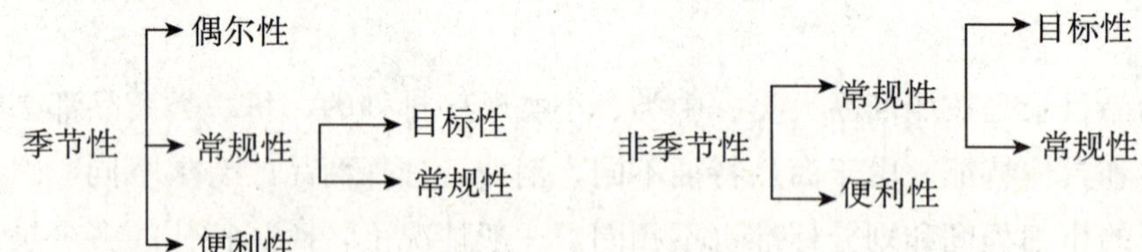

（三）大、中、小分类

（1）大分类：以商品属性为依据。

（2）中分类：以属性中的类别为划分依据。

（3）小分类：为细化中分类而设置。如：功能细化、材料细化、口味细化、品牌细化等。（操作时使用其中的一个标准）

四、具体原则

(1) 按照商品大、中、小分类的概念，对商品分类中所有的品牌进行地毯式收集，依照分类概念建立商品库，并用高、中、低档的方法建档。

(2) 按照市场份额进行类别排队，确定类别中的高、中、低档，并进行分档后品牌排队。根据品牌进行品项分档及分档后的品项排队。

(3) 根据商品定位、品类角色等确定商品组合。商品组合时要注意以下技术结构：价格结构；功能、体积、包装、花色、质地结构；当时在市场上主打的促销、特价、搭赠商品；自有品牌和总代理商品。

(4) 注意引导市场，当地没有的、在其他地区已经获得成功的品类或商品侧重考虑引进。

(5) 自有品牌。

(6)“差异经营”中的“差异结构”。

1)“差异经营”的意义：一个商店根据商圈、消费结构、客层要求，在正常经营的基础上，进行“特色”经营、“风格”经营，寻找市场卖点，引来目标客流，从而拉动销售业绩的提升，是现代成熟市场竞争、生存、发展的客观要求。

2)“差异结构”是为“差异经营”服务的，基本上是为“轨迹商圈”的目标客层设定的，它是扩大渗透率、提高消费指数（客单价）的主要手段之一。

3) 根据自身优势、客层要求和竞争环境设定与竞争对手之间的差异结构。

4)“差异结构”的设置方法和注意事项：

a. 差异种类是否有针对性、广泛性、权重（值不值）。

b.“差异结构”的种类分布是否全面。

c.“差异结构”与竞争对手的优势商品是否错位。

(7) 补充结构：建议放到联营区。（此结构是正常商品结构的补充和完善。）

范围涵盖具有易丢性、服务性、展示/演示性、高价值体积比、高技术性的商品。如：

小百货：书、电动玩具、手表、皮包等。

小家电：小收录机、随身听、照相机、剃须刀等。

店中店：电脑、手机、配钥匙、洗衣店、鲜花等。

(8) 团购网络。根据团购网络的需求设定针对性的商品包装、规格、价格，同时按照系统要求进行操作。

相关链接 2-5

构建商品结构作业流程

一、目的

确保超市的商品结构能最大限度地满足不断变化的顾客需求，最高效地利用场地空间，以有限的商品数量追求无限的业绩增长，同时为招商谈判、商品引进和陈列提供依据。

二、适用范围

适用于采购部。本流程中构建的商品结构同时适用于新品引进、滞销商品淘汰和制定商品陈列图等确定各分类商品数量的活动。

三、相关文件

《构建商品结构的原则》。

四、职责

（一）商品组的职责

（1）根据经验定位确定自营、联营的业种并合理分配卖场布局。

（2）确定百货、食品、生鲜、联营中各小组、各业种的营业面积占比。

（3）与设计部、运营部共同确认卖场布局图。

（4）根据市场调查报告、卖场布局图、全国商品结构框架以及商品组织表确定小组商品群的数量与名牌明细。

（5）根据品类管理进行商品角色定位。

（6）明确小组商品群中的价格敏感商品。

（二）采购经理及总监的职责

对以上项目进行指导及确认，掌握当地市场的发展趋势，在实际操作过程中不断修正商品结构、商品角色、商品价格。每年对商品各组的数量进行修订。

五、工作程序

（1）商品组主管对市场调研报告做出详细的分析。

（2）确定各小组商品群的数量、品牌以及品项明细或价格带。

（3）审核。

（4）采购经理及总监对商品结构进行审核，确保商品结构适合市场需求。

（5）进入招商作业。

任务二　进行商品采购价格与数量决策

在确定了采购商品品项，形成了体育文化用品商品采购目录之后，接下来作为采购计划的重要组成部分，小李将对采购商品的价格与数量进行决策，以确定最终的采购金额和采购数量。小李该如何进行呢？

任务工作流程

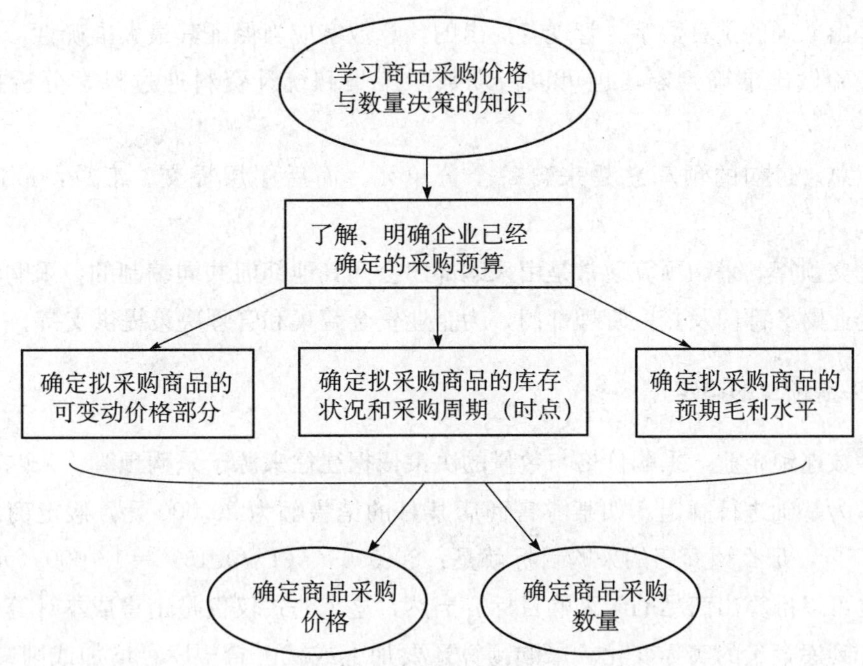

学习要求

能综合性地根据连锁企业采购预算、采购政策、库存状况、订货时间等因素，进行采购商品的价格与数量决策。

相关知识

一、连锁企业商品采购预算

（一）采购预算的编制流程

采购预算的编制同其他类型预算编制过程一样，也包含以下几个步骤：

（1）审查连锁企业及部门的战略目标。预算的最终目的是保证连锁企业目标的实现，连锁企业在编制部门预算前首先要审查采购部门和企业的目标，以确保它们之间的相互协调。

（2）制订明确的工作计划。管理者必须了解采购部门的业务活动，明确它的特性和范围，制订出详细的工作计划，从而确定采购部门实施这些活动所带来的产出。

(3) 确定所需要的资源。有了详细的工作计划，管理者可以对支出做出切合实际的估计，从而确定为实现目标所需要的人力、物力和财力资源。

(4) 提出准确的预算数字。管理者提出的预算数字应当保证其最大准确性，既可以通过以往的经验做出准确判断，也可以借助数学工具和统计资料通过科学分析提出准确方案。

(5) 汇总。最初的预算总是来自每个分单元，而后层层提交、汇总，最后形成总预算。

(6) 提交预算。采购预算通常是由采购部门会同其他部门共同编制的，采购预算编制后要提交企业财务部门及相关管理部门，为企业资金筹集和管理决策提供支持。

(二) 采购预算的确定

在大多数连锁企业，采购价格与数量的决策依据往往来源于采购预算。采购预算一般以销售预算为基础进行制定。如某零售商店某月的销售额为 20 000 元，假定商店的平均利润率为 15%，那么该商店的采购目标就是：20 000×（1－0.15）＝17 000（元）。同样的道理，也可以推算出商品的年采购目标。当然，这个公式仅仅是销售成本计算公式，它并没有估计到库存量的实际变化。采购预算还要加上或减去希望库存增加或削减的因素，其计算公式应为：

采购预算＝销售成本预算＋期末库存计划额－期初库存额

例如：某商店一年的销售目标为 2 000 万元，平均利润率是 15%，期末库存计划额为 200 万元，期初库存为 180 万元，则其全年的采购预算＝2 000×（1－0.15）＋200－180＝1 720（万元），再将其按月分配到各个月，就是每月的采购预算。

采购预算在执行过程中，有时会出现情况的变化，所以有必要进行适当的修订。如商店实行减价或折价后，就需要增加销售额的部分；商店库存临时新增加促销商品，就需要从预算中减少新增商品的金额。

二、连锁企业商品采购价格决策

(一) 商品采购价格的构成

由于价格决策和品项决策密不可分，许多人把价格决策作为品项决策的一部分。因为商品售价是决定商品是否畅销的一个至关重要的因素，而售价制定的基础又是采购价格，所以，能否以一个有竞争力的价格把商品采购进来，是衡量采购工作成败的关键。

1. 采购价格的简单计算

商品的价格结构可以用下列公式表示：

商品价格＝生产成本或进口成本＋流通费用

流通费用＝生产商毛利＋批发商毛利＋零售毛利

商品价格＝生产成本或进口成本＋生产商毛利＋批发商毛利＋零售毛利

采购价格＝生产成本或进口成本＋生产商毛利＋批发商毛利

当然，价格通常是由供需的状况来决定的。以百货公司的服饰用品为例，其零售价格往往是生产成本的3～5倍，这是由于百货公司服饰品一律为专柜经营，经济规模很小，营销费用很高（通常为营业额的25%～30%），故总流通费用就偏离常规轨道了。但消费者往往认为价格高就等于质量好，故此种服饰品的需求一直存在，从而使百货公司专柜经营的形态历久不衰。

2. 可变动价格的组成部分

现代的商品价格体系与传统的商品定价法有很大的不同，传统的交易不管时间、地点、数量以及其他交易方式的不同，只要是与某一固定的对象交易，其价格就是固定不变的。而现代的商品价格的内涵丰富得多，除了有一个不变的基准价格外，往往还有一块是会变动的，变动部分由折扣、补助、付款方式、运输方式等构成。如一个杯子，定价为每个3元，若订购数量超过200个，则每个优惠10%，如果以现金款到发货再优惠5%。3元就是基准价，10%和5%分别就是折扣中的数量折扣和现金折扣。下面重点对可变的价格部分进行分析。

（1）折扣。

折扣是指供应商对符合一定条件的采购商给予的价格方面的折让。它一般包括数量折扣、交易折扣、季节折扣、现金折扣和不退货折扣。

所谓数量折扣，是指采购商大量采购时，供应商给予采购商的价格折让。通常由于采购商的大量购买，供应商会因此获得规模效益，而把一部分好处转让给采购商。数量折扣包括一次性折扣和累计折扣，前者根据每一次采购规模来确定折扣率，后者根据一定时期内多次采购的总规模来确定折扣率。连锁企业在确定采购规模时，既要考虑数量折扣因素，又要考虑店铺销量、储存成本、运输费用等多重因素。

所谓交易折扣，是指供应商根据采购商的业务功能和组织特征，给予有利于自己的购买组织一定的价格优惠。因为连锁企业多为连锁组织形态，所以会享受到供应商的交易折扣。例如，一种是50家独立的店铺，分散地向供应商进货，另一种是50家连锁门店，由总部统一进货，对于供应商来说，后者的业务成本会大大低于前者。

所谓季节折扣，是指为刺激淡季商品销售而给予采购商的价格折扣。这种折扣与采购数量、采购者无关，只是鼓励采购商在旺季之前订货，使厂商淡季不淡。实际上，这是供应商通过季节折扣，将商品储存功能转移给采购商。要享受季节折扣，就必须提前购买商品，而这又会使仓储成本增加，因此在决策时要很慎重。

所谓现金折扣，又称付款折扣，是指对提前付款所给的价格优惠。它一般又可分为现金支付折扣和延期付款折扣两类。前者是指对款到发货所给予的价格优惠；后者是指货先发，然后再支付货款，间隔期不超过约定时期所给予的价格上的优惠，间隔期越长，优惠越少。

不退货折扣实际上是买断商品的价格，是指供应商对实行买断商品、不再退货的采购商给予的价格优惠。值得强调的是，世界上许多著名的跨国零售巨子，对其经营的主力商品，均采用了现金买断制，以同时获得现金折扣和不退货折扣，进而在价格竞争中占据有利地位。我国大型连锁企业所经营的绝大多数商品都是采用代销方式，甚至采用出租柜台的方式，实际上已蜕化为物业管理者，与厂商共担风险的机制还远未建立起来，我国零售业这种传统而又落后的经营方式亟须加以淘汰。作为以低价取胜的连锁企业，更应率先实现向现金买断制的跨越。当然，为了解决自身流动资金的问题，也可以采用买断延期付款制。

（2）补助。

补助是指供应商为了减少采购商因特定事件发生而产生的利润损失而给予采购商经济上的特别资助。它主要包括促销补助和退货补助两类。

促销补助是指供应商为了协助采购商做好促销活动，扩大本企业产品的知名度和销售量而给予采购商的一种资助。这种资助主要通过价格减让和促销费用分摊两种方式来实现。例如，根据某连锁企业的促销计划，将对某产品降价10%进行促销，供应商为了鼓励促销活动，将其供应价相应地下调5%，以加大促销力度，这5%就是一种促销补助。

退货补助是指供应商对采购商销路不畅的商品进行退货而给予的在运输费用等方面的分摊和补贴。这是供应商为鼓励连锁企业大规模进货而采取的一项措施。

（3）运费。

商品运费是商品价格的重要组成部分。不同的装运方式，其在货运方、交货地点、费用支付、权利和义务的分解上有很大的不同，由此形成了不同的运输方式。现实生活中运用得较多的运输方式有以下几种：

工厂交货，即供应商负责将货物交给运输商，由采购商承担运输费用的运输方式。这种运输方式由采购商承担所有运费，商品所有权在装运地点由供应商转移给采购商。

装货地点交货，即供应商支付到装货地点为止的装运费，采购商支付以后的装运费，货物所有权在装货地点由供应商转移给采购商。

目的地城市交货，即由供应商支付货物到达目的地城市车站、码头的运费，货物所有权在目的地城市发生转移，而采购商承担以后发生的装运费。

商场交货，即供应商支付所有的装运费，商品在到达商场时所有权发生转移。

在商品采购价格决策中，首先要做好市场访价工作，及时了解当地主要竞争者的销售价格，如果竞争者没有经营这种商品，则可以了解同类商品的价格，再根据本企业价格策略，倒推预期进货成本（进价＋运费）。通过谈判如果无法将价格降至预期价格以下，则对该供应商应一票否决。其次，连锁企业在与供应商进行价格谈判时，要善于运用各种价格方式，除了要尽量争取最低价格外，还要从企业实际出发，寻找最佳的成本构成结构。

相关链接 2－6

沃尔玛精确到分的采购价格

在沃尔玛的报价系统中，供应商填写沃尔玛报价不是简单报一个价格了事。沃尔玛的报价单有统一的格式，叫做 quote sheet。上面包含很多项内容，如运费、包装方式、包装尺寸、产品规格和特性等，但它最绝的是其中的价格计算方式。沃尔玛的 quote sheet 填写完成以后，经过一系列公式的计算会自动产生它的商场零售价。比如你先填上报价，这个价格先会自动上浮 3%，这是所谓的防损费，沃尔玛假定 3%的产品会有损坏、投诉、缺失等情况发生。也就是说，如果你的产品报价是 1.0 元，沃尔玛的系统认为你的报价是 1.03 元，但还是只支付 1.0 元。接着，系统会根据你的包装方式计算运费。有些新近和沃尔玛合作的供应商报价时常常不注意精确计算包装尺寸，沃尔玛对这一点可是很讲究的，尺寸的误差超过 3%就要索赔。然后，上岸后的仓储、分货、员工工资等费用都会加上去。上面的所有加起来得到一个新的价格，再加上沃尔玛的毛利得出的价格就是零售价了。沃尔玛的 quote sheet 给采购买手提供了许多便利，只要看看零售价就可以知道供应商的报价是否合适，而此前的一切都由供应商去伤脑筋了。

资料来源：http：//edu. gongchang. com/g/liucheng-2011－10－10－22820. html.

（二）商品采购定价流程

1. 询价

询价是指在业务来往中，采购商或供应商就所要购买或出售的商品向对方询问交易条件的行为，一般由采购商提出。如果一种商品以前没有向某供应商采购过，就要向该供应商询问，以获得来自该供应商的各种信息。

许多企业有标准的询价表格，如表 2－2 所示。这种表格一般包括两方面信息：一方面的信息由采购商向供应商提供；另一方面的信息是供应商向采购人员询价。

表 2－2　　某企业采购部询价单

序号	商品名称	规格	单位	市面最低零售价格	备注

询价通常有口头与书面两种形式。在询价的过程中，为使供应商不致发生报价上的错

误，采购人员通常附上辅助性的文件，如商品规格书、商品分期运送的数量明细表等。

2. 报价

（1）价格与供应商选择。

采购人员每天可能要收到数份报价单，如何确定供应商报价是否合理是让采购人员比较头痛但又不得不面对的事。

如果采购人员得到了四份报价：A供应商：1元/件；B供应商：0.92元/件；C供应商：0.90元/件；D供应商：0.80元/件。D供应商的价格最便宜。但经过对供应商的全面了解后发现D供应商是一家规模小、人员素质差且无品质保证的企业，D供应商为了抢占市场采取了低价格攻势；B及C供应商虽然价格较高，但有较高的信誉，在品质及交货方面能有较好的保证；A供应商是一家在各方面都不错的大企业，但因管理费过高而使得价格居高不下。

经过这样的调查了解后，正确的做法是首先要把报价最低的D供应商去掉。经过采购人员的努力，B及C供应商的单价虽然降不到D供应商的报价水平，但可能也会下降数个百分点。如果B及C供应商的样品能通过既定的评审，那么B及C供应商就可能是最为理想的供应商。

在实际操作中，采购人员容易犯这样的毛病：就是要求B及C供应商的报价一定要降到D供应商的价格才肯罢休，因为他认为这个市场上既然已经有供应商报出了这个价格，B及C供应商也应该能接受这个价格。殊不知这个低价是忽略了许多其他采购服务才报出来的，换句话说，D供应商所报的价格是不可信的。

（2）确定供应商价格的合理性。

要确定供应商的报价是否合理是一件比较困难的事，特别是所购买的商品被少数供应商垄断或采购人员对所购物品很陌生时。一般来说，下列方法可协助采购人员作定性判断：

第一，将不同供应商之间的报价进行比较。尽量多找几家供应商报价，来自不同供应商的报价可以让采购人员了解所购商品的大致市场价格。最终选定的供应商可能只有一两家，但其他供应商的报价可作为采购人员作出正确选择的参考。找多家供应商报价虽然会增加采购人员的工作量，但这是值得的。

第二，与确定的底价进行比较。所谓底价就是打算支付的最高采购价格。底价的制定使采购人员对价格的确定与取舍有据可依，但是底价的制定往往需要企业内部数位很懂行的人士甚至聘请企业外部的专家来完成，这是许多小企业无法做到的。底价制定得太高或太低对企业都不利，若制定得太低，本来可以入围的优秀供应商被拒之门外，这样企业就会丧失很多机会成本；若制定得太高，就失去了制定底价的意义。制定一个合理的底价不仅需要制定人有丰富的与物料相关的知识，还要尽可能多地搜集相关材料。

3. 议价及定价

议价是采购人员与供应商之间讨价还价的过程，需要多次的谈判和磋商。议价要讲究方法和技巧。

通常情况下，采购的基本要求是品质第一、服务第二，价格列为最后。因此采购价格以能达到适当价格为最高要求。在维护买卖双方利益及良好关系的前提下，使商品供应持续不断，这才是采购人员的主要责任。

定价通常经过如下过程：

（1）采购价格调查。

一个连锁企业所需使用的商品，少则几十种，多则万种以上。企业要根据“重要少数”的原则来进行采购价格调查，即对数量仅占10%而价值却占70%～80%的商品进行调查。假如企业能把握住占价值80%左右的“重要少数”，那么，就可以达到控制采购成本的目标。

（2）采购价格信息搜集。

采购价格信息搜集的方法可分为三种。上游法，即了解拟采购的商品是由哪些成本组成的，查询制造成本及产量资料。下游法，即了解拟采购的商品用在哪些地方，查询需求量及售价资料。水平法，即了解拟采购的商品有哪些类似产品，查询替代品或新供应商的资料。

（3）采购价格确定。

采购价格的最终确定可采用以下三种方法：

报价采购方式：即采购商根据采购需求向供应商发出询价或征购函，请其正式报价的一种采购方法。供应商寄发的报价单，内容包括交易条件及报价有效期等，必要时另寄“样品”及“说明书”。报价经采购商完全同意后，买卖契约才算成立。

招标确定价格：这种方式是采购商确定价格的重要方式，其优点在于公平合理。因此，大批量的采购一般采用招标的方式。但采用招标的方式受几个条件的限制：一是所采购的商品的规格要求必须能表述清楚、明确、易于理解；二是必须有两个以上的供应商参加投标。

谈判确定价格：这是确定价格的常用方式，也是最复杂、成本最高的方式。谈判方式适用于各种类型的采购。

三、连锁企业商品采购数量的确定

（一）采购数量决策的目的

一般而言，连锁企业的经营是直接购入商品或购入商品经过流通加工，再通过销售过程获取利润。其中，如何确定恰当的商品数量，是连锁企业采购数量决策的重点所在。因此，为维持正常的销售活动，在某一特定的时期内，应决定购入商品的数量。采购数量决策应该达到以下目的：

（1）预计采购商品需用的时间与数量，以保证供给、防止顾客流失。

（2）避免过多的库存，以免积压资金、占用存放的空间。

（3）配合连锁企业销售计划与资金调度。

（4）使采购部门事先准备，选择有利时机购入。

（二）采购数量决策的方法

采购数量只表示某一商品在某一时期应予订购的总量，至于某一商品在某时期应如何订购，下面做进一步说明。

1. 定期订购法

对于价格低廉、销售比重较低的商品，可以选择每季、每月或每周订购一次，这称为定期订购法。使用定期订购法必须对商品未来的需求数量能做出正确的估计，避免存货过多造成积压。对于连锁企业来说，可将采购商品按照周转量和利润率划分为A、B、C三类，对于周转快、利润高的A类商品，建议采用定期订购法。

定期订购法的原理，是预先确定一个订货周期 T 和一个最高库存量 Q_{max}，周期性地检查库存，发出订单。订货量的多少应使得订货后的“名义”库存量达到额定的最高库存量。假设在时间轴的0点开始运行定期订货法，这时检查库存量，库存水平在1点，库存量假设为 Q_{K1}，则发出订单，订货量取 Q_{K1} 与 Q_{max} 的差值，即第一次的订货量 $Q_1=Q_{max}-Q_{K1}$。随后进入第一个订货提前期 T_1，提前期结束，所订 Q_1 的货物到达，实际库存升高到 Q_{max}，到达高库存。然后进入第二个周期的销售，销售仍然按正常进行，销售过程中可以不管库存量的变化。待到经过一个订货周期 T，到了按订货周期该订货的日子，又检查库存量，假设这时库存水平在2点，库存量为 Q_{K2}，就又发出订货量 Q_2，Q_2 的大小等于 Q_{K2} 与 Q_{max} 的差值。随后进入第二个订货提前期 T_2，提前期结束，所订货物 Q_2 到达，将实际库存量又一下提高到最高库存。随后进入第三个销售周期，到了下一个订货日，又检查库存、发出订单，这样周而复始。

但在定期订购法的实际运用中，还需要考虑订货未到商品数量和已售未发货商品数量，具体确定方法如下：

订购量＝最高库存量－现有库存量－订货未到量＋顾客延迟购买量

此外，定期订购法应用的前提条件是：

（1）它的直接运用一般适用于单一品种的情况。但是稍加处理，也可以用于几个品种的联合订购。

（2）它不但适用于随机型需求，也适用于确定型需求。对于不同的需求类型，可以导出具体的运用形式，但应用原理是相同的。

（3）对于连锁企业来说，将采购商品按照周转量和利润率划分为A、B、C三类，它一般多用于A类物资，即周转快、利润高的商品。

2. 定量订购法

定量订购法是指当库存量下降到预定的最低库存量（订货点）时，按规定数量（一般以经济订货批量 EOQ 为标准）进行订货补充的一种库存控制方法。如图 2-1 所示。

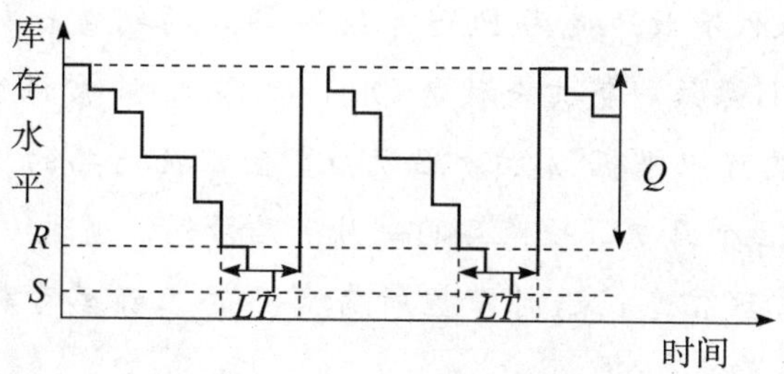

图 2-1　定量订购法示意图

该方法的基本原理是：当库存量下降到订货点 R 时，即按预先确定的订购量 Q 发出订单，经过交纳周期（订货至到货的间隔时间）LT，库存量继续下降，到达安全库存量 S 时，收到订货 Q，库存水平上升。

该方法主要靠控制订货点 R 和订货批量 Q 两个参数来控制订货，达到既最好地满足库存需求，又能使总费用最低的目的。在需要为固定、均匀和订货交纳周期不变的条件下，订货点 R 的计算公式为：

$$R=LT\times D/365+S$$

式中，D 是每年的需要量。

订货量的确定依据条件不同，可以有多种确定的方法。

进口商品以及少数价值很高的国内采购商品，比较适合采用定量订购法。对于 C 类商品，即周转慢、利润低的商品，建议采用定量订购法。

相关链接 2-7

OTB 计划——大型连锁零售企业的管理利器

随着国内连锁零售店的不断发展，连锁零售企业对门店的日常经营和采购管理的要求越来越高。随着新商品的不断更替，连锁零售企业需要接连不断地订货、采购、收货、存储、配送等。为了便于门店控制进货、销货与存货的管理，连锁零售企业已经都在采用计算机来辅助管理，如实地汇总统计实时的销售数据，这种系统我们称为 POS 系统，英文全称是 Point of Sales，中文译名为销售信息管理系统。它是基于计算机网络，采用电子收款机，具有收款、商品数据采集功能的商品管理系统。

通常情况下，连锁零售企业的管理者可以通过门店前台的计算机系统实时数据，一方面可以随时了解各大中小类商品的销售情形，随时确保安全存量，不致错失商机；另一方面也可以看出哪些商品畅销、哪些商品滞销，以便做出最正确的商品调整。对于大型连锁零售企业而言，POS系统已经成为不可或缺的得力助手了。

在最初的国内连锁零售企业门店，商品的条码率不足60%，大部分商品都需要门店二次贴店内条码进行销售，而现在连锁零售企业门店的商品条形码化水平已经大大提高。但是我们发现，仅仅有效地使用POS系统所得到的销售资料是不够的，还要配合另一个系统，叫做OTB系统，英文全称是Open to Buy，中文译名为采购的限额或者采购计划系统。OTB系统可以根据预估营业额和资金以及商品的周转率，帮助任何规模的零售业者预测未来12个月中每项商品的每月采购计划。通过OTB系统，零售业者可以轻易得到最重要的管理信息，适时掌握所有商品的正确库存数量，避免因为库存过大、周转率太低而造成损失。

OTB系统的好处是使日常的采购计划变得更加有章可循，排除了下达采购订单的盲目性，剔除了采购数量过大过多的现象，有效减少了门店的降价行为，进一步保障了连锁零售企业的盈利水平，使连锁零售企业获得更多的利益。

如此说来，到底应该采用POS系统还是OTB系统呢？根据专家的建议，如果想把管理工作做好，不妨同时使用POS系统与OTB系统，通过POS系统的数据可以充实OTB系统，进而严密控制进出货，提高货品与现金的流通速度。

资料来源：http：//www. cswdw. cn/Channel1/OTB-jihua-daxingliansuolingshouqiyede-manager-liqi _ 1. html.

（三）连锁企业商品采购数量的计算

采购量的大小会影响企业的销售和库存，关系到企业的销售成本和经营效益。如果采购商品过多，会造成过高的存货储备成本与资金积压；如果采购的商品过少，则会增加采购次数而提高采购购买成本，不能满足顾客需求，失去销售的有利时机。决定最适当的采购数量有以下几种方法。

1. 经济订购批量法

（1）基本经济订货批量。

基本经济订货批量是一种比较简单和理想的状态。通常情况下，订货点的确定主要取决于需要量和订货交纳周期这两个因素。在需要量固定均匀、订货交纳周期不变的情况下，不需要设安全库存，这时订货点的计算公式为：

$$R=LT\times D/365$$

式中，R 是订货点的库存量；LT 是交纳周期，即从发出订单至该批货物入库间隔的时间；D 是该商品的年需求量。

但在实际工作中，常常会遇到各种波动的情况，如需要量发生变化，交纳周期因某种原因而延长等，这时必须要设置安全库存 S，这时订货点的计算公式为：

$R = LT \times D/365 + S$

式中，S 是安全库存量。

订货批量 Q 依据经济订货批量（EOQ）的方法来确定，即总库存成本最小时的每次订货数量。通常，年总库存成本的计算公式为：

年总库存成本＝年购置成本＋年订货成本＋年保管成本＋缺货成本

在不允许缺货的条件下，年总库存成本的计算公式为：

年总库存成本＝年购置成本＋年订货成本＋年保管成本

经济订货批量就是使库存总成本达到最低的订货数量，它是通过平衡订货成本和保管成本两方面得到的。其计算公式为：

$$经济订货批量\ EOQ = \sqrt{\frac{2CD}{H}} = \sqrt{\frac{2CD}{PF}}$$

其中：D 是年需求总量；P 是单位商品的购置成本；C 是每次订货成本（元/次）；H 是单位商品年保管成本（元/年），$H=PF$，F 为年仓储保管费用率；Q 是批量或订货量。

此时：

最低年总库存成本 $TC = DP + H\ (EOQ)$

年订货次数 $N = D/EOQ = \sqrt{\frac{DH}{2C}}$

平均订货间隔周期 $T = 365/N = 365EOQ/D$

【例 1】 甲商店 A 商品年需求量为 30 000 个，单位商品的购买价格为 20 元，每次订货成本为 240 元，单位商品的年保管费为 10 元。求：该商品的经济订货批量，每年总库存成本，每年的订货次数及平均订货间隔周期。

解： 经济订货批量 $EOQ = \sqrt{\frac{2 \times 240 \times 30\ 000}{10}} = 1\ 200$（个）

每年总库存成本 $TC = 30\ 000 \times 20 + 10 \times 1\ 200 = 612\ 000$（元）

每年的订货次数 $N = 30\ 000/1\ 200 = 25$（次）

平均订货间隔周期 $T = 365/25 = 14.6$（天）

（2）批量折扣购货的订货批量。

供应商为了吸引采购商一次购买更多的商品，往往会采用批量折扣购货的方法，即当一次购买数量达到或超过某一数量标准时给予价格上的优惠。这个事先规定的数量标准，称为折扣点。在批量折扣的条件下，由于折扣之前购买的价格与折扣之后购买的价格不同，因此，需要对原经济订货批量模型做必要的修正。

在多重折扣点的情况下，先依据确定条件下的经济批量模型，计算最佳订货批量（$Q*$），而后分析并找出多重折扣点条件下的经济订货批量，如表 2－3 所示。

表 2-3　多重折扣价格表

折扣区间	0	1	…	t	…	n
折扣点	Q_0	Q_1		Q_t		Q_n
折扣价格	P_0	P_1		P_t		P_n

其计算步骤如下：

1）用确定型经济订购批量的方法，计算出最后折扣区间（第 n 个折扣点）的经济批量 Q_n* 与第 n 个折扣点的 Q_n 比较，如果 $Q_n* \geqslant Q_n$，则取最佳订购量 Q_n*；如果 $Q_n* < Q_n$，就转入下一步骤。

2）计算第 t 个折扣区间的经济批量 Q_t*。

若 $Q_t \leqslant Q_t* < Q_{t+1}$ 时，则计算经济批量 Q_t* 和折扣点 Q_{t+1} 对应的总库存成本 TC_t* 和 TC_{t+1}，并比较它们的大小；若 $TC_t* \geqslant TC_{t+1}$，则令 $Q_t*=Q_{t+1}$，否则就令 $Q_t*=Q_t$。

若 $Q_t* < Q_t$，则令 $t=t+1$ 再重复步骤 1)，直到 $t=0$，其中：$Q_0=0$。

【例 2】 A 商品供应商为了促销，采取以下折扣策略：一次购买 1 000 个以上打 9 折；一次购买 1 500 个以上打 8 折，详见表 2-4。若单位商品的仓储保管成本为单价的一半，求在这样的批量折扣条件下，甲仓库的最佳经济订货批量应为多少？（根据例 1 的资料：$D=30\ 000$ 个，$P=20$ 元，$C=240$ 元，$H=10$ 元，$F=H/P=10/20=0.5$。）

表 2-4　A 商品多重折扣价格表

折扣区间	0	1	2
折扣点（个）	0	1 000	1 500
折扣价格（元/个）	20	18	16

解：根据题意列出：

计算折扣区间 2 的经济批量：

$$\text{经济批量 } Q_2* = \sqrt{\frac{2CD}{PF}} = \sqrt{\frac{2\times 240\times 30\ 000}{16\times 0.5}} = 1\ 342(\text{个})$$

$\because 1\ 342 < 1\ 500$

$\therefore$ 计算折扣区间 1 的经济批量：

$$\text{经济批量 } Q_1* = \sqrt{\frac{2CD}{PF}} = \sqrt{\frac{2\times 240\times 30\ 000}{18\times 0.5}} = 1\ 265(\text{个})$$

$\because 1\ 000 < 1\ 265 < 1\ 500$

$\therefore$ 还需计算 TC_1* 和 TC_2 对应的年总库存成本：

$$TC_1* = DP_1 + DC/Q_1* + HQ_1*/2 = 30\ 000\times 18 + \frac{30\ 000\times 240}{1\ 265} + \frac{10\times 1\ 265}{2}$$

$$= 552\ 017\ (\text{元})$$

$$TC_2 = DP_2 + DC/Q_2 + HQ_2/2$$

$$=30\,000\times16+\frac{30\,000\times240}{1\,500}+\frac{10\times1\,500}{2}$$

$$=492\,300（元）$$

由于 $TC_2 < TC_1*$，所以在批量折扣的条件下，最佳订购批量 $Q*$ 为 1 500 个。

2. 固定数量法

（1）每次订购的数量都相同。

（2）订购数量的决定是凭过去的经验和直觉。

（3）也可能考虑某些产能的限制、模具的寿命限制、包装或运输方面的限制、储存空间的限制等。

（4）此法不考虑订购成本和储存成本这两项因素。

采用固定数量法采购的计划如表 2-5 所示。

表 2-5　××公司各月净需求与计划订购表

月份	1	2	3	4	5	6	7	8	9	10	11	12	合计
净需求		10	10		14		7	12	30	7	15	5	110
计划订购		40					40		40				120

3. 批对批法

（1）发出的订购数量与每一期净需求的数量相同。

（2）每一期均不留库存。

（3）如果订购成本不高，此法最实用。

采用批对批法采购的计划如表 2-6 所示。

表 2-6　××××公司各月净需求与计划订购表

月份	1	2	3	4	5	6	7	8	9	10	11	12	合计
净需求		10	10		14		7	12	30	7	15	5	110
计划订购		10	10		14		7	12	30	7	15	5	110

4. 固定期间法

（1）每次订单涵盖的期间固定（每一周期的第一个月下订单），但订购数量可以变动。

（2）基于订购成本较高的考虑。

（3）期间长短的选择凭过去的经验和直觉。

（4）采用此法每期会有些剩余存货。

采用固定期间法采购的计划如表 2-7 所示。

表 2-7　×××公司各月净需求与计划订购表

月份	1	2	3	4	5	6	7	8	9	10	11	12	合计
净需求		10	10		14		7	12	30	7	15	5	110
计划订购	25				30				60				115

案例讨论

安科公司的采购管理之道

安科公司是一家专门经营进口医疗用品的公司，20××年该公司经营的产品有26个品种，共有69个客户购买其产品，年营业额为5 800万元人民币。对于安科公司这样的贸易公司而言，进口产品交货期较长、库存占用资金大，因此，采购与库存管理显得尤为重要。

安科公司按销售额的大小，将其经营的26个产品品种排序，划分为A、B、C三类。排序在前3位的产品占总销售额的97%，把它们归为A类产品；第4～7种产品占总销售额的2%，把它们归为B类；其余的19种产品占总销售额的1%，将它们归为C类。

对于A类的3种产品，安科公司实行了连续性检查策略，每天检查库存情况，随时掌握准确的库存信息，进行严格的控制，在满足客户需要的前提下维持尽可能低的经常量和安全库存量。此外，还通过与国外供应商的协商，对运输时间做了认真的分析，算出了该类产品的订货前置期为2个月（也就是从下订单到货物从安科公司的仓库发运出去，需要2个月的时间）。即如果预测在6月份销售的产品，应该在4月1日下订单，才能保证在6月1日可以出库。其订单的流程见下表。

订单流程

4月1日	4月22日	5月2日	5月20日	5月30日	6月30日
下订单给供应商（按预测6月份的销售数量）	货物离开供应商仓库（开具发票，已经算作安科公司库存）	船离开美国港口	船到达上海港口	货物入安科公司的仓库，可以发货给客户	全部货物销售完毕

由于安科公司的产品每个月的销售量不稳定，因此，每次订货的数量都不同，要按照实际的预测数量进行订货。为了防止预测的不准确和工厂交货时间的不准确，还要保持一定量的安全库存，安全库存是下一个月预测销售数量的1/3。安科公司对A类产品实行连续检查的库存管理，即每天对库存进行检查，一旦手中实际的存货数量加上在途的产品数量等于下两个月的销售预测数量加上安全库存时，就下订单订货，订货数量为第三个月的预测数量。因其实际的销售量可能大于或小于预测值，所以，每次订货的间隔时间也不相同。这样进行管理后，这3种A类产品库存的状况基本达到了预期的效果。由此可见，对于货值高的A类产品应采用连续检查的库存管理方法。

对于B类产品的库存管理，安科公司采用周期性检查策略。每个月检查库存并订货一次，目标是每月检查时应有以后两个月的销售数量在库里（其中一个月的用量视为安全库存），另外在途中还有一个月的预测量。每月订货时，再根据当时剩余的实际库存数量，决定需订货的数量。这样就会使B类产品的库存周转率低于A类。

对于C类产品，安科公司采用了定量订货的方式。根据历史销售数据，得到产品的半年销售量为该产品的最高库存量，并将其两个月的销售量作为最低库存。一旦库存达到最低库存时，就订货将其补充到最高库存量。这种方法比前两种更省时间，但库存周转率更低。

安科公司实行了产品库存ABC分类管理以后，虽然A类产品占用了最多的时间和精力进行管理，但得到了满意的库存周转率。而B类和C类产品，虽然库存的周转率较低，但相对于其很低的资金占用和很少的人力支出来说，这种管理也是个好方法。

在对产品进行ABC分类以后，安科公司又对其客户按照购买量进行了分类。在其69个客户中，前5位的客户购买量约占全部购买量的75%，将这5位客户定为A类客户；到第25位客户时，其购买量已达到95%，因此，把第6～25位客户归为B类；其他的客户归为C类。对于A类客户，实行供应商管理库存，一直保持与他们密切的联系，随时掌握他们的库存状况；对于B类客户，基本上可以用历史购买记录对他们的需求作出预测；对于C类客户，有的是新客户，有的一年也只购买一次，因此，只在每次订货数量上多加一些，或者用安全库存进行调节。这样一方面可以提高库存周转率，另一方面也提高了对客户的服务水平，尤其是A类客户对此非常满意。

资料来源：http：//www. doc88. com/p-995598392665. html.

问题：

1. 安科公司将产品分为哪几类进行管理？
2. 这种分类方式的优点是什么？
3. 安科公司怎样对A、B、C三类产品进行采购与库存控制？
4. 安科公司如何利用客户的ABC分类管理提高采购效率和客户的服务水平？

课程实训一

◆ 实训项目

对某商圈内新开店铺进行商品采购品类决策。

◆ 实训任务

1. 确定商店的经营业态、经营特色。
2. 根据商圈特点，选定目标顾客群。
3. 了解竞争对手的情况，确定自己的经营政策。

4. 配合经营政策，确定商品的采购目录。

◆ **实训提示**

1. 指导老师可以组织学生到市场上做调查，了解相关商店的商品品类。

2. 在实训过程中，指导老师可以根据实际条件选定商店地址、确定经营范畴。

◆ **实训效果评价标准**

新开店铺商品采购品类决策实训评分表

考评人		被考评小组	
小组成员			
考评内容	新开店铺商品采购品类决策		
考评标准	考评点	分值（分）	评分（分）
	经营业态和采购商品的一致性	20	
	目标顾客群与采购商品的一致性	30	
	经营定位、政策和采购商品的统一性	20	
	采购目录整体评价	15	
	实训参与度	15	
合计		100	

注：评分满分 100 分，60～70 分为及格，71～80 分为中等，81～90 分为良好，91 分以上为优秀。

课程实训二

◆ **实训项目**

制订某门店采购计划。

◆ **实训任务**

1. 了解该门店整体经营状况。

2. 收集、分析该门店采购政策与相关商品历史采购数据、库存数据。

3. 以小组为单位完成未来一个时段内（年度、半年、季度或月度）的商品采购计划，内容主要包括商品品项、商品价格和商品数量的决策。

◆ **实训提示**

1. 指导老师应讲解清楚调查的要求，并协助学生分组及产生组长。

2. 指派各个小组到门店进行实地调查。

3. 在调查门店采购商品数据前，组长及成员要做好准备工作，如收集资料、列出具体问题等。

◆ 实训效果评价标准

制订门店采购计划实训评分表

<table>
<tr><td>考评人</td><td></td><td>被考评小组</td><td></td></tr>
<tr><td>小组成员</td><td colspan="3"></td></tr>
<tr><td>考评内容</td><td colspan="3">制订门店采购计划</td></tr>
<tr><td rowspan="6">考评标准</td><td>考评点</td><td>分值（分）</td><td>评分（分）</td></tr>
<tr><td>经营状况、采购政策调查的正确性</td><td>10</td><td></td></tr>
<tr><td>历史采购商品数据、库存数据收集的完整性</td><td>20</td><td></td></tr>
<tr><td>采购价格制定的正确性</td><td>30</td><td></td></tr>
<tr><td>采购数量确定的正确性</td><td>30</td><td></td></tr>
<tr><td>实训参与度</td><td>10</td><td></td></tr>
<tr><td colspan="2">合计</td><td>100</td><td></td></tr>
</table>

注：评分满分 100 分，60～70 分为及格，71～80 分为中等，81～90 分为良好，91 分以上为优秀。

项目小结

1. 在连锁企业的实际运作中，关键是要进行商品采购品类的决策。采购品类一般是在过去采购实绩和销售实绩的基础上，根据市场预测得出的消费需求及其变化趋势的有关资料，结合连锁企业商品采购范围、商品经营政策进行综合分析后确定的。

2. 连锁企业新品采购决策是商品采购中的难点，缺乏数据，分析难度大。连锁企业要想增强商品对顾客的吸引力，形成经营特色，在选择商品品项时要考虑商品定位因素、商品本身因素和商品采购条件。

3. 现代的商品价格体系与传统的商品定价法有很大的不同，传统的价格是固定不变的，而现代的商品价格的内涵丰富得多，除了有一个不变的基准价格外，往往还有一块是会变动的，变动部分由折扣、补助、付款方式、运输方式等构成。

4. 连锁企业采购数量的确定方法有经济订购批量法、固定数量法、批对批法和固定期间法。对于连锁企业来说，如何实现采购商品数量与库存数量、销售数量之间的最优平衡，是采购数量决策的最终目的。

主要概念

采购决策　品类决策　单品品项　价格决策　数量决策

课后自测练习

一、单选题

1. 下列选项中的（　　）不是零售商品采购计划编制的核心内容。

A. 商品采购类别　　B. 商品采购数量

C. 商品采购金额　　D. 商品采购人员

2. 连锁企业选择经营的商品种类多，而且每类商品经营的品种也多的策略称为（　　）的商品结构配置策略。

A. 广而深　　B. 广而浅

C. 窄而深　　D. 窄而浅

3. （　　）的商品结构配置策略，主要为专业店、专卖店所采用。

A. 广而深　　B. 广而浅

C. 窄而深　　D. 窄而浅

4. 选择经营的商品种类多，但在每一种类中经营的商品品种少的策略属于（　　）的商品结构配置策略。

A. 广而深　　B. 广而浅

C. 窄而深　　D. 窄而浅

5. 若商店选择的目标市场是儿童市场，商品经营范围以儿童服装、儿童玩具、儿童食品、儿童用品为主，这种是（　　）商品政策。

A. 单一的　　B. 市场细分化

C. 丰满的　　D. 齐全的

6. 企业长期经营，在消费者中取得良好信誉的商品一般是（　　）。

A. 名牌商品　　B. 诱饵商品

C. 正常商品　　D. 促销商品

7. 下列选项中的（　　）不适合采用单一的商品政策。

A. 粮店　　B. 加油站

C. 烟酒店　　D. 便利店

8. 商店经营的商品种类齐全、无所不包，基本能满足消费者进入商店后可以购齐一切的愿望，这种是（　　）商品政策。

A. 单一的　　B. 市场细分化

C. 丰满的　　D. 齐全的

9. 商品的（　　）是指经营的商品系列的数量，即具有相似的物理性质、相同用途的商品种类的数量。

A. 广度　　B. 宽度

C. 深度　　D. 长度

10. 商品的（　　）是指同一类商品中，不同的质量、不同尺寸、不同花色品种的数量。

A. 广度　　B. 宽度

C. 深度　　D. 长度

11. （　　）是指供应商对实行买断商品、不再退货的采购商给予的价格优惠。

A. 现金折扣　　B. 数量折扣

C. 不退货折扣　　D. 交易折扣

二、多选题

1. 下列选项中的（　　）是采购计划制订的影响因素。

A. 经济发展水平　　B. 城市及商圈内人口增长状况

C. 竞争者状况　　D. 企业自身经营状况

E. 供应商及商品供应状况

2. 下列选项中的（　　）是采购需求规格的描述方式。

A. 品牌　　B. 产地

C. 至少同等规格　　D. 样品

E. 国际、国家或行业标准

3. 下列选项中的（　　）是决定最适当的采购数量的常用方法。

A. 最低数量预估法　　B. 经济订购批量法

C. 固定数量法　　D. 批对批法

E. 固定期间法

4. 下列选项中的（　　）是连锁企业常用的运输方式。

A. 工厂交货　　B. 装货地点交货

C. 目的地城市交货　　D. 商场交货

E. 现场交货

三、判断题

1. 窄而浅的商品品种组合，主要被一些小型商店，尤其是便利店所采用。

2. 连锁企业的商品目录包括必备商品目录和备选商品目录两种。

3. 商品结构就是由不同商品种类而形成的商品广度与不同花色品种而形成的商品深度的综合。

4. 现金折扣，又称付款折扣，是指对用现金付款所给的价格优惠。

5. 退货补助是指零售商对供应商销路不畅的商品进行退货而给予的在运输费用等方

面的分摊和补贴。

6. 促销补助主要是通过价格减让和促销费用分摊两种方式来实现的。

7. 企业标准是必须严格执行的，也是采购活动的主要依据和手段。

8. 进口的商品以及少数价值很高的国内采购商品，比较适合采用定期订购法。

四、简答题

1. 决定是否引进一个新商品，要考虑哪些因素？

2. 采购数量决策应该达到哪些基本目的？

项目三　连锁企业采购谈判与合同管理

项目简介

与供应商就各项交易条件进行谈判是采购活动的一个重要环节，也是采购技术的重要体现。新星超市有限公司采购部采购二科助理小李，将开始跟随科长郑刚参与和供应商的商品采购谈判，并对后续的合同签订、合同管理等工作承担起采购助理的责任。

工作流程

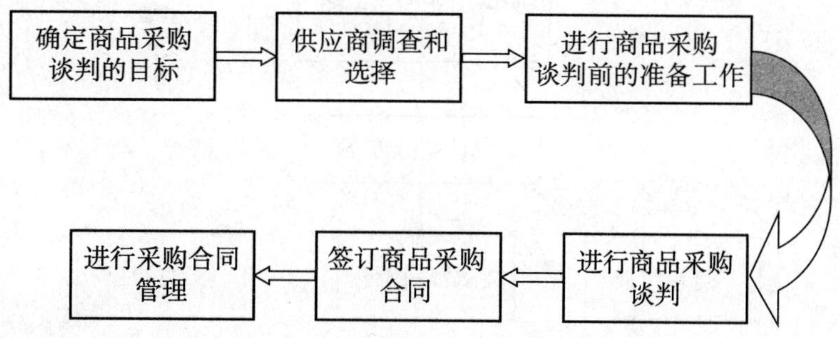

学习目标

- 能进行谈判前供应商的调查
- 能进行简单的商品采购谈判，并有意识地运用谈判技巧
- 能起草标准的商品采购合同

任务一　调查和选择供应商

新星超市有限公司明年将对百货类商品的经营战略进行较大调整，计划将部分门店的百货区域从原来的大众定位逐步转向中高端定位。为配合公司经营战略的调整，采购二科开始调查新的商品供应商，为后续的采购合同谈判进行基础性的准备。科长郑刚交给小李的任务是：根据公司经营战略，寻找、调查和选择合适的准供应商，并形成拟谈判供应商名录资料。

任务工作流程

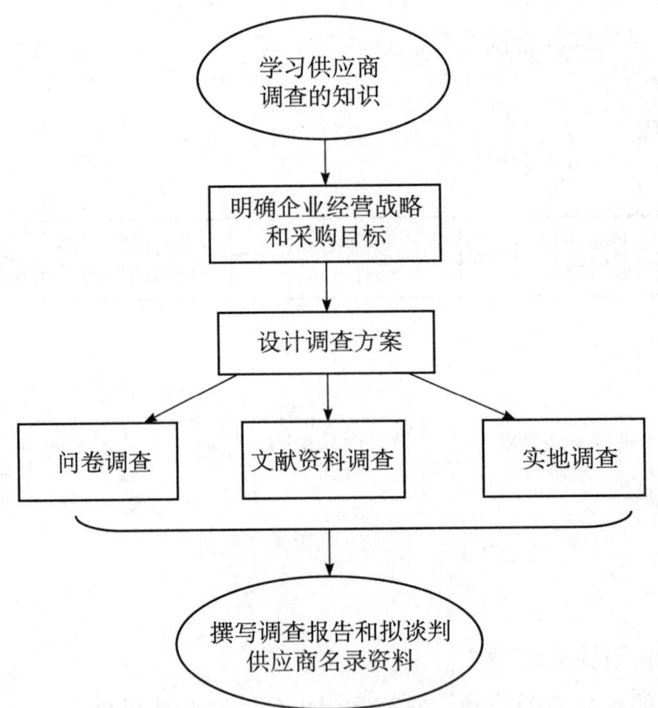

学习要求

能根据企业经营战略和采购目标，调查、选择能进入采购合同谈判环节的新供应商。

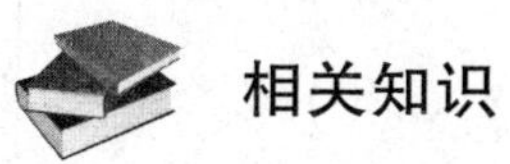

相关知识

一、供应商调查的种类和内容

供应商调查，在不同的阶段有不同的要求。供应商调查可以分成三种，第一种是初步供应商调查，第二种是资源市场调查，第三种是深入供应商调查。

（一）初步供应商调查

所谓初步供应商调查，是对供应商的基本情况的调查，主要了解供应商的名称、地址、生产能力、能提供什么产品、能提供多少、价格如何、质量如何、市场份额有多大等。

1. 初步供应商调查的目的

初步供应商调查是为了了解供应商的一般情况，而了解供应商的一般情况的目的，一是为选择最佳供应商做准备，二是为了解整个资源市场的情况，因为许多供应商基本情况的汇总就是整个资源市场的基本情况。

2. 初步供应商调查的特点

（1）调查内容浅，主要了解一些简单的、基本的情况；

（2）调查面广，最好能够对资源市场中各个供应商都有所了解，从而能够掌握资源市场的基本状况。

3. 初步供应商调查的方法

初步供应商调查的基本方法，一般可以采用访问调查法，通过访问有关人员而获得信息。例如，访问供应商市场部的有关人员，访问有关用户或有关市场主管人员，访问其他的知情人士。进行供应商初步调查，可通过访问建立起供应商卡片。供应商卡片如表3-1所示。

表3-1　　供应商卡片

<table>
<tr><td colspan="3">公司全称：</td><td>法人代表：</td></tr>
<tr><td>经济性质：</td><td colspan="2">成立时间：</td><td>总经理：</td></tr>
<tr><td colspan="2">技术负责人：</td><td colspan="2">职称职务：</td></tr>
<tr><td colspan="3">营业执照号：</td><td>注册资金（万元）：</td></tr>
<tr><td colspan="4">详细地址：</td></tr>
<tr><td>联系人：</td><td colspan="2">联系电话：</td><td>传真：</td></tr>
<tr><td colspan="2">公司网址：</td><td colspan="2">电子邮件：</td></tr>
<tr><td colspan="4">公司简介：</td></tr>
</table>

产品情况（包括产品名称、规格、质量、价格、市场份额等）：
资质和认证：
运输方式：
过去三年的主要经营业绩：

供应商卡片也可以作为调查表，由供应商自行填写。在采购工作中，可以利用供应商卡片来选择供应商。当然，供应商卡片也要根据情况的变化，经常进行修改和更新。

实行了计算机信息管理的企业，应将供应商管理纳入计算机信息管理，把供应商卡片的内容输入计算机，利用数据库进行操作、维护和利用。计算机信息管理有很多优越性，它不但可以很方便地存储、增添、修改、查询和删除，而且可以很方便地统计、汇总和分析，可以实现不同子系统之间的数据共享。

4. 初步供应商分析的主要内容

在初步供应商调查的基础上，要利用调查资料进行供应商分析。初步供应商分析的主要目的，是比较各个供应商的优势和劣势，以选择合适的供应商。初步供应商分析的主要内容有以下几点：

（1）产品的品种、规格和质量水平是否符合企业需要。产品的品种、规格和质量水平都适合于企业，才算得上企业的可能供应商，才有必要进行进一步的分析。

（2）供应商的实力和规模、产品的生产能力、技术水平、管理水平、信用度。信用度是指企业对客户、银行等的诚信程度，表现为供应商对自己的承诺和义务认真履行的程度，特别是在产品质量保证、按时交货、往来账目处理等方面能够以诚相待，一丝不苟地履行自己的责任和义务。对信用度的调查，在初步调查阶段，可以采用访问制，得出一个大概的、定性的结论。在深入调查阶段，可以通过大量的业务记录来统计、分析供应商的信用度，这样可以得到定量的结果。

（3）所提供的产品是竞争性的还是垄断性的。如果是竞争性的，则要分析供应商的竞争态势、产品的销售情况、市场份额及产品的价格水平。

（4）运输方式、运输时间、运输费用分析，以确定运输成本是否合适。

（二）资源市场调查

1. 资源市场调查的内容

初步供应商调查是资源市场调查的内容之一，但资源市场调查不仅仅是初步供应商调查，还应包括以下一些基本内容：

（1）资源市场的规模、容量、性质。例如，资源市场的范围，有多少资源量和多少需求量，是卖方市场还是买方市场，是完全竞争市场还是垄断市场，是新兴的成长型市场还是陈旧的没落型市场等。

（2）资源市场的环境。例如，市场的管理制度、法制建设，市场的规范化程度，市场的经济环境、政治环境以及市场的发展前景。

（3）资源市场中各个供应商的情况，即前面进行的初步供应商调查所得到的情况。把众多的供应商的调查资料进行分析，就可以得出资源市场的基本情况，如资源市场的生产能力、技术水平、管理水平、可供资源量、质量水平、价格水平、需求状况、竞争性质等。

资源市场调查的目的，就是要进行资源市场分析。资源市场分析，对于连锁企业制定采购策略、产品策略、生产策略等都有重要的指导意义。

2. 资源市场分析的内容

（1）确定资源市场是紧缺型市场还是富余型市场，是垄断型市场还是竞争型市场。对于垄断型市场，应当采用垄断型采购策略；对于竞争型市场，应当采用竞争型采购策略，如采用投标招标制、一商多角制等。

（2）确定资源市场是成长型市场还是没落型市场。如果是没落型市场，则要趁早准备替换产品，不要等到产品被淘汰了再去开发新产品。

（3）确定资源市场总的水平，并根据整个市场水平来选择合适的供应商。通常要选择在资源市场中处于先进水平的供应商，选择产品质量优且价格低的供应商。

相关链接 3－1

沃尔玛中国公司供应商调查问卷

1. 您的业务属于哪种类型？

☐ 制造商　　☐ 贸易公司　　☐ 分销商

2. 您是否是制造商？

☐ 是　☐ 否

3. 您的产品属于哪一种类？

☐ 非食品　☐ 食品　☐ 鲜食　☐ 服装

4. 您的工厂在哪个省（市）？

□ 广东　□ 福建　□ 上海　□ 其他

5. 您有多少家工厂？

□ 1～2 家　□ 3～4 家　□ 4 家以上

6. 您现在是否为我们沃尔玛全球采购或美国沃尔玛提供商品？

□ 是　□ 否

7. 您是否全资拥有或自有工厂？

□ 是　□ 否

8. 您是否合资工厂？

□ 是　□ 否

9. 您是否 OEM 工厂？

□ 是　□ 否

10. 您是否 ODM 工厂？

□ 是　□ 否

11. 生产旺季时您工厂有多少工人？

□ 少于 100 人　□ 100～500 人　□ 500～1 000 人　□ 超过 1 000 人

12. 生产淡季时您工厂有多少工人？

□ 少于 100　□ 100～500 人　□ 500～1 000 人　□ 超过 1 000 人

13. 您是否具有中国国内销售权？

□ 是　□ 否

14. 您是否能开具增值税发票？

□ 是　□ 否

15. 您能够开具百分之几的增值税发票？

□ 6%　□ 17%　□ 其他

16. 谁是您在中国的主要客户？

□ 巨型超级市场　□ 本地百货公司　□ 批发商　□ 其他

17. 谁是您出口业务的主要客户？

□ 巨型超级市场　□ 百货公司　□ 批发商　□ 其他

资料来源：http：//www.wal-martchina.com/supplier/apply.htm.

（三）深入供应商调查

深入供应商调查，是指对经过初步调查后准备发展为连锁企业供应商的供应商进行的更加深入仔细的考察活动。这种考察，深入到供应商的生产线、各个生产工艺、质量检验环节甚至管理部门，对其现有的设备工艺、生产技术、管理技术等进行考察，了解供应商所生产的产品能否满足连锁企业质量保证体系和管理规范的要求，是否适应连锁企业商品结构的需求；供应商的商品质量是否稳定，能否满足顾客的需求；供应商的售后服务是否良好、可靠，对投诉是否能迅速作出反应，索赔是否简便易行；供应商交货是否及时，供应量是否有弹性等。有的甚至要根据所采购的产品的生产要求，进行资源重组并进行样品试制，试制成功以后，才算考察合格。只有通过这样的深入供应商调查，才能发现可靠的供应商，建立起比较稳定的物资采购供需关系。

进行深入供应商调查，需要花费较多的时间和精力，调查的成本较高。连锁企业并不用对所有的供应商都进行深入供应商调查，它只是在以下情况下才需要：

(1) 准备发展成紧密关系的供应商。与供应商建立并维持一种超级合作关系，将会给连锁企业带来巨大的利益，这是传统的较为松散的“客户—供应商”关系所无法比拟的。通过与少数几家关键的供应商建立良好的关系，并悉心加以维持，能极大地缩减成本，并扩大市场占有率。如果要选择这样紧密关系的供应商，就必须进行深入供应商调查。

(2) 寻找关键商品的供应商。如果所采购的商品是连锁企业的关键商品，是连锁企业利润的重要组成部分，那么在选择供应商时，就需要特别小心，要进行深入供应商调查。

除以上两种情况外，对于一般关系的供应商或者非关键商品的供应商，可以不必进行深入调查，只进行简单初步的调查就可以了。

相关链接 3-2

2010 年 3 月，苹果股份有限公司（以下简称“苹果公司”）发布了 2009 年供应商状况调查报告，其中称一共发现了 17 宗严重违反行为操守、需要立刻纠正的案例。

苹果公司的这一报告标题为《供应商责任：2010 年进展报告》。苹果公司工作人员 2009 年一共调查了 102 个供应商的生产设施，其中包括对长期供应商工厂的每年定期巡检，以及对新增加的零配件供应商的调查。作为对比的是，苹果公司在 2007 年和 2008 年调查的供应商仅为 39 个和 83 个。

苹果公司在报告中称，苹果公司将社会责任作为公司经营的基石，并坚持其供应商也要执行苹果公司的行为操守。

苹果公司称一共发现了 17 宗最严重的违规案例，其中 3 宗涉及雇用童工，8 宗涉及员工在招聘时交了超出政府规定的费用，3 宗涉及供应商违规处置有害排放物，另外 3 宗则是供应商在苹果公司调查过程中提交虚假报告。

在童工案例中，苹果公司称有 3 家工厂雇用了 11 名 15 岁的工人，但是在工人所在国家最低就业年龄为 16 岁。在苹果公司审查结束之后，这些童工已经离开了工厂。苹果公司未指明这些现象发生在哪个国家，但中国法律从 2002 年起规定不得雇用 16 岁以下工人。

中国是苹果公司大批供应商的所在地，一大批供应商爆出的丑闻让新闻界震惊，外界向苹果公司施压，要求其调查供应商的所作所为。

资料来源：http：//www.donews.com.

二、供应商调查的方法与步骤

（一）供应商信息的来源

要调查、开发供应商，首先就必须扩大供应商的来源。换句话说，供应商越多，连锁企业选择供应商的机会就越大。供应商信息的来源主要有以下几种：

（1）国内外采购指南。

（2）国内外产品发布会。

（3）国内外新闻传播媒体（报纸、刊物、广播电台、电视、网络）。

（4）国内外产品展销会。

（5）政府组织的各类商品订货会。

（6）国内外行业协会会员名录、产业公报。

（7）国内外企业协会。

（8）国内外各种厂商联谊会或同业工会。

（9）国内外政府相关统计、调查报告或刊物，如工厂统计资料、产业研究报告。

（10）其他各类出版物的厂商名录。

（11）整体性的媒体招商广告。利用电视、报纸做全国性或区域性的招商广告，在预定期举办说明会介绍企业状况，先吸引供应商接触，再慢慢选择。

（12）同行市调。采购人员可通过对同行业（竞争对手）供应商的情况调查，发现优良商品供应商的信息。有两种方式可以联系到同行业的供应商：一是根据商品包装上的制造商或进口代理公司的电话进行联络；二是如果没有电话，利用包装上制造商或进口代理公司的名称，向114查询电话号码进行联络。

（13）厂商介绍。

（14）供应商自行找上门。

（二）供应商调查的方法

调查方法是开展供应商调查的重要手段，掌握正确的调查方法往往可以取得事半功倍的效果。由于供应商的调查具有广泛性和复杂性，连锁企业可根据市场状况和企业需要综合选用多种调查方法。常用的调查方法有以下三种。

1. 问卷调查法

这是指调查者将所要调查的问题编制成问题或表格，以邮寄、当面作答或者追踪访问等方式由被调查者进行填答，从而了解被调查者情况的一种调查方法。问卷调查是与现代社会相适应的一种社会调查方法，为现代社会提供了一种高效率、定量化的了解社会情况的途径和方法，也是连锁企业开展供应商调查的常用方法。

问卷调查是标准化的书面调查，这就决定了问卷调查法既有许多突出的优点，又有许多明显的缺点。其优点是：操作方便，节约时间，能同时对众多被调查者进行调查，便于对调查结果进行定量研究；其缺点是：调查内容的局限性较大，对被调查者的要求较高，回复率和有效率较低，真实性、准确性有待提高。因此，问卷调查法应与其他调查方法结合使用，才能较好地完成供应商调查的任务。

问卷调查是通过各种问卷调查表来实施的，因此，设计好问卷调查表是开展供应商调查的关键。连锁企业应根据供应商调查的目的和基本要求，简单扼要、方便明确地设计调查表。表 3-2 是连锁企业在对供应商基本情况调查中常用的调查表之一。

表 3-2　　供应商情况调查表

<table>
<tr><td rowspan="6">公司基本情况</td><td>名　称</td><td colspan="5"></td></tr>
<tr><td>地　址</td><td colspan="5"></td></tr>
<tr><td>营业执照号</td><td colspan="2"></td><td>注册资本</td><td colspan="2"></td></tr>
<tr><td>联系人</td><td colspan="2"></td><td>部门、职务</td><td colspan="2"></td></tr>
<tr><td>电　话</td><td colspan="2"></td><td>传　真</td><td colspan="2"></td></tr>
<tr><td>E-mail</td><td colspan="2"></td><td>信用等级</td><td colspan="2"></td></tr>
<tr><td rowspan="4">产品情况</td><td>产品名称</td><td>规　格</td><td>价　格</td><td>质　量</td><td>可供量</td><td>市场占有率</td></tr>
<tr><td></td><td></td><td></td><td></td><td></td><td></td></tr>
<tr><td></td><td></td><td></td><td></td><td></td><td></td></tr>
<tr><td></td><td></td><td></td><td></td><td></td><td></td></tr>
<tr><td>运输方式</td><td></td><td colspan="2">运输费用</td><td></td><td>包　装</td><td></td></tr>
<tr><td>备　注</td><td colspan="6"></td></tr>
</table>

2. 实地观察法

这是指调查者有目的、有计划地运用自己的感觉器官或借助观察仪器，直接了解当前正在发生的、处于自然状态下的社会现象的方法。实地观察法的主要优点：(1) 由于实地观察是调查者直接观察被调查者的设施和活动，故具有较强的直观性和可靠性；(2) 简便易行，适应性强，灵活性大。实地观察法的主要缺点：(1) 具有一定的表面性和偶然性，受时间、空间等客观条件的限制较大；(2) 调查费用高、时间长。连锁企业为了更深入地了解供应商的经营状况，常用此法对供应商的地理位置、交通运输条件、设备设施和生产工艺等进行调查。

3. 文献调查法

这是指调查者通过相关文献的收集和处理对被调查者进行调查的方法。它主要通过报纸杂志、广播电视和网络等途径收集被调查者的相关文献，然后从文献中分析出有用的信息，为调查者的决策提供依据。文献调查法的优点是信息量大、内容广泛、获取方便、速度快、费用低，主要缺点是真实性和可靠性较差、工作量大、所获取的资料不够完整。因此，连锁企业在供应商调查的前期采用此法效果较好。

这三种调查方法各有优点，也各有不足，连锁企业在对供应商的调查中应根据市场状况、调查目的和企业实际将几种调查方法进行有机组合，以充分发挥各种调查方法的优势，实现调查目的。

（三）供应商调查的步骤

一般来说，连锁企业供应商调查可分为 6 个阶段，每一个阶段工作完成得好坏，直接关系着下一个阶段的工作质量和最终结果。供应商调查的步骤如图 3－1 所示。

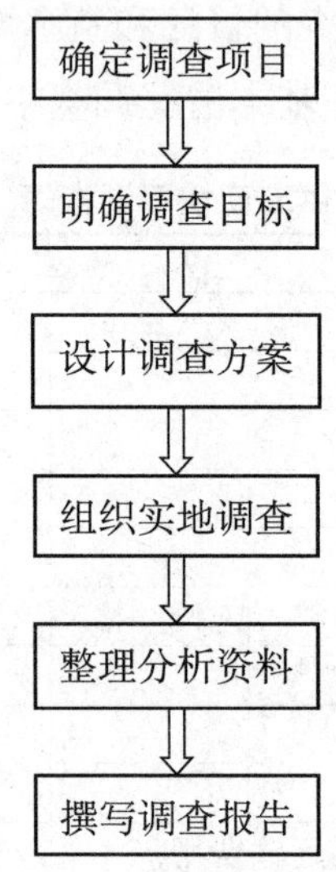

图 3－1　供应商调查的步骤

1. 确定调查项目

连锁企业在经营过程中所涉及的供应商众多，有原材料供应商、零部件供应商和成品供应商等，特别是综合性零售连锁企业由于其所经营的商品种类数以万计，面对的供应商更为广泛。因此，连锁企业采购部门不可能对所有的供应商都进行调查，而应先根据市场状况和企业实际确定调查项目，然后集中精力有针对性地开展供应商调查。

2. 明确调查目标

调查目标的确定取决于调查需要。不同的采购有着不同的需要，调查目标也有所区别。若是新供应商，则应把调查目标定位于对该企业的认识上，以该企业的品牌信誉、供货能力、价格水平和销售渠道等为主要内容；若是老供应商，则应把调查目标定位于该企业的发展趋势，主要内容应为该企业的创新能力、竞争能力和销售增长率等。

3. 设计调查方案

调查方案是连锁企业开展供应商调查的基本依据，设计好调查方案是连锁企业供应商调查的重要环节。一个完善的调查方案应包括本次调查的目的和要求、调查组织的组建、调查时间的安排、调查对象的范围、调查内容的确定、调查表的设计和调查方法的选择等内容。

4. 组织实地调查

实地调查是一项较为复杂烦琐的工作。连锁企业要按照事先划定的调查区域确定每个区域调查样本的数量、调查人员的人数、每位调查人员的路线，以明确调查人员的工作任务和职责，做到任务落实到位，目标、责任明确。调查时，调查人员应认真地向供应商询问，对供应商提出的有关采购问题应尽量避免透露太多的信息，以使供应商在平等的条件下竞争。

5. 整理分析资料

连锁企业获得相关的调查资料后，就可以进入资料的整理和分析阶段。该阶段的主要工作有两方面：一是整理已填写的调查表，由调查人员对调查表进行逐份检查，将合格的调查表统一编号，以便于调查数据的统计；二是利用统计结果，按照调查目的和要求，对调查内容进行全面分析。

6. 撰写调查报告

撰写调查报告是供应商调查的最后一项工作内容，调查的成果将体现在最后的调查报告中。调查报告将提交给采购部门的决策者，作为采购部门制定采购策略的重要依据。调查报告要按规范的格式撰写。完整的调查报告由题目、目录、概要、正文、结论、建议、附件等组成。

相关链接 3-3

调查报告的写法

调查报告是指对某项工作、某个事件、某个问题经过深入细致的调查后，将调查中收集到的材料加以系统整理和分析研究，以书面形式向组织和领导汇报调查情况的一种文书。

调查报告一般由标题和正文两部分组成。

1. 标题

标题可以有两种写法。一种是规范化的标题格式，即“发文主题＋文种”，如“××关于××××的调查报告”“关于××××的调查报告”“××××调查”等。另一种是自由式标题，包括陈述式、提问式和正副标题结合式。陈述式如“××地区奶制品供应情况调查”；提问式如“××公司产品销售为什么红火”；正副标题结合式一般是正标题陈述调查报告的主要结论或提出中心问题，副标题说明调查的对象、范围、问题，这实际上类似于“发文主题＋文种”的规范格式，如“企业发展重在服务——××公司供货服务的调查”。

2. 正文

正文一般分前言、主体、结尾三部分。

（1）前言。前言有三种写法：第一种是写明调查的起因或目的、时间和地点、对象或范围、经过与方法以及人员组成等调查本身的情况，从中引出中心问题或基本结论；第二种是写明调查对象的历史背景、大致发展经过、现实状况、主要成绩、突出问题等基本情况，进而提出中心问题或主要观点；第三种是开门见山，直接概括出调查的结果，如肯定做法、指出问题、提示影响、说明中心内容等。前言起着画龙点睛的作用，要精练概括、直切主题。

（2）主体。主体是调查报告最主要的部分，要详述调查研究的基本情况、做法、经验，分析调查研究所得材料中的各种具体认识、观点和基本结论。

（3）结尾。结尾的写法也比较多，可以提出解决问题的方法、对策及下一步改进工作的建议；或总结全文的主要观点，进一步深化主题；或提出问题，引发人们的进一步思考；或展望前景，发出鼓舞和号召。

资料来源：郑光财：连锁企业采购管理．北京：电子工业出版社，2008.

三、供应商的选择

（一）供应商选择的标准

连锁企业在供应商选择中应制定相应的标准作为衡量尺度，一般来说，一个称职的供应商需要达到以下基本要求。

1. 信誉度高

主要表现为供应商在社会上具有一定的知名度和影响力，经营稳定、财务状况良好、重合同、守信用、合同履行率高，具有较强的合作意向等。

2. 供货能力强

主要表现为供应商的规模大、经营历史长、经验丰富、设备设施完好、具有可靠的货源并对市场变化具有较强的快速反应能力等。

3. 价格合适

主要表现为在保证质量的前提下，供应商所提供的商品和原材料的价格较低，能为连锁企业降低成本、提高利润提供较大的空间。

4. 技术水平高

主要表现为供应商的生产经营技术先进，设计能力和开发能力较强，设备和生产工艺先进，产品的技术含量高等。

5. 管理水平高

主要表现为供应商的领导班子强劲有力，企业负责人有魄力、能力强、管理水平高；企业具有高水平的生产经营管理系统和质量管理保障体系，已形成严肃认真、一丝不苟的工作作风等。

6. 服务水平高

主要表现为供应商具有较强的服务意识，服务规章制度较完善，具有相应的服务机构和服务设施，对客户高度负责等。

（二）供应商选择的程序

供应商的选择是一项复杂的、涉及面较广的工作，应按一定的程序进行。其过程如图3-2所示。

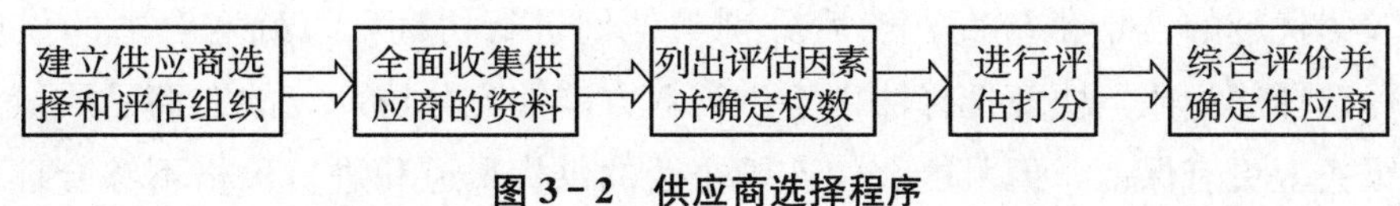

图3-2　供应商选择程序

1. 建立供应商选择和评估组织

供应商的选择涉及技术、财务、运输、仓储、生产和计划等方面，所以选择供应商的决策，除采购部门之外，还应由上述部门共同组成评估组织，以全面、准确地评估供应商。

2. 全面收集供应商的资料

连锁企业对供应商资料的收集，不仅包括已有的供应商资料，还应通过各种展销会、媒体、政府有关统计调查报告、网络、招标等渠道收集新的供应商资料，以便从较大范围内确定合适的供应商。

3. 列出评估因素并确定权数

列出供应商的质量、价格、服务、交货期等各项评估因素，根据不同产品的特征及要求赋予各因素不同的权数。例如，采购机电产品或技术附加值高的产品，供应商提供的产品售后技术服务的权数就应高一些。

4. 进行评估打分

根据所收集的调查资料和实地考察情况，逐项评估供应商的履行能力，并在供应商评估表上进行分项评估打分。

5. 综合评价并确定供应商

通过加权计算，得出供应商的综合评分，选择得分最高的供应商作为本企业的合作伙伴。

（三）供应商选择的方法

1. 判断选择法

这是指根据连锁企业征询和调查所得的资料并结合分析判断，对供应商进行分析评价的一种方法。它通过倾听和采纳有经验的采购人员的意见，或者直接由采购人员凭经验评估打分来选择供应商。这种方法直观且简单易行，但主观性较强，选择结果的科学性不高。连锁企业常将判断选择法用于非主要商品供应商的选择。

2. 招标选择法

当连锁企业采购的商品数量大、供应商竞争激烈时，可采用招标的方式来选择合适的供应商。主要做法是先由连锁企业提出招标条件，各供应商进行竞标，然后由连锁企业分析研究，选择出综合条件最好的供应商并签订采购协议。招标选择法能使连锁企业在较大范围内获得既满足条件又便宜、适用的商品或原材料，但此法的运作时间较长，不适用于对时间要求较紧的商品采购。连锁企业常将招标选择法用于主要常规商品供应商的选择。

3. 协商选择法

也就是商品采购谈判，这一方法是指连锁企业先通过调查研究从众多供应商中选择出供应条件较为优越的若干供应商，然后分别与他们进行协商，以确定合适的供应商的方法。与招标选择法相比，协商选择法由于供需双方能够充分协商，故在商品质量、交货时间和售后服务上更有保证，但可能会使连锁企业的供货渠道和进货价格不够合理。这种方法主要在采购时间紧迫、投标单位少、竞争不激烈、商品规格和技术复杂的情况下采用。

任务二　进行商品采购谈判

新星超市有限公司明年将对百货类商品的经营战略进行较大调整，计划将部分门店的百货区域从原来的大众定位逐步转向中高端定位。为配合公司经营战略的调整，采购二科开始挑选、接触新的商品供应商。科长郑刚告诉小李，近期将经常带他出去与新供应商进行商品采购的谈判，并由小李担当辅助谈判的角色。小李该做哪些准备工作去迎接与新供应商的谈判呢？

任务工作流程

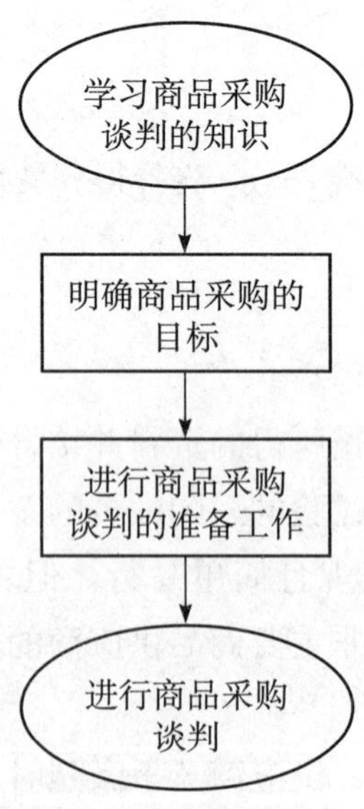

学习要求

能根据连锁企业背景资料，灵活运用谈判技巧，进行商品采购的模拟谈判。

相关知识

“谈判”，有些人称为“协商”或“交涉”，是采购工作最吸引人的部分之一。谈判通常用于金额大的采购项目。由于连锁企业大多采用统一的标准化经营管理体制，所有门店经营的商品由连锁企业总部的采购部门集中采购配送，采购的重要性非同一般，因而采购谈判也就成为采购过程中非常重要的一个环节。

人们通常认为采购谈判就是“讨价还价”。《韦氏大辞典》对谈判的定义是：“买卖之间商谈或讨论以达成协议。”故成功的谈判是一种买卖双方经过计划、检讨及分析的过程以达成互相可接受的协议或折中方案。这些协议或折中方案里包含了所有交易的条件，而非只有价格。

一、商品采购谈判的目标

在连锁企业采购工作中，谈判通常有四项目标：

（1）为符合质量条件的商品求得公平而合理的价格。谈判可单独与供应商进行或由数家供应商竞标的方式来进行。单独进行时，采购人员最好先分析成本或价格。数家竞标时，采购人员应选择两三家较低的供应商，再分别与他们谈判，求得公平而合理的价格。

（2）使供应商按合约规定准时、准确地执行合约。在采购工作中，交货期通常是供应商的最大问题。这主要是由于采购人员订货时间太短、供应商生产无法配合，或采购人员在谈判时未好好考虑交货期的因素所导致的。不切实际的交货期将影响供应商的商品质量，并增加他们的成本，会间接使供应商的商品或服务价格提高，故采购人员应随时了解供应商的生产状况，以调整订单的数量与交货期。

（3）以执行合约的方式取得某种程度的控制权，说服供应商和连锁企业达成最大的合作。表现不良的供应商往往会影响连锁企业的业绩及利润，并导致客户不满。故采购人员应在谈判时，谈妥合约中有关质量、数量、包装、交货、付款及售后服务的条款及无法履行合约的责任。对于合作良好的供应商，连锁企业应给予较多的订单或以其他方式进行奖励，买卖双方只有互利，才有可能维持长久的关系。

（4）与表现好的供应商取得互利与持续的良好关系。采购人员应了解，任何谈判都是与供应商维持关系的过程的一部分。若某次谈判采购人员让供应商吃了大亏，当供应商找到适当时机时，也会利用各种方式回敬采购人员。因此，采购人员在谈判过程中应在连锁企业与供应商的短期与长期利益中求取一个平衡点，以维持长久的合作关系。

相关链接 3－4

采购新人必知的采购谈判原则

谈判是签订合同的前奏，甚至有的谈判过程就是签订合同的过程。一个善始善终的谈判对于合同的签订有着决定性的作用。所以，谈判时应遵循以下几点原则。

1. 平等互利原则

谈判双方不论单位大小、实力强弱，都要互惠互利。如果一方只享受权利而不承担义务，而另一方只尽义务却不享受权利，这样的合同很难签订。只有平等互利才能达到“双赢”的结果。

2. 友好协商原则

谈判时，不可避免地要有争议。在有争议时，急躁、强迫、要挟、欺骗等手段都不是解决问题的好办法。双方应通过友好协商的方式解决争议。如果双方在合作的初始阶段就不愉快，以后就很难能顺利履行合同。

3. 依法办事原则

谈判双方只有把自己的想法和愿望放置于法律的框架内，才能防范在经营过程中由各方面因素所带来的风险，其权益才能受到国家法律的保护。

资料来源：http：//edu. gongchang. com/g/caigou-2011－11－28－25985. html.

二、商品采购谈判的准备

（一）准备资料信息

通过搜集、整理、分析和研究与谈判有关的资料信息，谈判人员就会有比较充分的心理准备和思想准备，就能明确谈判的主客观环境以及在谈判中可能会出现的问题。采购谈判需要准备的资料信息包括：采购需求分析、资源市场调查、对方情报。

获取资料信息的渠道有很多，包括行业杂志、其他商业出版物、行业协会数据、政府报告、年度报告、财务评价、商业数据库、互联网等。在谈判前，采购商也可能通过供应商提供的报价单而获取部分信息。

（二）确定谈判目标

具体明确的谈判目标有助于谈判的成功，含糊不清的谈判目标将导致谈判失败。采购谈判的理想目标是所能争取到的最好结果，合理目标是预期的结果。采购目标要根据采购性质而定，如单项采购，其数量、价格、质量、运输及付款方式等都有明确的要求。

（三）制定谈判策略

制定谈判策略，就是制定谈判的整体计划及谈判技巧，从而在宏观上把握谈判的进程，并在谈判中把握主动权。

（四）整理要谈判的问题

整理在谈判中需要提出和解决的问题，按问题的逻辑顺序制定谈判的日程，并在正式谈判开始前征求对方的意见，取得其同意。

（五）安排谈判人员

谈判人员应充分了解谈判的内容、目标和策略，步调一致地进行谈判。谈判人员的多少，应视具体情况而定。人员过多，控制权不易集中；人员过少，又难以满足谈判需要。谈判人员必须熟知与谈判有关的各个领域的问题，如贸易、财务、法律等。

相关链接 3-5

零售业中采购与买手的区别

在零售业中我们称呼的采购，英文多翻译为 Negotiator，中文直译为谈判员。明明企业招聘的是采购，为什么要用谈判员一词？谈判员需要谈什么内容呢？

这个疑惑在十多年后的今天解开：谈判员谈的主要是供应商交易条款，如商品的进价、进场的相关费用、无条件返点、付款账期等。谈判员一词是在食利型模式的特定背景下的产物，这种类型的采购或谈判员并不需要太多的行业经验和背景，只要对采购分类的商品有一定的熟悉程度，借着零售商的光环，就可以正式与供应商谈判。这种类型的采购或谈判员更多注重交易条款的提升和费用的收取，主要的工作责任是不断优化食利型模式下的前台、中台、后台毛利，他们在品项优化和供应链管理上是很弱的，而品项管理和供应链建设是未来零售商需具备的核心竞争能力。正因为谈判员主要负责供应商交易条款的提升，所以他们很少出门，一般都采用守株待兔式的采购方式。他们的时间一般都用在谈判上，这离真正意义上的专业采购还差得很远！

随着零售业竞争的日益激烈，零售商从食利型的模式逐步向供应链型的模式转化，谈判员式的采购经理们需要未雨绸缪，这种被动的采购模式需要转换，他们不能仅仅依靠口才采购，而需要走出去拓展自己的采购渠道和方式，为零售企业的品项差异化和供应链的搭建做点基础工作。如果他们自身的核心竞争力不能随着零售业的发展而提高，就容易被市场淘汰，这也算是今天谈判员的一点小小危机吧！

中国零售业未来需要的是真正意义上的采购，英文称为 Buyer，中文直译为买手。买手是指在整个采购过程，从最开始的产品定位一直到最终将符合标准和要求的产品采购回物流中心的决策者。中国国内贸易的商业采购很缺这种专业类型的买手，这和中国的制造业发展历史及食利型采购模式在零售业的盛行有很大关系。买手必须对自己负责的商品分类非常专业，对行业的生产工艺、流程、生产的成本非常熟悉，只有达到这个水平，才能真正买到质优价廉的商品，同时寻找到区域市场符合消费者购物需求的“蓝海”商品，从而避免商品同质化竞争，帮助企业培养自己独特的核心竞争力。尤其是零售商自有品牌商品，需要的就是这种专业的买手而不是谈判员。中国目前真正的买手多集中在零售商全球采购的部门——Global Sourcing，如沃尔玛在中国的全球采购中心、瑞典宜家在中国的七大采购中心等。他们采购一支铅笔都有自己严格的标准与价格区间定位，超过这个价格或低于这个质量，他们将拒绝采购！

随着中国零售业的发展，在不久的将来，大部分零售商都需要逐步改变自己的食利型盈利模式，仅仅靠谈判是很难建立自身核心竞争力的。可以预言，在中国商业的未来，真正意义上的专业采购——买手将是众多零售商竞相争夺的香饽饽！

资料来源：http：//edu. gongchang. com/g/caigou-2011 - 10 - 13 - 23007. html.

三、商品采购谈判的内容及策略

采购谈判是采购的重要组成部分，连锁企业采购部门有必要对采购谈判的策略与技巧进行研究和探讨，以提高议价能力，为企业创造更多的效益。

（一）质量

质量的传统解释是“好”或“优良”。对于连锁企业采购人员而言，质量的定义应是：“符合买卖双方所约定的要求或规格”，故采购人员应设法了解供应商本身对商品质量的认知或了解程度。管理制度较完善的供应商应有下列有关质量的文件：（1）产品规格说明书；（2）品管合格范围；（3）检验方法。

采购人员在采购谈判过程中应尽量向供应商索取以上资料，谈判时应首先与供应商就商品的质量达成互相同意的标准，以避免日后的纠纷甚至法律诉讼。对于瑕疵品或仓储运输过程中损坏的商品，采购人员在谈判时就应明确要求退货或退款。

（二）包装

包装可分为两种：内包装及外包装。内包装是用来保护、陈列或说明商品之用的，而外包装则仅用于仓储及运输过程中的保护。在连锁企业的经营过程中，包装通常扮演着非常重要的角色。设计良好的内包装往往能提高客户的购买意愿，加速商品的回转。外包装若不够坚固，将有可能影响仓储和运输，降低作业效率；外包装若太坚固，则供应商的成本增加，采购价格势必偏高，导致商品的价格缺乏竞争力。

采购人员在谈判包装的项目时，应协调对双方都有利的包装方式。当某些商品有销售潜力却无合适的自选式量贩包装时，采购人员应积极说服供应商制作此种包装供连锁企业销售。

（三）价格

除了质量与包装之外，价格是所有谈判事项中最重要的项目。在谈判之前，采购人员应事先调查市场价格，不可听信供应商的片面之词。如果没有相同商品的市场价格可查，则应参考类似商品的市场价格。

在谈判价格时，最重要的是要能列举供应商产品经由采购人员所在连锁企业销售的好处。这些好处可能包括：

（1）大量采购。需要注意的是，不可一开始就告知供应商可能订购的数量，以免对方知道企业的进货能力。也就是说，应尽量以笼统的方式向供应商说明企业的采购数量比一般企业大很多。

（2）铺货迅速。这可节省供应商新产品或促销品的铺货成本，并加快铺货及流通的速度。供应商可派人到卖场示范解说，以提高专业客户的进货意愿。

（3）节省运费。供应商不必挨家挨户送货，通常可节省占营业额3%～10%的仓储运输费用。

（4）稳定人事，降低销管费用。供应商不必再受业务人员流动率过高的困扰，因为一般连锁企业实施信息化作业，主动向供应商订货及付款，供应商可减少占营业额10%～20%的销管费用。

（5）清除库存。供应商可通过连锁企业的促销，将其滞销品或库存过高的商品迅速出清库存。

（6）保障市场占有率。连锁企业采取限制供应商数量的政策，其他竞争厂家就被排拒在外，供应商所提供的商品的市场占有率会因此而提高。

（7）沟通迅速，并节省广告费。通过连锁企业促销快讯或商品目录，使顾客能直接了解供应商的商品，可节省供应商在其他广告媒体的投资。

（四）订购量

在初次谈判时，不必透露明确的订购数量，如果因此而导致谈判陷入僵局，应转到其他项目谈。在没有把握决定订购数量时，采购人员不应采购供应商希望的数量，否则一旦存货滞销，必须降价出清库存，会影响利润的达成并造成资金积压和空间浪费。

（五）折扣（让利）

折扣通常有新产品引进折扣、数量折扣、付款折扣、促销折扣、无退货折扣、季节性折扣、经销折扣等。有些供应商可能会以无折扣作为谈判的起点，有经验的采购人员会引述各种形态的折扣，要求供应商让步。采购人员应向供应商说明，若供应商的折扣数无法大到让企业的商品售价能吸引顾客上门，就算向供应商订货，这一关系也不可能持久。

（六）付款条件

付款条件与采购价格息息相关，在国内一般供应商的付款条件是月结 30 天～90 天，采购人员应计算对本企业最有利的付款条件。对于惯于外销的供应商，一般付款期限比较短，有的甚至要求现金，但这全凭采购人员的经验与说服力。

（七）交货期

一般而言，交货期愈短愈好。因为交货期短，订货频率增加，订购的数量就相对减少，存货的压力也大为降低，仓储空间的需求也相对减少。至于有长期承诺的订购数量，采购人员应要求供应商分批送货，以减少库存的压力。

（八）交货时应配合事项

采购人员在谈判时，必须很明确地将连锁企业收货作业方式向供应商解释清楚，并要求供应商承诺，否则日后一旦供应商无法实现，双方的合作关系将大打折扣。

（九）售后服务保证

对于需要售后服务的商品，如家电产品、数码产品等，采购人员最好在谈判时要求供应商在商品包装内提供该项商品售后服务的单位名单（包括电话与地址），以使顾客日后发现他所购买的商品需要维修时，能直接与附近的售后服务单位联系，免得连锁企业的门店工作人员疲于应付维修问题。

（十）促销活动

大型连锁企业的促销活动往往能快速聚集人气、激发购买欲望，但这主要取决于采购人员选择的商品是否正确，以及售价是否能吸引顾客购买。连锁企业通常在促销活动前一两周即有意多订购特价促销的商品。

在促销商品的价格谈判中，采购人员必须了解一般供应商的营销费用预算通常占营业额的 10%～25%，供应商可以从该预算中拨出一部分作为促销之用，比较常用的方法是多给相同商品作为赠品，如买一打赠三瓶等。

（十一）广告赞助

广告赞助可直接增加连锁企业的利润，采购人员应积极与供应商谈判以争取更多的广告赞助。此处所指的广告赞助，有下列几项：（1）连锁企业促销单页或商品目录的广告赞助；（2）停车场看板的广告赞助；（3）购物车广告板的广告赞助；（4）门店标示牌的广告赞助；（5）货架的广告赞助。

（十二）进货奖励

进货奖励与数量折扣是有区别的。进货奖励是指一段时间达到一定的进货金额，供应商给予的奖励，这是家电及某些行业惯用的营销方式；而数量折扣是指单次订货的数量超过某一范围时所给的折扣。

采购人员根据经验，通常都要求供应商给予进货金额1%～10%的进货奖励（以月、季或年度计算），供应商因业绩之需求一般也乐意提供此种奖励。进货奖励对连锁企业利润的提升大有助益，采购人员应积极与供应商谈判以获得更高的进货奖励，但切忌为了争取奖励而不切实际地增加采购数量，导致库存压力过大，甚至季节过后必须打折出售。

四、商品采购谈判的技巧

在采购谈判中，采购人员应当根据谈判内容、谈判目标和谈判对手等具体情况，运用不同的谈判技巧和战术，以推进谈判的进程，使之取得圆满的结果。

（一）当采购商占优势时

1. 借刀杀人

通常情况下，采购人员询价之后，可能有数个供应商报价。采购人员经过报价分析与审查后，按报价的高低次序排列（比价）。议价究竟先从报价最高者着手，还是从最低者开始？是否只找报价最低者来议价？是否与报价的每一个供应商分别议价？事实上，这并没有标准答案，应视具体情况而定。

采购人员如果逐一与报价的供应商议价，工作量会相当大，可能时间上也不允许，并且议价的供应商越多，将来做决定时的困扰也越多。如果仅与报价最低的供应商议价，则此供应商降价的幅度可能不大，谈判的意义也就不大。此时，可以采用“借刀杀人”的谈判技巧。如果时间有限，具体操作时可先找比价结果排行第三低的供应商来议价，探知其降低的限度后，再找第二低者来议价。经过这两次议价，“底价”可能就浮现出来了。若这一“底价”比原来报价最低者还低，表明第三、第二低报价的供应商想合作的意愿相当高。但“借刀杀人”的关键是再找原来报价最低的供应商来议价，以前述第三、第二低者降价后的“底价”要求报价最低者降至“底价”以下来合作，达到“借刀杀人”的目的。若原来报价最低者不愿降价，则可再跟第二或第三低报价的供应商按议价后的最低价格成交。

使用“借刀杀人”的谈判技巧达到合理的降价目的后，应立即见好就收，免得造成报价的供应商之间的恶性竞争。此外，摒除原来报价偏高的供应商的议价机会，可以鼓舞竞争供应商勇于提出较低的报价。

2. 过关斩将

所谓“过关斩将”，即采购人员应善用上级主管的议价能力。供应商通常不会自动降价，必须通过采购人员的据理力争才有可能实现。但是，供应商降价的意愿与幅度，是视谈判对象而定的。因此，如果采购人员对议价的结果不太满意，此时应要求上级主管来和供应商进行谈判。当买方提高谈判者的层次，卖方有受到敬重的感觉，可能会同意提高降价的幅度。若采购金额巨大，采购人员甚至可以请求更高级别的主管邀约供应商的业务主管面谈。

3. 压迫降价

所谓压迫降价，是在采购商占优势的情况下，以胁迫的方式要求供应商降低价格，并不征询供应商的意见。这通常是采购商在产品销路欠佳或竞争十分激烈，导致亏损或利润微薄的情况下，为改善其获利能力而使出的杀手锏。由于市场不景气，供应商往往也有存货积压，急于出清产品换取周转资金。因此，这时候形成了买方市场。当然，这种激烈的降价手段，会破坏供需双方的和谐关系；当市场情况好转时，原来委曲求全的供应商，不是“以牙还牙”抬高售价，就是另谋发展，供需关系很难长久维持。因此，在采取“压迫降价”时，必须注意切勿“杀鸡取卵”，以免危害长期的合作关系或激起对抗的行动。

（二）当买卖双方势均力敌时

1. 欲擒故纵

由于买卖双方势力均衡，任何一方都无法以力取胜，因此必须斗智。在这种情况下，采购商应该设法掩藏购买的意愿，不要明显表露出非买不可的心态，否则若被供应商识破非买不可的处境，将使采购商处于劣势。此时，采购商应采取“若即若离”的姿态，进行试探性的询价。如果能判断供应商有强烈的销售意愿，再要求更低的价格，并作出不答应就放弃或另寻其他供应商的意思表示。

通常情况下，如果采购商出价太低，而供应商没有销售的意思，则不会要求采购商加价；若供应商虽想销售，但利润太低，就会要求采购商考虑加价。此时，采购商的需求如果相当急迫，可以同意略微加价，迅速成交；若采购商并非迫切需求，可表明绝不加价的意思，供应商亦有可能同意采购商的低价要求。

2. 差额均摊

由于买卖双方谈判的结果存在着差距，若各不相让，其结果是采购商无法取得需要的商品或产品，供应商丧失了销售和谋利的机会，双方都是输家。因此，为了促使双方的交易，最好的方式就是采取“中庸”之道，即双方各退一步，议价的差额各承担一半，以获取成交的结果。

（三）当采购商处于劣势时

1. 迂回战术

有些单一来源的总代理商，对采购人员的谈判要求置之不理，一副“姜太公钓鱼，愿者上钩”的姿态，使采购人员有被侮辱的感觉。由于供应商占优势，正面谈判通常效果不佳，往往采取迂回战术才能奏效。例如，某超市从本地的总代理购入某款化妆品，发现价格比同业某公司的采购价高，因此要求总代理说明原因并按照同业的价格进行采购。但由于该化妆品的总代理处于强势地位，不仅未解释其中的原因，也不愿意降价。此时，采购人员可委托该化妆品原产国的某贸易商在该国购入该款化妆品。因为总代理的利润偏高，虽然从原产国采购导致物流费用增加，但总成本还是比通过本地总代理购入的价格低。

2. 哀兵姿态

在采购商处于劣势时，可以“哀兵”的姿态争取供应商的同情与支持。由于采购商没有能力与供应商议价，有时会以预算不足作为借口，请求供应商同意在其资金有限的情况下，勉为其难地将商品卖给他，而达到减价的目的。为达到这一目的，采购商一方面必须施展“动之以情”的功夫，另一方面则口头承诺将来“感恩图报”，换取供应商“来日方长”的打算。此时，如果价格并未触及供应商的底价，只是削减其原来过高的利润，则双方可能成交；如果采购商的预算距离供应商的底价太远，供应商将因为无利可图而不为采购商的诉求所动。

3. 釜底抽薪

为了避免供应商处于优势时漫天要价，采购商应要求供应商提供所有的成本资料。如果是进口商品，则应该请总代理商提供进口单据，以核查真实的成本，然后加上合理的利润作为采购的价格。

（四）当供应商要提高价格时

外在环境的快速变化，如国际局势动荡、原材料成本上涨等，往往造成供应商要求提高售价。此时采购部门责任更为重大，在谈判过程中可以采用直接协商或间接协商的方式对价格进行谈判。

1. 直接协商

在谈判时，采购商可以采用下列三种技巧来进行协商：

（1）采购人员直接说明预设底价。在谈判过程中，采购人员可直接表明预设的底价，这样可促使供应商提出较接近该底价的价格。

（2）最后通牒。此技巧是一种较激进的谈判方式，虽然有可能造成谈判破裂，但在特定情况下仍不失为一个好的谈判技巧。当采购人员不想再讨价还价或议价结果已达到采购商可以接受的价格上限时，采用最后通牒的强硬手段往往能扭转供应商的态度，进而使谈判有所进展。

（3）要求说明提高售价的原因。供应商提高售价，常常归因于原料上涨、工资提高、利润太低等。采购人员在协商时，应对任何不合理的加价提出质疑，这样可掌握要求供应商降价的机会。

2. 间接协商

在议价的过程中，不需要一直采用直接议价的方式，有时也可以采用间接协商的方式。在间接协商时，采购人员应把握以下两个技巧：

（1）议价时不要急于进入主题。在开始商谈时，最好先谈一些不相关的话题，借以熟悉对方，并使双方放松心情，再慢慢引入主题。

（2）运用“低姿态”。在议价协商时，对供应商所提的价格，尽量表示有困难，多使用“唉……”“没办法……”等字眼，以低姿态博取对方同情。

（五）运用非价格因素进行协商

在进行采购谈判的过程中，除了上述针对价格所提出的谈判技巧外，采购人员也可利用其他非价格的因素来进行议价。

1. 要求供应商分担售后服务及其他费用

当供应商决定提高售价而不愿有所变动时，采购人员不应该放弃谈判，可改变谈判方针，要求供应商对非价格部分进行补偿。最明显的例子，便是要求供应商提供售后服务或促销支持。

2. 善用“妥协”技巧

在供应商价格居高不下时，采购商若坚持继续协商，往往不能达到效果，此时可采取妥协技巧，在一些不重要的细节方面做出让步，再从其他方面要求对方回馈，这样也可间接达成交易。但妥协技巧的使用须注意下列要点：

（1）一次只能做少量的妥协，这样才能留有再妥协的余地。

（2）妥协时马上要求对方给予相应的让步或补偿。

（3）即使赞同对方所提的意见，也不要太快表示同意。

（4）记录每次妥协的地方，以供参考。

3. 利用专注的倾听和温和的态度，博得对方好感

在谈判过程中，咄咄逼人并非制胜的武器。因为即使达成了这次的合作，也难保下次合作的意愿。因此，采购人员在协商过程中应仔细倾听对方的说明，在争取我方权益时，可利用所获得的对方资料或法规章程，合理地进行谈判，即“晓之以理，动之以情”。

除了上述种种技巧外，采购人员若想增加谈判成功的机会，还应避免以下 12 种情况：

(1) 准备不周；(2) 缺乏警觉；(3) 脾气暴躁；(4) 自鸣得意；(5) 过分谦虚；(6) 不留情面；(7) 轻诺寡信；(8) 过分沉默；(9) 无精打采；(10) 仓促草率；(11) 过分紧张；(12) 贪得无厌。

相关链接 3-6

某国际知名超市企业采购员的谈判技巧要点

(1) 永远不要试图喜欢一个销售代表，但需要说他是你的合作者。

(2) 要把销售代表当做我们的头号敌人。

(3) 永远不要接受对方的第一次报价。让销售代表乞求，这将为我们提供一个更好的机会。

(4) 随时使用口号：你能做得更好！

(5) 时时保持最低价的记录，并不断要求更多，直到销售代表真正停止提供折扣。

(6) 永远把自己当做某人的下级，而认为销售代表始终有一个上级，这个上级总是有可能提供额外的折扣。

(7) 当一个销售代表轻易接受条件或到休息室去打电话并获得了批准，可以认为他所做的让步是轻易得到的，应进一步向他提要求。

(8) 聪明点，要装得大智若愚。

(9) 在对方没有提出异议前不要让步。

(10) 当一个销售代表来要求某事时，他肯定会准备一些条件给予的。

(11) 销售代表总会等待着采购代表提要求。

(12) 要求有回报的销售代表通常更有计划性、更了解情况，应花时间同无条件的销售代表打交道。

(13) 不要为和销售代表玩坏孩子的游戏而感到抱歉。

(14) 毫不犹豫地使用结论，即使它们是假的。例如，竞争对手总是给我们提供最好的报价、最好的流转和付款条件。

资料来源：http：//wenku. baidu. com/view/4a06b5ea81c758f5f61f67d1. html.

任务三　管理商品采购合同

小李和科长郑刚一起与几家新的供应商进行谈判后，郑科长比较认可南燕文具有限公司所表现出来的诚意，打算在下次面谈时争取签订采购合同。他把起草合同的任务交给了小李，并让小李就该合同的签订做一个简单的注意事项摘要，以备下次面谈时使用。

任务工作流程

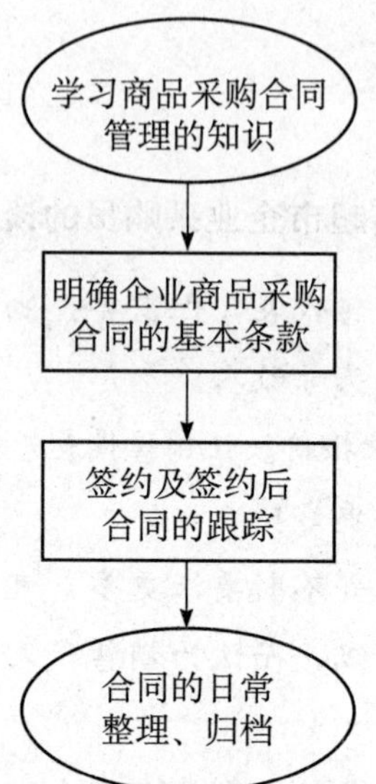

学习要求

能熟练地根据企业商品采购的基本条件和要求，起草采购合同。

相关知识

一、采购合同的内容

采购合同的内容，也称采购合同的条款，是指合同双方当事人的具体权利和具体义务。一份采购合同主要由首部、正文与尾部三部分组成。

（一）首部

首部主要包括以下内容：

（1）名称：如×××超市采购合同。

（2）编号：如 2017 年第 1 号。

（3）签订日期。

（4）签订地点。

（5）买卖双方的名称。

（二）正文

采购合同正文的内容通常包括以下几个方面：

（1）商品名称。商品名称是指所要采购的商品的名称。

（2）品质。品质是商品所具有的内在质量与外观形态的结合，包括各种性能指标和外观造型，具体有规格、型号、等级、花色等。

（3）数量。数量是指用一定的度量制度来确定商品的重量、个数、长度、面积、容积等。该条款的主要内容有交货数量、单位、计量方式等。

（4）单价与总价。单价与总价分别是指交易商品的每一单位的价格和总的金额。

（5）包装及运输方法。包装是否规范与商品的品质有密切关系，并影响所采购商品的验收作业。因此，在采购时应将包装列为采购合同的内容之一，并对使用的包装材料的材质（如纸箱）、衬垫（如发泡胶）、标识等加以规定。运输工具（如汽车、火车、轮船、飞机）及运输路线的选择均会影响运费、交货时间及安全程度，因此，在采购时应将运输方法列入采购合同。

（6）付款方法。付款方法在采购合同中是一个重要的内容。当连锁企业资金较为充裕时，可用现金购买，从而在价格、交货期或其他条件上获得补偿；而资金周转较为困难的企业，可选择分期付款。还可通过付款方法来管理供应商，对于优秀的供应商，转账支票的到期日短，反之则长。有些较难采购的商品，初次合作时也可能采用预付订金的方式。

（7）交货时间。在合同中，交货时间是指履行合同标的的时间界限。合同履行期限分为合同的有效期限和合同的履行期限。合同的有效期限是指合同有效时间的起止界限，如长期合同、年度合同、季度合同等。合同的履行期限是指实现权利义务的具体时间界限。采购合同的有效期限可能是1年，而履行期限可能按月、按季分期履行。合同中对于履行期限必须规定得具体、明确。同时，在合同规定的交货期到达时，供应商发送货物后应通知收货人。

（8）交货地点。交货地点指交付或提取标的的地方。合同中必须对交货地点做出明确规定。在采购合同中，由供应商送货或者采用代办托运的，交货地点为产品发送地；由采购商自提的，交货地点为产品的提货地。采购商若要求变更交货地点或收货人，应按合同约定提前天数通知供应商。

（9）交货方式。常用的交货方式有送货、自提和代运。送货一般由供应商负责，一切风险由供应商承担；自提是指采购商按照合同规定的时间、地点自行提货；代运是指采购商委托供应商代办托运，代办托运应明确规定运输方式、运输工具、运输路线及到达站（港）的准确名称、运杂费的承担者等。

（10）交货单位名称或交货人姓名和收货单位名称或收货人姓名。

（11）商品的验收。采购商对商品质量和数量的查验方法与标准、验收的地点等在合同中应明确规定。

(12) 违约责任。对商品采购过程中可能出现的品质标准低、品质欠佳、交货期延误、交货数量不足、服务水准低等如何处理应在合同中事先予以规定。

(13) 不可抗力的处理。不可抗力是指在合同执行过程中发生的不能预见的、人力难以控制的意外事故，如战争、洪水、台风等。对不可抗力因素造成的违约应如何处理要在合同中事先予以规定。

(14) 合同的附则及其他条款。这包括合同履行过程中出现争议时是否提交仲裁，合同部分条款变更或解除的方法等。

（三）尾部

合同的尾部包括合同的份数、所使用的语言及效力、附件、合同的生效日期、双方的签字及公章等。

采购合同的具体内容见表 3-3。

表 3-3　　采购合同的具体内容

结构名称	具体内容
首页（Face Sheet）	● 合约日期与合约编号 ● 商品标准号别 ● 立约双方当事人名称与地址、电话等
基本条款（Basic Condition）	● 货品名称 ● 质量与规格 ● 单位与数量 ● 价格（单价、总价、价格基础、货币） ● 包装（原产地） ● 交货期 ● 物流 ● 付款方式（信用证，远期 L/C、D/P or D/A，分期付款） ● 保险 ● 检验方法
特别条款（Special Condition）	● 保证条款 ● 安装及特殊检验条款 ● 大宗物资条款 ● 货价、运费及汇率变动协定 ● 其他特别协议

相关链接 3-7

合同标的约定不清怎么办？

甲公司与乙公司订立了一份合同，约定由乙公司在 10 天内向甲公司提供新鲜蔬菜

6 000千克，每千克蔬菜的单价为1元。乙公司在规定的期间内，向甲公司提供了小白菜6 000千克。甲公司拒绝接受这批小白菜，认为己方职工食堂炊事员有限，不可能有那么多人力用于洗小白菜，小白菜不是合同所约定的蔬菜。甲公司指出，己方的食堂从来没有买过小白菜，与乙公司是长期合作关系，经常向其购买蔬菜，每次买的不是大白菜就是萝卜等容易清洗的蔬菜，乙公司应该知道这种情况，但是其仍然送来了小白菜，这是曲解了合同标的。乙公司称合同的标的是蔬菜，小白菜也是蔬菜，甲公司并没有说清楚要什么样的蔬菜，合同标的规定的是新鲜蔬菜，而小白菜最新鲜，所以就送了小白菜过去，这没有违反合同的规定，甲公司称蔬菜就是大白菜或萝卜的说法太过牵强附会，既没有合同依据也没有法律依据，不足为凭。

试分析：

(1) 什么是合同的标的?

(2) 你如何解释该合同的标的?

解析：

(1) 合同约定的权利义务所指向的目标即为合同的标的。

(2) 根据《中华人民共和国合同法》第61条的规定：合同生效后，当事人就质量、价款或者报酬、履行地点等内容没有约定或者约定不明确的，可以协议补充；不能达成补充协议的，按照合同有关条款或者交易习惯确定。乙公司对合同做出的解释有点过于按照自己的意思解释合同，但是严格按照合同的条款看，其并无太大的过错。不过，乙公司的行为与合同法中规定的诚实信用原则不太符合。按照诚实信用原则的精神，当事人对合同条款不清楚之处应当本着协商的精神履行合同，而不应该自己单方面解释合同。甲公司的主张也缺少法律依据和合同依据，只是强调自己的炊事员少并不能成为其单方面指定合同标的的理由。但是根据甲公司与乙公司长期合作的事实，乙公司应当考虑到甲公司的具体情况，在提供蔬菜前征求甲公司的意见。如果不能达成一致意见，就按照合同法规定的解释原则解决双方的争议。在此不能适用合同文字含义解释，不能适用合同的条款原则解释，也不能适用合同上下文的意思解释，只能适用交易习惯原则解释。按照交易习惯原则，甲公司与乙公司经常有提供蔬菜的合作关系，平常如何供应蔬菜的，在本合同争议中也应当参照平时的交易习惯确定合同的标的。

资料来源：http://home.purchasingbbs.com/space.php? uid=75961&do=blog&id=14223.

二、采购合同的签订

采购商和供应商在平等自愿的基础上，就合同的主要条款经过协商取得一致意见，最终建立起商品采购合同关系的法律行为即为采购合同的签订。在实际操作过程中，合同双方当事人必须针对合同的主要内容反复磋商，直至取得一致意见，合同才告成立。

（一）合同签订前的准备工作

合同双方当事人应调查对方的资信能力，了解对方是否有签订合同的资格，或者其代理人是否有代理资格。具有法人资格的企业、农村集体经济组织、国家机关、事业单位、社会团体可以作为合同的当事人，而不具备法人资格的社会组织、车间、班组、总厂的分厂、总公司的分公司、学校内部的系、科室等均不能以当事人身份签订采购合同。个体经营户、农村专业户、承包经营户等独立承担经济责任的经济实体也可成为经济合同的主体。

（二）采购合同的签订程序

签订采购合同是当事人双方的法律行为。在实践中，普遍采用的采购合同签订程序包括要约和承诺两个阶段。

1. 要约阶段

订立合同的当事人一方向另一方发出缔结合同的提议和要求，发出该提议的人为要约人，另一方为受要约人或相对人。要约的对象一般有三种：指定的对象，选定的对象，任意的对象。要约具有以下特征：

（1）要约必须是向特定人发出的。要约的作用是换得相对人的承诺，使之与其订立合同，所以要约必须是针对相对人的行为。

（2）要约须是特定人的行为。即提出订立合同建议的，须是客观上已确定的法人或其他经济组织、个体工商户、农村承包经营户。

（3）要约必须含有可以订立合同的主要条款。要约中必须含有标的物的名称、规格、数量、价格等，这些内容必须具体、明确、真实。否则，相对人就难以做出肯定或否定的意思表示，合同也就不能成立。

2. 承诺阶段

承诺指受要约人向要约人做出的对要约完全无异议的接受的意思表示。做这种意思表示的人称为承诺人。要约人的要约一经受要约人的承诺，合同即告成立。承诺具有以下特征：

（1）承诺必须是就要约做出的同意的答复。从合同制度的传统原则来说，无条件、无任何异议地接受要约才能构成有效的承诺，从而与要约人构成合同关系。如果受要约人表示愿意与要约人订立合同，只是在承诺中对要约的某些非要害条款做了增加、删改，即并非实质性改变要约，仍应视为承诺；如果受要约人对要约进行扩张、限制或者根本性改变的，则不是承诺，应视为拒绝原要约而提出新要约。

（2）承诺须是受要约人向要约人做出的答复。如前所述，在采购合同中受要约人须是特定人，故非受要约人做出的或受要约人向非要约人做出的意思表示都不是承诺。

（3）承诺必须在要约的有效期限内做出。受要约人只有在要约的有效期限内做出同意要约的意思表示，才是承诺。一般情况下，要约没有规定期限者，属于对话要约，受要约人须立即承诺；属于非对话要约的，受要约人应在一般认为应做出答复的期限内承诺。

承诺和要约一样，也是一种法律行为。承诺人在进行承诺时必须严肃认真，在对要约的内容进行充分的了解和考虑之后，再向要约人做出承诺。在法律上，承诺是允许撤回的。但是，承诺的撤回必须在要约人收到承诺之前撤回。撤回的通知，必须在承诺到达之前送达，最晚应与承诺同时到达。如果承诺人撤回承诺的通知迟于承诺到达，则通知无效，承诺仍发生效力。

签订合同的谈判过程，其实质就是当事人双方进行要约和承诺的过程。在实践中，往往不可能一次协商就达成协议，可能要经过反复协商，即要约→新要约→再次新要约→承诺。

3. 合同的草签与正式签订

合同主要条款协商确定后，当事人双方可以先草签合同，待其他次要条款约定后，再正式签订合同。

签订合同时应当先确认对方当事人是否有权签订合同。法定代表人是法人组织的最高首长，其有权以法人的名义对外签订采购合同而不需要特别的授权委托，但法定代表人在签订合同时也必须具备合法的手续，即法定代表人的身份证明。合法代理人也可签订采购合同，但代理人必须持有法人的授权委托书，方能以法人的名义签订合同。代理人签订采购合同必须在授权范围内进行，如果超越代理权签订合同，被代理人（委托人）不承担由此产生的权利与义务关系。授权委托书必须包括：代理人姓名、年龄、单位、职务、委托代理事项、代理权限、有效期限、委托者的名称、营业执照号码、开户银行、账号、委托日期，最后还应有委托者及其法定代表人的签章。

4. 合同的公证与鉴证

（1）合同的公证。

为了确保合同的真实性与合法性，采购合同一般应予以公证。所谓合同的公证，就是国家公证机关（公证处）代表国家行使公证职能，根据当事人的申请和法律的规定，依照法律程序证明采购合同真实性和合法性的活动。

合同的公证实行自愿原则。公证时，当事人双方应到公证处提出公证申请，公证员受理审查后认为符合公证条件且合同真实、合法的，即制作公证书发给当事人。如要变更、解除已经公证过的合同，则变更或解除仍应到公证处办理证明。公证处还可办理强制执行合同的公证，债权人可凭此直接向法院申请强制执行。

（2）合同的鉴证。

采购合同的鉴证是合同监督管理机关根据双方当事人的申请，依法证明合同的真实性和合法性的一项制度。除法律法规特别规定外，采购合同的鉴证一般采取自愿原则。

合同鉴证的意义在于：通过合同鉴证，可以及时发现和纠正在合同订立过程中出现的不合理、不合法现象，提请当事人对合同中缺少的必备条款予以补充，对有失公平的内容予以修改，对利用合同进行违法活动予以制止和制裁，对约定义务超过承担能力的内容予以削减，从而减少和避免不必要的纠纷，为合同的履行奠定基础。

合同的鉴证一般由合同签订地或履行地的工商行政管理局办理。合同鉴证收费标准为采购合同价款的0.2‰。

三、采购合同的管理

（一）采购合同管理的内容

1. 合同的核对

合同签订以后，连锁企业的合同管理员应认真审核合同。这主要包括两方面的内容：一方面是检查合同文本有关法律方面的错误、疏漏等是否存在，如有应及时告知企业负责人，以免造成损失；另一方面是检查合同文本的文字、措辞是否有错误或笔误等。合同的审核主要是法律上的审核，重要事项有以下几方面：

（1）合同双方当事人是否具备主体资格，或者委托代理人是否具有代理权及是否在授权范围内进行代理活动。

（2）合同所涉交易是否合法。因为在我国有些物资并非自由流通物，所以采购中应了解相关法律。

（3）合同必备条款是否齐备且清楚、明确、无误。

2. 合同的整理

有些合同其文本并不是单一的一张纸，而是由合同双方当事人之间往来协商的函电等构成。合同管理员应在对合同审核的基础上，进一步对合同进行整理，按照合同的业务种类和履行期限归类存档、登记入册，开列出“合同履行备忘录”。

3. 合同的汇总

即把企业的各类合同及每份合同在整理的基础上进行综合，以便于编制企业的采购计划。

4. 合同的执行台账

对每份合同的执行情况予以记录，以满足企业决策之需。同时，对每份合同的成本与收益也应进行核算。

（二）采购合同执行情况的检查与处理

1. 已履行合同的注销

对已经全面履行、没有任何纠纷的合同，应在合同管理员的合同登记册上进行注销登记，同时从“备忘录”中划掉该合同。

2. 合同的变更和解除

（1）采购合同变更和解除的概念。

采购合同的变更，是指采购合同没有履行或没有完全履行时，由当事人依照法律规定的条件和程序，对原采购合同的条款进行修改、补充，如标的物数量的变化、履行地或履行时间的变化等。采购合同变更后，原合同确定的当事人的权利和义务就发生了变化。

采购合同的解除，是指在采购合同尚未开始履行或尚未全部履行的情况下，由当事人依据法律规定的条件和程序，终止原采购合同关系。采购合同解除后，原合同确定的当事人的权利和义务关系就不再存在。

（2）采购合同变更或解除的条件。

采购合同能否变更或解除，必须依照法律的规定。根据《中华人民共和国合同法》的规定，当事人协商一致，可以变更合同。有下列情形之一的，当事人可以解除合同：1）当事人协商一致；2）因不可抗力致使不能实现合同目的；3）在履行期限届满之前，当事人一方明确表示或者以自己的行为表明不履行主要债务；4）当事人一方迟延履行主要债务，经催告后在合理期限内仍未履行；5）当事人一方迟延履行债务或者有其他违约行为致使不能实现合同目的；6）法律规定的其他情形。

因变更或解除采购合同使一方遭受损失的，除依法可以免除责任的以外，应由责任方负责赔偿。变更或解除合同的通知或协议，应采用书面形式（包括文书、电报等）。协议变更或解除合同的，协议未达成之前，原采购合同仍然有效。变更成立则按新合同执行。经过公证的采购合同，变更或解除协议应送原公证处审查、备案。

3. 违反采购合同的责任

违反采购合同的责任即违约责任。当事人的违约责任是指采购合同当事人因己方的过错不履行或不完全履行采购合同而应当承受的经济制裁。此外，在采购合同不履行或者不完全履行的问题上，由于失职、渎职或其他违法行为造成重大事故或严重损失的直接责任者，则依法应负经济、行政责任直至刑事责任。

（1）当事人承担违约责任的原则。

在采购合同有效的前提下，根据下列原则追究当事人的违约责任：

1）过错责任原则。过错责任原则，是指在发生违约事实的情况下，谁有过错造成违约即由谁承担违约责任，没有过错则不承担违约责任；如果双方都有过错，由双方分别承担各自应负的违约责任。过错包括故意和过失，故意是指当事人预见到自己的行为会引起采购合同不能履行的不良后果，却希望或有意放任这种结果发生；过失是指当事人应当预见自己的行为可能引起不履行或不完全履行合同的不良后果，却因疏忽大意而没有预见或者虽已预见到但却轻信可以避免，结果导致采购合同不能履行。

2）赔偿实际损失原则。赔偿实际损失的原则，是指违约方向对方支付违约金后，如仍不足补偿对方损失时，还要偿付赔偿金以补偿不足部分。赔偿实际损失原则，可以使受害方的经济损失得到补偿。这是严肃合同纪律、维护当事人合法权益的重要原则。关于确定损失的赔偿范围问题，除法律、法规另有规定或当事人另有约定外，一般应当包括两部分：一部分是因为违反合同实际上已造成财物的减少、灭失、毁损或者支出的增加；另一部分是如果合同按期履行后可以得到的预期利益，但是这种实际损失不得超过违约方在订立合同时应当预见到的因其违约可能造成的损失。当因不可抗力导致违约发生时，在违约方已通知受害方或受害方已得知违约方不能履行合同的情况下，受害方应当及时采取适当措施防止损失的扩大，否则，本来受害方完全可以自己避免的损失不能要求违约方给予赔偿。

（2）承担违约责任的方式和条件。

承担违约责任的方式，是指违约的当事人依照《合同法》及其他相关法律规定或合同约定，应当承受的经济制裁方式。承担违约责任的方式主要有以下两种：

1）违约金。违约金是指由法律或合同规定的，当事人一方因过错不能履行或不能完全履行合同时，应向对方支付的一定数额的货币。违约金是我国经济合同违约责任中最为常见的一种责任方式。

2）赔偿金。赔偿金是指采购合同当事人一方，因自己的过错而违反合同约定给对方造成损失，在没有规定违约金或违约金不足以弥补损失时所支付的补偿费。赔偿金是对实际损失的补偿，具有补偿性。赔偿金的偿付除了要有违约事实存在和当事人有过错这两个条件外，还要具备两个条件：一是违约确已造成实际损失；二是损失超过了违约金数额或者合同中没有规定违约金。赔偿金的数量要按直接损失量扣除违约金来计算，这样赔偿金与违约金结合运用，贯彻了赔偿实际损失的原则。

4. 合同纠纷的处理

合同纠纷是合同双方对合同履行的情况和不履行的后果产生的争议。合同履行情况的纠纷是指合同双方对合同是否已经履行或是否已按约定的要求履行有不同意见。不履行的后果产生的纠纷是指合同双方对没有履行采购合同或没有完全履行采购合同的责任有争议，即应当由哪一方承担责任和承担多少责任有分歧。

当采购合同履行发生纠纷时，当事人可以通过协商或调解解决。当事人不愿通过协商、调解解决或者协商、调解不成的，可以依据合同中的仲裁条款或事后达成的仲裁协议，向仲裁机构申请仲裁。当事人没有在采购合同中订立仲裁条款，事后又没有达成书面仲裁协议的，可以向人民法院起诉。国内经济合同的仲裁机构是国家工商行政管理局和地方各级工商行政管理局设立的经济合同仲裁委员会。涉外经济合同纠纷的仲裁机构是中国国际贸易促进委员会内设立的对外经济贸易仲裁委员会与海事仲裁委员会。我国受理经济合同纠纷的审判机构是各级人民法院的经济审判庭、各级铁路运输法院的经济审判庭等。

经济合同争议申请仲裁的期限为两年，自当事人知道或应当知道其权利被侵害之日起计算。对仲裁机构的裁决，当事人应当履行。当事人一方在规定的期限内不履行仲裁机构的裁决，另一方可以申请人民法院强制执行。在解决经济合同纠纷的过程中，当事人可以聘请律师作为代理人参与协商或诉讼。

相关链接 3-8

订货合同

××超市有限公司（以下简称甲方）与________________（以下简称乙方），经过友好协商，愿在平等、互利、互惠、通力合作的基础上，签订如下合同：

一、甲方应提供的真实材料

1. 甲方全称：××超市有限公司

甲方的税务登记号：______________

2. 甲方采购部谈判联系人：__________电话：____________传真：____________

3. 甲方采购部订货联系人：__________电话：____________传真：____________

4. 甲方配送中心联系人：____________电话：____________传真：____________

5. 甲方付款联系人：____________电话：______________传真：______________

6. 甲方通信地址：_______________________________________邮编：__________

7. 甲方开户银行、账号：

甲方户名：__________________

甲方银行：__________________

甲方账号：__________________

二、乙方应提供的真实材料

1. 乙方全称：________________________

乙方的税务登记号：__________________

乙方单位类型：□公司　　□个人　　□合伙组织

乙方单位结构：□外资企业　□国有企业　□股份制　□其他（请说明）

____

2. 乙方供货性质：

□制造厂家　□全国总代理　□市级独家代理　□市级经销商

3. 乙方销售联系人：________电话：________传真：________

4. 乙方交货联系人：________电话：________传真：________

5. 乙方结算联系人：________电话：________传真：________

6. 乙方通信地址：______________邮编：________

7. 乙方开户银行、账号：

乙方户名：______________

乙方银行：______________

乙方账号：______________

三、订货单

1. 甲方与乙方就商品供货达成共识后，双方签订本订货合同，并在此基础附属订货单。该订货单是本合同的简易执行文本，由甲方就具体订购商品向乙方提交。甲方需要在订货单上直接标明所订购商品的名称、规格、数量、包装、交货时间、失效时间、具体交货地点以及结算方式。

2. 对于甲方发出的每一份订货单，乙方若有异议，应在甲方发出订货单后四十八小时内以书面形式向甲方提出异议，否则甲方将视为乙方接受订货单。

3. 甲方有权在订货单发出四十八小时内撤回订货单或更正订货单。另外，甲方有权更改订货单上的“发货到达时间”，但必须比乙方发货日提前两个工作日给乙方发出书面通知。

4. 订单须经被授权的甲方代表签字方可生效。订单可以通过发运货物的方式予以接受，但此类接受仅明示地点与包括所有附件、指示和附录在内的订单的条款；同时，表明地限于乙方所给予的任何有关发运、收款以及运输方面的指示。乙方未能遵守订单的任何条款即构成违约，并成为甲方采取订单条款和条件项下任何补救措施的依据。

5. 接受订单时，乙方提供以下保证：

（1）货物将符合订单中规定的所有规格，并具有已提供给甲方的“样品”同等质量。

（2）根据有关适用的法律和法规，货物并非掺假、冒牌、作虚假标记或虚假广告宣传。

（3）货物根据所有适用法律和法规的要求，予以标记、广告宣传以及开具发票。

（4）货物已根据有关法律的规定做出了合理并具有代表性的测试，测试结果显示货物不具有易燃性。

(5) 根据订单交付的货物应完好无损，在交付当时，货物应具有适销性（即在市场上予以销售）并符合意欲适用的目的及安全标准，这种目的包括消费者使用的目的。

四、关于违约

有关规约具体参见××超市有关供应商的管理条例。

案例讨论

W 连锁超市有限公司（以下简称 W 公司）与省内甲村签有蔬菜直供协议。新年将至，天气寒冷，蔬菜一直是比较紧俏的商品。在农历新年将要来临前的一周，W 公司向甲村订购的一批菠菜没能及时到达，门店货架缺货严重。情急之下，W 公司立即向乙村供应商发出订单，要求给自己发 5 吨菠菜，价钱按过去购买该供应商的同类产品的价格计算。乙村收到采购订单后，立即回电表示立即发货，到货后请 W 公司将货款汇到乙村账户。乙村发货后，甲村的菠菜随即也运到了 W 公司。两地的菠菜均运到 W 公司后，W 公司无力承担，便去电乙村请求退货。乙村不允，W 公司便以双方没有签订书面合同为由拒收。双方诉至法院，法院判决 W 公司败诉。

问题：

1. W 公司为什么败诉？
2. 诉讼双方到底有没有合同？

课程实训一

◆ **实训项目**

撰写供应商调查报告。

◆ **实训任务**

1. 以小组为单位，选择某家连锁企业的特定商品品类。
2. 了解连锁企业的经营战略和采购目标。
3. 各小组设计相关商品品类所对应的拟开发供应商的调查方案。
4. 撰写供应商调查报告。
5. 课堂上以 PPT 形式呈现各小组的调查报告。

◆ **实训提示**

1. 指导老师可以组织学生到企业做调查，了解相关的经营战略、采购目标。
2. 指导老师可帮助学生确定商品品类。

◆ 实训效果评价标准

撰写供应商调查报告实训评分表

考评人		被考评小组	
小组成员			
考评内容	撰写供应商调查报告		
考评标准	考评点	分值（分）	评分（分）
	对企业经营战略和采购目标的了解程度	20	
	调查报告写作水平	40	
	课堂呈现水准	30	
	实训参与度	10	
合计		100	

注：评分满分 100 分，60～70 分为及格，71～80 分为中等，81～90 分为良好，91 分以上为优秀。

课程实训二

◆ 实训项目

商品采购模拟谈判。

◆ 实训任务

1. 以小组为单位，分别明确采购商（某家合适的校企合作企业或周边熟悉的连锁企业）和供应商的角色。
2. 采购商根据连锁企业经营状况，拟定商品采购谈判计划书。
3. 供应商根据连锁企业经营状况、采购政策，准备商品目录和谈判计划书。
4. 实施模拟谈判。
5. 各小组完成谈判过程分析报告。

◆ 实训提示

1. 指导老师可以组织学生到企业做调查，了解相关的采购现状、采购政策。
2. 在时间充裕的情况下，可以让各小组在第二轮模拟时互换角色。

◆ 实训效果评价标准

商品采购模拟谈判实训评分表

考评人		被考评小组	
小组成员			
考评内容	商品采购模拟谈判		
考评标准	考评点	分值（分）	评分（分）
	谈判计划书的完整性、合理性	20	
	模拟谈判过程中相应技巧的体现程度	40	
	谈判过程分析报告的正确性	20	
	实训参与度	20	
合计		100	

注：评分满分 100 分，60～70 分为及格，71～80 分为中等，81～90 分为良好，91 分以上为优秀。

课程实训三

◆ 实训项目

起草商品采购合同。

◆ 实训任务

1. 延续课程实训二的模拟谈判，明确采供双方所达成的一致性结果。

2. 各小组分别拟定商品采购合同。

3. 讨论、分析采供双方在合同签订前对合同内条款的分歧点，并力争达成一致。

4. 采供双方签订合同。

◆ 实训提示

1. 各小组应在课前事先了解标准的商品采购合同的规范与内容。

2. 指导老师应尽量引导双方取得一致意见。

◆ 实训效果评价标准

起草商品采购合同实训评分表

考评人		被考评小组	
小组成员			
考评内容	起草商品采购合同		
考评标准	考评点	分值（分）	评分（分）
	采购合同基本格式的正确性	20	
	采购合同基本内容的正确性	40	
	签约后最终合同的正确性	20	
	实训参与度	20	
合计		100	

注：评分满分 100 分，60～70 分为及格，71～80 分为中等，81～90 分为良好，91 分以上为优秀。

项目小结

1. 供应商调查主要包括初步供应商调查、资源市场调查、深入供应商调查。调查方法主要有：问卷调查法、实地观察法、文献调查法。供应商选择的方法主要有：判断选择法、招标选择法、协商选择法。

2. 商品采购谈判的准备工作包括：准备资料信息，确定谈判目标，制定谈判策略，整理要谈判的问题，安排谈判人员。

3. 商品采购谈判的内容包括质量、包装、价格、订购量、折扣（让利）、付款条件、交货期、交货时应配合事项、售后服务保证、促销活动、广告赞助和进货奖励。

4. 采购合同管理的内容有合同的核对、合同的整理、合同的汇总、合同的执行台账。

主要概念

供应商调查　供应商选择　采购谈判　采购谈判准备　采购谈判技巧　采购合同　合同管理

课后自测练习

一、单选题

1. 常用于主要常规商品供应商的选择方法是（　　）。

A. 考核选择法　　B. 判断选择法

C. 招标选择法　　D. 协商选择法

2. 下列选项中的（　　）策略在于把对方的注意力集中在采购商不甚感兴趣的问题上，使对方增加满足感。

A. 金蝉脱壳　　B. 声东击西

C. 欲擒故纵　　D. 缓兵之计

3. （　　）是指订立合同的当事人及其经办人必须具有法定的订立经济合同的权利。

A. 法人资格　　B. 合同资格

C. 公司资格　　D. 工商资格

4. （　　）要求当事人在履行合同时，要履行合同的各种要素，即除合同的标的外，还应按照合同标的物的数量和质量、履行期限、履行地点、履行方式等履行合同。

A. 实际履行原则　　B. 适当履行原则

C. 选择履行原则　　D. 以上都不正确

二、多选题

1. 下列选项中的（　　）属于一般情况下谈判准备时对目标市场调查的内容。

A. 产品供应情况　　B. 产品需求情况

C. 产品竞争情况　　D. 产品销售情况

E. 产品分销渠道

2. 根据《合同法》的规定，采购合同的订立应遵循（　　）。

A. 平等互利、协商一致原则　　B. 公平原则

C. 权利对等原则　　D. 诚实信用原则

E. 遵守法律与行政法规、尊重社会公德原则

3. 合同要约应具有的特征包括（　　）。

A. 必须是书面形式发出的

B. 要约必须是向特定人发出的

C. 要约需是特定人的行为

D. 要约必须含有可以订立合同的主要条款

E. 要求受要约人做出答复的期限

4. 采购合同的履行主要包括（　　）等环节。

A. 交付商品　　B. 铺货销售

C. 质量监控　　D. 付款

E. 售后服务

三、判断题

1. 采购谈判所需搜集、获得的资料包括：采购需求分析、资源市场调查、对方情报搜集。

2. 谈判中的“白脸”是指扮演不好惹、强硬角色的人。

3. 采购合同必须由承办人签订。

4. 承诺是一种法律行为，而要约则不是。

5. 在法律上承诺是允许撤回的。

6. 在选择供应商时，对于产品价值高、利润率高的商品的供应商，进行初步供应商调查即可。

7. 深入的供应商调查一般只有准备发展成紧密关系的供应商和寻找关键商品的供应商时才进行。

四、简答题

1. 供应商调查有哪几种类型?

2. 简述供应商调查的步骤。

3. 简述商品采购谈判的主要目标。

4. 在签订采购合同前应做哪些准备工作?

项目四　连锁企业采购作业管理

项目简介

与供应商就各项交易条件进行谈判并签订合同之后，商品采购工作就进入实质性的作业环节。新星超市有限公司采购部采购二科助理小李在参与了与南燕文具有限公司的采购谈判与签约工作之后，科长郑刚让小李全面负责这一采购合同后续的履行与作业管理，确保采购商品能按时、保质保量地进入新星超市。

工作流程

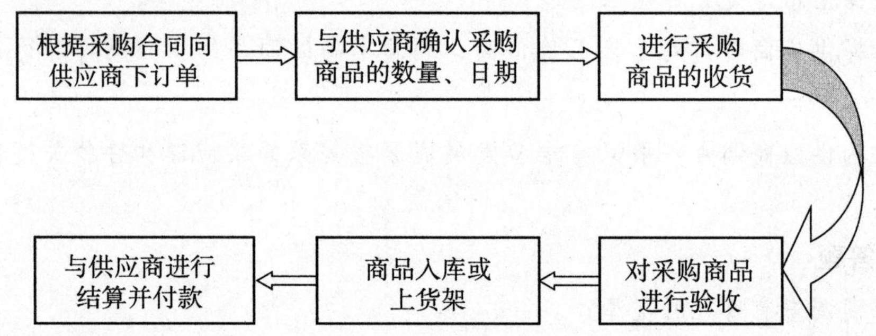

学习目标

- 能掌握商品采购作业的步骤
- 能进行采购商品的收验货

任务　进行采购商品的收验货

为了确保南燕文具有限公司的商品能按时、保质保量地进入门店进行销售，在订单下达之后、商品送达之前，小李再次与供应商确认了商品的数量、规格和送货日期。之后，小李赶到新星超市位于省会城市的旗舰店的收货部，将亲自参与即将送达的第一批试销商品的收货工作，以确保供应商完全按照采购合同的约定进行商品供应。小李能顺利完成采购商品的收验货工作吗?

任务工作流程

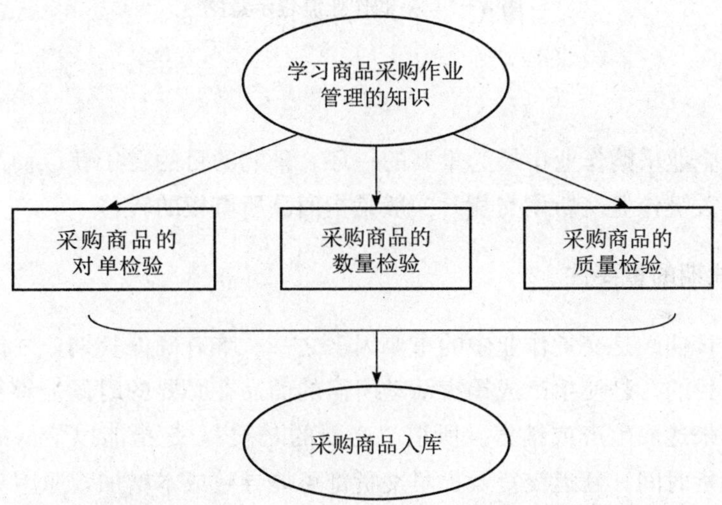

学习要求

能进行采购商品的对单检验、数量检验和质量检验。

相关知识

连锁企业与供应商的采购合同正式生效后，就进入采购合同的履行（或称为商品采购的实际作业）阶段。这一阶段主要包括交货、验收和结算三个环节，具体流程如图 4 - 1 所示。

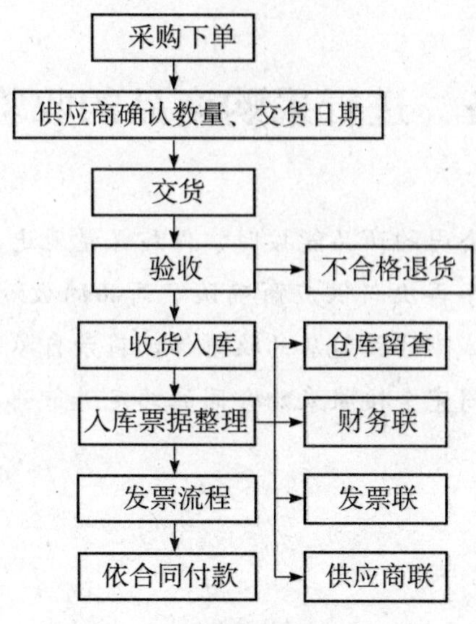

图 4－1　采购作业流程示意图

一、交货

交货是连锁企业采购作业中最为重要的一环。采购的目的在于获取商品，而交货则是完成采购合同之关键作业。所谓交货，一般是指商品所有权的转移。

（一）确保货期的重要性

货期（交货日期）是交货作业中的重要因素之一。唯有确保货期，才能算是成功的采购。确保货期的目的，是使生产或销售活动所需的商品在必要的时候能够得到供应，并且能以最低的成本来达成生产或销售。所谓“必要的时候”，是指能以最低的成本达成生产或销售活动的进货时间。延迟交货及提早交货都可能导致成本增加，原因分述如下：

（1）货期的延迟，无可讳言会阻碍生产或销售活动的顺利进行，给生产或销售带来有形或无形的不良影响，主要表现为：第一，由于交货延迟，发生空等或耽误而导致效率降低。第二，交货延迟，失去顾客的信任，导致订单的减少。第三，为恢复正常生产或销售，需要加班，导致人工费用增加。第四，采用替代品，易导致不可预见的风险。第五，交货延误频率高，则稽催的费用成本也随之增加。第六，影响员工的工作士气。

（2）一般人总以为提早交货并无太大的不良影响，实际上提早交货也会增加成本。主要理由为：第一，容许提早交货则会发生交货的延迟。因为供应商为资金调度的方便，会优先生产高价格的货品以提早交货。所以假如容许其提早交货，就会造成低价格货品的延迟交货。第二，若不急于用的商品提早交货，必定增加存货而导致资金运用效率降低。

（二）货期延迟的原因

交货延迟的原因多种多样，归纳起来主要是三方面：供应商的责任、采购商的责任、买卖双方沟通不良。具体见表 4－1。

表 4－1　　货期延迟的原因

供应商要负责的货期延迟的原因	采购商要负责的货期延迟的原因		买卖双方沟通不良
	采购部门的责任	采购部门以外的责任	
1. 超过产能的接单 2. 超过技术水准的接单 3. 产量的变动 4. 产量掌握不充分 5. 时间估计错误 6. 对新产品不熟悉 7. 制程管理不完备或不良 8. 不良品的发生 9. 人员管理不到位 10. 品质管理不充分 11. 遵守货期的责任感不足 12. 作业管理不完备 13. 对再转包管理能力不足 14. 员工工作意愿低 15. 机器设备不完备 16. 小批量订单，合起来才生产 17. 经营重心发生了转移 18. 不可抗力	1. 对供应商的选择不当 2. 对供应商产能或技术水准的调查不足 3. 业务手续的不完备 4. 订单或指示联络事项不完备与不彻底 5. 没有清楚说明所要求的品质 6. 价格决定得很勉强 7. 进度掌握与督促不充分 8. 技术指导的疏忽 9. 采购人员经验不足或确保货期的意识低 10. 付款条件过严或付款耽误 11. 频频改换供应商 12. 下订单到过远的地方 13. 信息交换不顺畅	1. 调度期间过短 2. 调度基准日程的缺乏或无效 3. 工作规范的不完备 4. 由于紧急订货而引起日程变更的混乱 5. 生产或销售计划制订、实施错误或延迟 6. 生产或销售计划变更 7. 设计要求变更或规格变更的指示未彻底落实 8. 订货数量太少 9. 特殊事件或状况	1. 未能掌握产能的变动 2. 对新下单产品的规范、规格掌握不充分 3. 对机器设备的问题点掌握不充分 4. 对经营状况掌握不充分 5. 指示、联络不切实际 6. 对日程变更的说明不到位 7. 关于商品技术参数、规格的接洽不充分 8. 单方面的货期指定

（三）如何确保如期交货

1. 制定合理的购运时间

即将请购、采购、卖方准备、运输、检验等各项作业所需的时间，予以合理的规划，避免交货期超出供应商的能力限度。

2. 销售、生产及采购单位加强联系

由于市场状况变化莫测，因此生产或销售计划若有调整的必要，必须征询采购部门的意见，以便对停止或减少送货的数量、应追加或新订的数量作出正确的判断，并尽快通知供应商，使其减少可能的损失以提高配合的意愿。

3. 期中稽催，驻厂查验

请供应商提供生产计划或工作日程表，以便在交货之前查核进度，若有落后情况，即促其改善；若供应商已经缺乏交货能力，应立即停止交易。此外，为了避免交货商品品质不良，重要商品应派人员驻厂查验。

4. 准备替代来源

供应商不能如期交货的原因颇多，且有些是不可抗力导致的，因此，采购人员应未雨绸缪，多联系其他来源、多寻求替代品，以备不时之需。

5. 加重违约惩罚

在签订采购合同时，应加重违约罚款或解约责任，使供应商不敢心存侥幸；不过，若需求急迫时，应对如期交货或提早交货的供应商给予奖励。

（四）查核的重要性

采购人员如果期待按照日程进货，则在订货后必须有计划地进行查核工作。因为如果到了约定的交货时间才进行联络，可能为时已晚。查核的目的是要在还有宽裕时间可以想办法时，确实掌握进行状况，以便采取必要的行动。

相关链接 4-1

光明乳业的“个性生鲜”

20××年 11 月，联华超市与光明乳业之间建立了自动要货系统。联华超市各门店在每天晚上 12 点之前汇总当天光明乳业的牛奶销售和库存信息，并在次日 9 点前将该数据传送至联华超市总部电子数据交换系统，这些数据经处理后在当天 12 点加载到光明乳业有效客户反应系统。光明乳业收到数据后，根据天气、销售、促销指标等因素进行订单预测。经预测的订单产生后，光明乳业开始做发货准备，并将订单数据发送到联华超市总部电子数据交换系统。联华超市门店当日晚上 9 点前将收到收货信息，光明乳业在第三天上午 6 点半以前将所订的牛奶送到联华超市各门店。联华超市各门店在收到货物后，除了在收货单据上签收外，还必须在当日中午 12 点之前将收货信息导入管理信息系统。

自动订货系统的推行，使牛奶这一冷链商品在门店销售中既保证了鲜度又扩大了销量，“个性生鲜”的特点逐步在联华超市扎根生长。

资料来源：http：//wenku. baidu. com/view/adbadb5e804d2b160b4ec091. html.

二、验收

（一）验收的主要工作

在供应商交货时，连锁企业在验收方面主要应做好以下工作：

（1）对单验收。是指仓库保管员或收货员对照进货通知单的品名、规格、价格等依次逐项检查商品，查看有无不符或漏发、错发的现象。

（2）数量验收。一般是原件点整数、散件点细数、贵重商品逐一仔细核对。

（3）质量验收。是指仓库保管员或收货员通过感官或简单仪器检查商品的质量、规格、等级，如外观是否完整无损、零部件是否齐全无缺、食品是否变质过期、易碎商品是否有破裂等。

具体而言，要做好验收工作，必须彻底执行下列各项内容：

（1）确认供应商。即确认商品来自何处，有无错误或混乱。尤其是向两家以上供应商采购的商品，应分别验收。

（2）确定送到日期与验收日期。前者用以确定供应商是否如期交货，以作为延迟罚款的依据；后者用以督促验收时效，避免借故推脱，并作为将来付款期限的依据。

（3）确定商品的名称与品质是否与合约或订单的要求相符，以免偷工减料、鱼目混珠。

（4）清点数量。即查验实际交货数量是否与运送凭单或订单相符，如果数量太多，可采用抽查方式来清点。特别要注意有固定包装的商品是否数量一致，如一打的包装商品是否确实有 12 个；一吨的包装商品是否确实有 1 000 千克，不要只顾计算“打”或“吨”，疏忽每打的个数及每吨的斤两。

（5）通过验收结果。即门店用以安排生产或销售，采购部门据以结案，会计部门据以登账付款或扣款、罚款。

（6）处理短损。验收中若发现短损，应立即向供应商或运输单位索赔。

（7）退还不合格商品。供应商通常对不合格的商品延迟处置，仓储人员应配合采购部门催促供应商前来收回不合格商品，否则逾越时限，即不负保管责任。

（8）处理包装材料。即将包装材料加以利用或积存至一定数量后对外出售。对于无法再用或出售的包装材料，最好能由供应商收回。

（9）标识。对已验收入库的商品须加以标识，以便查明验收经过及时间，并与未验收的同类商品有所区别。

相关链接 4－2

超市商品验收要点

超市的经营业务是围绕着商品这个核心而展开的，商品的品质检验也就成为超市工作的一项重要任务。一般而言，超市商品质量验收的程序包括以下几个步骤：检查供应商的证件及证明；检查商品的外观；核对进货单与商品的内容；依商品标示规定检查商品情况；对合格商品验收入库或上架。

1. 检查供应商证件及证明

超市在进行商品验收时，必须要求供应商把相关资料准备齐全，包括：

（1）已盖公章的报价表；

（2）已盖公章的企业营业执照复印件（已通过当年年检）；

（3）已盖公章的企业税务登记证复印件（已通过当年年检）；

（4）开户行、开户账号、税号、企业地址、企业电话、联系人、传真、邮编；

（5）商标注册证；

（6）特殊行业必备资料，如食品行业的食品生产许可证、食品生产企业合格证、食品卫生许可证、食品新产品批准证书、销售地当地的卫生防疫检测报告等；药字号保健品供应商的药品生产企业许可证、药品生产企业合格证等。

2. 检查商品外观

商品包装的外观必须整齐，无渗漏、无污物等。如食品必须密封包装，且不得用金属或橡胶带密封；冷冻食品或冷藏食品应检查其包装是否用订书针或其他金属密封，如有上述情形应拒收。另外，罐头食品遇有凹凸罐、变形、油渍的情形也应予以拒收。

3. 核对进货单与商品的内容

为防止供应商鱼目混珠，验收人员一定要详细检查商品的品名、规格、数量、重量与进货单是否相符。

4. 依商品标示规定检查商品情况

各种商品的标示均不相同，这里以食品的标示为例进行说明。《食品安全法》所称的标示，是指标示于食品、食品添加物或食品洗洁剂的容量、包装或说明书上的品名、说明文字或记号。其标示的事项应包括：

（1）有容器或包装的食品、食品添加物和食品洗洁剂，应在容器或包装上用中文及通用符号显著标示下列事项：

1）品名。食品应使用国家标准所定的名称；无国家标准者，可自定名称。食品添加物应依主管机关规定的名称来标示。依上项规定自定品名者，其名称应与主要原料有关。

2）内含物名称及重量、容量或数量。若为两种以上混合物时，应分别标明。

a. 以公制标示重量、容量。

b. 液汁与固体混合者，分别标明内容量及固体量。

c. 内含物含量得视食品性质分别注明为最低、最高或最低与最高含量。

3）食品添加物名称。食品添加物名称须依《食品添加物使用范围及用量标准》上的名称来标示。

4）制造厂商名称、地址。进口商品应加注进口厂商的名称与地址。

5）制造日期。经主管机关公告指定须标示保存期限或保存条件者，应一并标示。制造日期应按依习惯能辨明的方式标明年、月、日。

6）其他经主管机关公告指定的标示事项。

（2）对于食品、食品添加物或食品洗洁剂的标示，不能虚夸或者使人误认为有医药的效能。

(3) 国内制造者，其标示如兼用外文时，其字样不得大于中文。

(4) 由国外进口者，由进口单位在销售前依规定加中文标示。

(5) 经改装、分装者，应标示改装者或分装者的名称及地址。

(6) 食品、食品添加物或食品洗洁剂经各级主管机关抽样检验者，不得以其检验的结果作为标示、宣传或广告。

(7) 对于食品、食品添加物或食品洗洁剂，不得借大众传播工具或他人名义，进行虚假、夸大、捏造事实或者易产生误解的宣传或广告。

5. 对合格商品验收入库或上架

商品达到检验标准后，验收人员才可在进货单上签单，并在进货簿（表）上添列进货登记。进货簿上须列有厂商编号、商品名称、数量、规格、销售金额、发票号码及进货单号码。商品经验收人员核对后，送货员再将商品送至卖场或仓库，由营业员或仓管员复检，这时整个验收手续才算完成。送货人员离开超市前，验收人员还要再检查送货人员的物品，以避免夹带事件的发生。

资料来源：http：//mana. qyzyw. com/qiyeguangli/pinzhiguanli/2011/1024/1881. html.

（二）质量检验的基本方法

连锁企业和供应商使用的检验方法要与所采购的商品特点和检验成本等相联系，这样才能做到事半功倍。常见的检验方法有以下几种。

1. 固定与流动检验

按检验实施的位置特征划分，质量检验有固定检验与流动检验两种方式。

(1) 固定检验。又称集中检验，是指在生产企业内或连锁企业收货部门设立固定的检验站，各工作地的商品送到检验站集中检验。固定检验站专业化水平高，检验结果比较可靠，但需要占用生产单位或连锁企业一定的空间，容易使一线部门员工对检验人员产生对立情绪或导致送检商品混杂等。

(2) 流动检验。就是由连锁企业商品检验人员直接去工作地检验，它的应用有局限性，但由于不受固定检验站的束缚，检验人员可以深入生产现场，及时了解生产过程，容易和生产企业建立相互信任的合作关系，有助于减少残次品的产生。

2. 全数与抽样检验

按检验的数量特征划分，质量检验有全数检验与抽样检验两种方式。

(1) 全数检验。是指对待检产品逐一进行检验，又称100%检验或全面检验。全数检验常用于下列范围：对后续工序影响较大的项目；精度要求较高的产品；品质不太稳定的工序；对不合格交验批进行重检。

质量检验中如无必要，通常不采用全数检验的方式，这是由于全数检验缺点较多：第一，需要投入很大的检验力量，而受检个体太多，较难保证检验质量；第二，检验工作量大、成本高、周期长，且占用的检验人员和设备多，难以适应现代化大生产的要求；第三，由于受到各种因素的影响，难以避免差错；第四，对于那些批量大但即使出现不合格品也不会引起严重后果的商品而言，经济上易得不偿失；第五，不能适用于检验费用昂贵的或有破坏性的检验项目。

（2）抽样检验。即按照数理统计原理预先设计抽样方案，从待检总体中抽取一个随机样本，对样本中的个体逐一进行检验，获得质量特性值的样本统计值，然后与相应标准比较，从而对总体做出接收或拒收的判断。

抽样检验也有一些缺陷：一是在被判为合格的总体中会混杂一些不合格品，或存在相反情况；二是易出现将合格批判为不合格批而拒收或将不合格批判为合格批而接收的错判，造成很大的经济损失。

3. 监控与验收检验

按检验目的的特征划分，质量检验分为监控检验与验收检验两种方式。

（1）监控检验。又称为过程检验，即检验生产过程是否处于受控状态，以防由于系统性质量因素的出现而导致不合格品大量出现。

（2）验收检验。即判断受检对象是否合格，从而做出接收或拒收的决定。验收检验广泛存在于生产全过程，如外购件、原材料、外协件及配套件的进货检验，半成品的入库检验，产成品的出厂检验等。

4. 感官与理化检验

按检验方法的特征划分，质量检验可分为感官检验与理化检验两种方式。

（1）感官检验。即依靠人的感觉器官对质量特性做出评价和判断，如产品的形状、颜色、气味、污损、锈蚀和老化程度等。由于是靠人的感觉器官来进行检查和评价，所以判定基准不易用数值表达。而且，感官检验的结果往往依赖于检验人员的经验，并有较大的波动性，故检验结果具有较强的主观性。不过，感官检验在某些场合仍然是质量检验方式的一种选择和补充。

（2）理化检验。即运用物理或化学的方法，依靠仪器、量具及设备装置等对商品进行检验。理化检验测得的检验项目的具体数值精度高、人为误差小，是现行检验方式的主体，并随着现代科学技术的进步不断改进和发展。

5. 破坏性与非破坏性检验

破坏性检验与非破坏性检验是按检验对象检验后的状态特征划分的两种检验方式。

破坏性检验后，受检物的完整性遭到破坏，不再具有原来的使用功能。如强度试验、寿命试验、爆炸试验等都是破坏性检验。随着检验技术的发展，破坏性检验逐渐减少，而非破坏性检验的使用范围则在不断扩大。考虑到经济因素，破坏性检验只能采用抽样检验的方式。

质量检验在采购中的作用不言而明，采购人员应根据连锁企业自身的情况和产品特点，选择适当的检验方法，有效地进行质量检验。

相关链接 4-3

送检不再大卸八块　家具抽检实施无损气密箱检测

以前，家具检测需实施破坏性检测才能得出检测结果。现在，送检不再将家具“大卸八块”，而是实施无损气密箱检测，这将极大地消除消费者家具维权的顾虑。

据质检人员介绍，以前的所谓破坏性检测，即送检的家具抽取 10 块至 15 块样本，或不同材质的家具每样破拆后取样。这种方式对家具的破坏很大。相关质检人员透露，破坏性检测的不可恢复，成为商家和消费者不愿意将家具送检的原因之一。

如今，通过“无损检测甲醛气候箱”等方式，检验人员对家具进行整体检测，避免了破坏其使用性。这些方法不会破坏家具的整体结构，对甲醛等有害物质的释放量也能做出更全面、更科学的判定，只要有一种材料环保不达标，都能集中体现在综合检测结果中。

资料来源：http：//www.zhongdihui.com/zdh/a/jiajilvhua/2011/1222/3211.html.

（三）采购质量管理的基本方法

建立并保持记录，从而提供符合要求和使采购质量管理体系有效运行的证据，是连锁企业采购质量管理非常重要的一个问题。

在采购质量管理工作中，要了解采购工作过程中商品的质量状况，找出影响商品质量波动的原因，就要收集商品的质量数据记录，然后采用相应的方法进行采购质量问题的分析，从而解决采购质量问题，达到提高采购质量的目的。

1. 调查表法

调查表也叫检查表，它是利用统计图表进行数据收集、数据整理和粗略原因分析的一种工具。对于供应商提供的商品，其中的不合格品需要调查其项目以及这些项目占的比例大小。例如，把预先设计好的表格放在验收现场，让验收人员随时在相应栏里画上记号、填上数据，然后再进行统计，就可以及时地掌握情况。

表 4-2 是一张不合格品项目调查表，这张表的日期、供应商、供应量、不合格品量栏是用来填写所收集的数据的，不合格品率必须通过计算得出，所以可以说是对数据进行了整理。不合格品经过分门别类的填写，就可以对不合格品的原因进行粗略的分析。

表 4-2　　不合格品调查表

日期	供应商	供应量	不合格品量	不合格品率	不合格品项目							
					（1）	（2）	（3）	（4）	（5）	（6）	（7）	其他
合计												

2. 分类法

分类法也叫分层法，这是一种把记录的原始质量数据按照一定标志加以分类整理，以便分析采购质量问题及其影响因素的方法。分类的目的是把性质不同的数据和错综复杂的影响因素分析清楚，找到问题的症结所在，以便更好地解决问题。

将数据分类时，应根据分析的目的，按照一定的标志加以区分，把性质相同、在同一条件下收集的数据归纳在一起；应使同一层内的数据波动幅度尽可能小，而不同类别的差距尽可能大。质量数据分类的标志多种多样，一般按以下原则进行分类：

（1）按检验时间分：如按不同的班次、不同的日期进行分类。

（2）按供应商分：如按不同的供应商进行分类。

（3）按运输方式分：如按海运、公路、航空、铁路进行分类。

（4）按进货时间分：如按不同的进货日期进行分类。

（5）按检验方法分：如按全数检验、抽样检验等进行分类。

（6）按型号分：如按不同的型号、新旧程度进行分类。

（7）其他分类方法。

分类法广泛运用于各个行业的采购活动中，既可以用于工业企业，也可以用于商业企业和服务行业等。分类法既可以用表格表示（见表 4-3），也可以用图形表示。

表 4-3　　××年××月供应商不合格品分类

供应商名称	不合格品数量			
	A	B	C	合计
甲	5	10	20	35
乙	8	4	8	20
丙	3	1	2	6
合计	16	15	30	61

3. 因果分析法

(1) 因果分析图的概念。

因果分析图是表示质量特性与原因关系的图，所以也叫特性要因图。因其形状像树枝和鱼刺，故又叫树枝图或鱼刺图。在采购过程中，影响采购质量的因素是错综复杂、多种多样的，因果分析图就是可以整理和分析影响采购质量（结果）各因素（原因）之间关系的一种工具。因果分析图如图 4-2 所示。

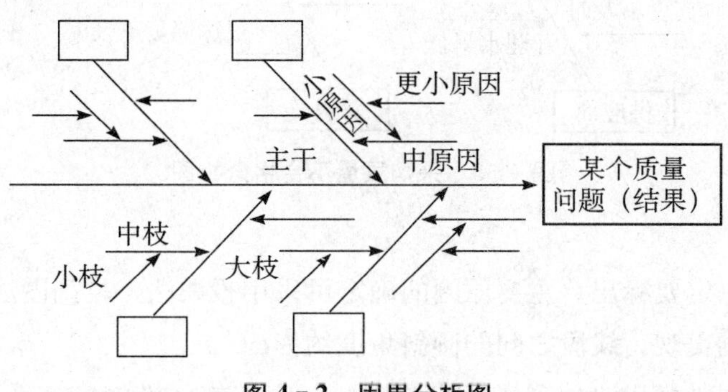

图 4-2　因果分析图

(2) 因果分析图的作图步骤。

1) 明确要分析的采购质量问题和确定需要解决的采购质量特性。

2) 召集同该采购质量问题有关的人员开会讨论，充分发扬民主，集思广益、各抒己见，分析产生采购质量问题的原因。

3) 将采购质量问题写在图的最右端，画一条带箭头的主干线，箭头指向右端，确定造成采购质量问题的大原因。因为影响采购质量问题的一般有若干因素，可以将影响采购质量的主要因素画出，根据具体情况增减项目，把大原因用箭头排列在主干线的两侧。

4) 按各大原因引导大家展开分析。将大家提出的看法按中小原因及相互之间的关系，用长短不等的箭头线画在图上，展开分析到能采取措施为止。

5) 把重要的、关键的原因分别用粗线或其他颜色的线标出来，或者加上方框。这类原因只能有 2～3 项，用投票法、排列图法或评分法确定。

6) 记下必要的有关事项，如绘制日期、制图者、制作单位、参加讨论的人员及其他可供参考的注意事项。

(3) 采购质量因果分析图的应用举例。

采购质量不合格因果分析图如图 4-3 所示。

(4) 制作因果分析图的注意事项。

1) 所确定的采购质量问题应尽量具体。

2) 要发扬民主，尽可能把与问题有关的人员都召集来开会，与会者要充分发表意见，把各种意见都记录下来，包括不同的意见。

3) 原因的分析要紧扣问题、针对性强，力求详细、全面，原因分析要细到能采取措

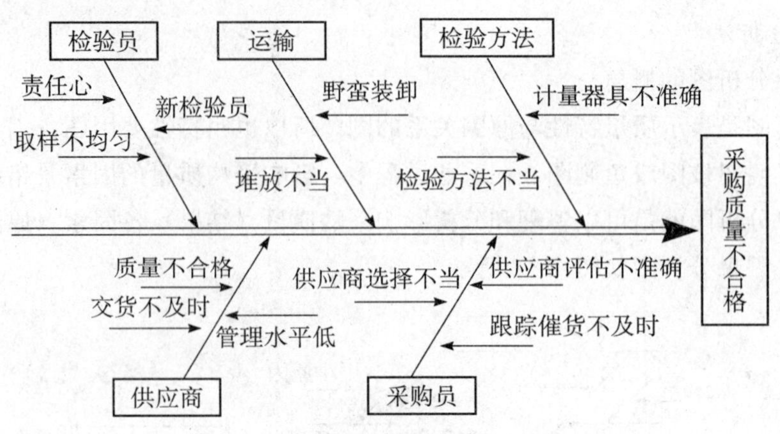

图 4-3　采购质量不合格分析图

施为止。

4）主要原因一定要标出。主要原因的确定可采用投票法、排列图法或评分法确定。

5）为了图形的美观，线段之间的倾斜角度约为 60°。

6）因果分析图画好后要到现场落实原因、制定措施，措施实施后，要与因果分析图相结合以检查其效果。

7）应避免大、中、小原因归类混乱。

三、结算

（一）采购付款业务流程

采购付款业务流程包括为经营而获取商品所必需的决策和处理过程。这一流程一般是从提出采购申请开始到企业支付货款结束。它通常包括四个流程，如图 4-4 所示。

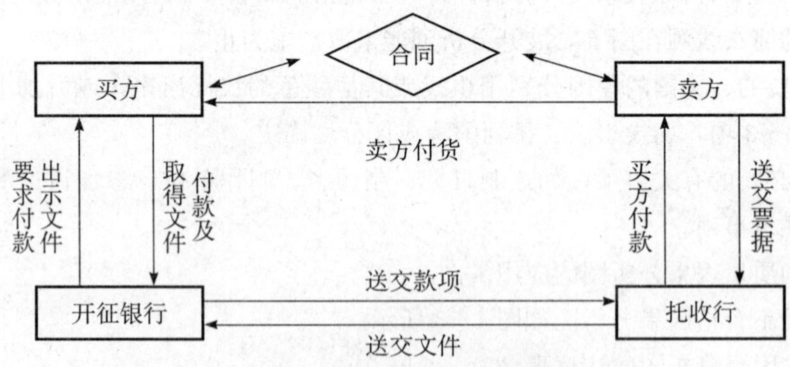

图 4-4　采购付款业务流程

1. 处理订单

商品采购人员提出采购申请并填制请购单是本循环的起点。为了保证购入的商品符合要求，避免过量或不必要的购入，采购需要经过适当的授权批准。为了提高采购效率，连锁企业都设有专门的采购部门。在保证多供应渠道的条件下，应该集中订货以取得数量折扣，降低进货成本。采购部门要根据批准后的请购单签发订单，订单上注明采购的数量、价格和交货时间，并送交供应商处以表明购买意愿。

2. 验收商品

连锁企业从供应商处收到商品是本循环中的关键点，正是在这一点上，连锁企业在其记录中确认有关应付款项。验收部门应检查收到的商品是否与订单上的详细项目一致。对采购数量应通过计数、称量或测量来验证。在某些情况下，还必须通过对商品的技术分析来确定其质量是否符合规定。此外，还需检查到货的及时性和其他情况。验收完毕后，填制验收单作为验收商品的证据，其中一份送配送中心仓库，另一份送财务部门以满足付款时的资料要求。

3. 确认债务

正确确认已验收商品的债务，要求连锁企业准确、迅速地对采购业务进行记录。初始记录对财务报表记录和实际支付有重大影响，因此应特别注意按正确的金额记录连锁企业确已发生的采购事项。有的连锁企业在商品验收后确认债务，而另一些连锁企业习惯于在收到供应商发票时才记录。无论哪种情况，会计人员在收到供应商发票时，都要把发票上所列明的商品规格、价格、数量及运费等与订单、验收单等相关资料进行核对，发票经过审核入账后，这些采购业务就登记在采购日记账和应付账款明细账上。

4. 处理和记录价款的支付

这一步骤通常采用付款凭单加以控制。多数连锁企业的付款凭单在付款前由应付账款记账员掌管，付款采用支票方式进行。支票的签发要求有付款凭单，支票要由经过适当授权的人员签字。出纳人员根据签发的支票及时登记银行存款日记账。签发后支票原件送给供应商，副本与付款凭单及其他单据一起存档。

（二）采购付款业务循环内部控制使用的基本文件

1. 请购单

请购单是指由存货仓库（配送中心）、销售部门（门店）向采购部门提出商品采购申请并编制的单据。请购单预先编号，并注明所需采购商品的种类、数量以及请购人。

2. 订单

订单是指由采购部门编制的授权供应商提供商品的预先编号的文件。订单上包括供应商名称、采购项目、数量、付款条件、价格等，这一凭证常用于表明商品采购的批准手续。

3. 验收单

验收单是企业收到采购的商品时，由验收部门对商品进行验收，并据以编制有关收到的商品种类、数量、供方名称、订单号以及其他有关资料的凭证。验收单需预先编号。

4. 供应商发票

供应商发票是由供应商送来的标明采购商品的种类、数量、运费、价格、现金折扣条件以及开票日期的凭证，它详细说明了由于某项采购业务而欠供应商的货款金额。

5. 借项通知单

借项通知单是反映由于退金和折让而减少向供应商付款金额的凭证。其格式常与供应商发票相同，用于证明应付账款借项记录。

6. 付款凭单

付款凭单是用来建立正式记录和控制采购的凭单，它是采购日记账中记录采购的基础，也是支付货款的依据。一般来说，付款凭单正本必须随附供应商发票、验收单和订单副本。

相关链接 4-4

采购订货作业程序

一、目的

本流程确保开店前大进货、新品订货、快讯商品第一次订货、总部统一订货、预付款商品订货、短账期商品订货等订货操作的标准性，同时对订货权限作出规定。

二、适用范围

适用于公司采购部。

三、职责

（一）采购主管职责

设定订货数量。

（二）商品组职责

(1) 传真订货。

(2) 催货。

（三）采购经理及采购总监职责

对订货量做审核。

（四）基本要求

(1) 在新店开店大进货期间要制订合理的订货计划。

(2) 采购主管应依据大进货计划明细设定订货量，并打印订单。

(3) 新品、预付款商品和短账期商品订单应事先预估其销量。

(4) 快讯商品第一次订货应在快讯开始前一周到十天。

四、程序

（一）打印订单

采购助理依据订货计划填写订单并打印。

（二）商品组审核

商品组审核订单的订货量是否符合权限标准，如果符合标准则可直接下单；如果不符合标准则应报请采购经理、采购总监审核。

（三）采购经理及总监审核

采购经理及总监对不符合订单权限标准的订单进行审核，如果允许订货，则转由商品组下订单；如果不允许订货，则转由采购主管重新填写订单。

（四）下订单

商品组把审核通过的订单传真给供应商并确认。

相关链接 4－5

某超市付款通知单

供应商编号		供应商名称			
订单号		送货日期		账期	
未税金额			税率		
含税金额			税额		
结款方式	现支　转支	现金　汇票	电汇	结款日期	
备注：			联系电话：		
财务总监：		采购经理：	审核：	制单：	

案例讨论

百安居的收货管理

百安居北京金四季店占地3万多平方米，拥有上千个免费停车位，年销售额、商店贡献率（包括每平方米销售额、员工平均销售额、毛利、利润额等指标）和管理技术（包括公司运作管理水平、人力资源管理、各部门的专有技术、信息技术等指标）等方面在百安居集团中均居于领先地位。该店有50 000多种商品，一层以建材管件、地板木材、油漆涂料、五金工具、园艺花卉为主，能为顾客提供在家居装潢过程中所需要的一切建材用品；二层不仅有精心设计的样板房，同时各种灯具、厨房设备、卫浴洁具、时尚家具以及软装潢产品琳琅满目，可以满足顾客轻松完成个性化家居装饰的需要。

百安居的每家门店都设立了商品部，商品部又分为前台和后台，前台主要负责销售与客户投诉，后台主要有收货部与配送中心两个业务部门。

收货基本安排在百安居的营业时间范围内，从早上8点到晚上8点，为节省费用，尽量避免晚上接货。收货部接到厂商送货后，同配送中心和销售前台进行交接。如果是IS现货，属于常规补货，由商品部相关部门人员负责直接送到不同的货位，收货部也有小面积的仓库，可暂时存放商品；如果属于CAB（已经销售出去的产品）特殊订单，则直接交给配送中心，配送中心再根据不同的送货方式——顾客自提、配送（消费者购物金额达到6 000元由百安居负责配送）、电话联系（确定是自提还是配送），分别进行处理。

收货时，SAP系统的流程控制模块SOP严格规定了每个员工的职责。例如，货物送到以后，先要由保安进行送货单登记，再由两名收货员分别签字，然后由文员进行送货单信息录入（只需在系统显示的相关品项后面添加数量即可），最后由主管复核（每天傍晚抽查）。有了极为严格的监督机制，经层层把关，有效地减少了漏入、录错等现象，将收货差错率控制在1‰～2‰。

按照百安居的规定，进入门店销售的商品必须有条形码。条形码贴在每个销售单位商品的外包装上，销售时简单地扫一下条形码即可，大大加快了顾客结账时间，也便于了解商品销售情况，更好地实现销售、采购、库存等内部管理。如果供应商的商品自带条形码并可以识读，则直接添加到系统中，以减少工作量与成本，提高运作效率；否则，由百安居自行制作、打印条形码后再粘贴在商品上（此项成本由百安居承担）。

资料来源：http：//edu. wuliu800. com/2009/0825/20803 _ 3. html.

问题：

1. 百安居门店的收货流程是怎样的？
2. 百安居的收货管理中有哪些值得借鉴之处？

课程实训

◆ 实训项目

采购商品的模拟验收。

◆ 实训任务

1. 以小组为单位，选择特定商品进行采购商品收货的模拟操作。
2. 进行采购商品单据核对、数量检验、质量检验的模拟操作。
3. 根据模拟过程，指出在这一过程中容易出错和忽略的控制点，并提出相应的改进措施。

◆ **实训提示**

1. 应事先准备好与收验货相关的空白表格和单据。

2. 建议在校内超市实训室或采购实训室进行模拟操作。

◆ **实训效果评价标准**

采购商品模拟验收实训评分表

考评人		被考评小组	
小组成员			
考评内容	采购商品模拟验收		
考评标准	考评点	分值（分）	评分（分）
	单据核对的准确性	30	
	数量检验的准确性	20	
	质量检验的正确性	30	
	实训参与度	20	
合计		100	

注：评分满分 100 分，60～70 分为及格，71～80 分为中等，81～90 分为良好，91 分以上为优秀。

项目小结

1. 签订采购合同并正式生效后，就进入采购合同的履行（或称为商品采购的实际作业）阶段，这一阶段主要包括交货、验收和结算三个环节。

2. 货期（交货日期）是交货作业中最重要的因素之一。唯有确保货期，才能算是成功的采购。

3. 对采购商品的验收主要包括：对单验收、数量验收和质量验收。

4. 质量检验的方法主要分为五种：按检验实施的位置特征分为固定检验与流动检验；按检验的数量特征分为全数检验与抽样检验；按检验目的的特征分为监控检验与验收检验；按检验方法的特征分为感官检验与理化检验；按检验对象检验后的状态特征分为破坏性检验与非破坏性检验。

5. 采购商品质量管理的方法主要有：调查表法、分类法、因果分析法。

6. 采购付款业务流程包括处理订单、验收商品、确认债务、处理和记录价款的支付。

主要概念

采购作业　交货　对单验收　数量验收　质量验收　调查表法　分类法　因果分析法　质量检验　结算

课后自测练习

一、单选题

1. 下列选项中，（　　）不属于供应商交货时验收的主要工作。

A. 对单验收　　B. 数量验收
C. 质量验收　　D. 时间验收

2. 目的在于检验生产过程是否处于受控状态，以防由于系统性质量因素的出现而导致的不合格品大量出现的检验是（　　）。

A. 感官检验　　B. 验收检验
C. 监控检验　　D. 固定检验

3. （　　）是一种把记录的原始质量数据按照一定标志加以分类整理，以便分析采购质量问题及其影响因素的方法。

A. 分类法　　B. 调查表法
C. 因果分析法　　D. 抽样法

二、多选题

1. 下列选项中，能确保如期交货的措施有（　　）。

A. 制定合理的购运时间　　B. 加重违约惩罚
C. 期中稽催，驻厂查验　　D. 准备替代来源
E. 销售、生产及采购单位加强联系

2. 采购质量管理的基本方法包括（　　）。

A. 调查表法　　B. 实地考察法
C. 抽查法　　D. 分类法
E. 因果分析法

3. 下列选项中，（　　）属于采购付款业务循环内部控制使用的基本文件。

A. 请购单　　B. 验收单
C. 发货单　　D. 订单
E. 借项通知单

三、判断题

1. 货期（交货日期）是交货作业中最重要的因素。
2. 采购订单上一般应注明采购的数量、价格和交货时间。
3. 供应商延期交货将严重影响连锁企业的正常经营，因此供应商应尽量提早交货。
4. 考虑到经济因素，破坏性检验只能采用抽样检验的方式。
5. 按合同规定及时进行货款结算，货款结算方式有现金结算和非现金结算。

四、简答题

1. 连锁企业采购作业流程一般包含哪几个主要步骤？
2. 超市连锁企业的商品验收程序一般包括哪几个步骤？
3. 采购商品质量管理可以通过哪些方法来实施？
4. 商品采购具体的结算流程和工作内容主要包括哪些？

项目五　连锁企业供应商管理

项目简介

供应商是现代连锁经营体系的重要组成部分，采购工作的好坏主要取决于供应商所提供的产品的质量、价格和性能等。因此，加强供应商管理、保证商品供给的稳定性和适应性是连锁企业采购管理的重要环节。小李在完成了对新签约供应商采购商品作业流程的跟踪管理之后，其日常工作就是对供应商进行管理，考核供应商的绩效，维护与不同类型供应商的关系。

工作流程

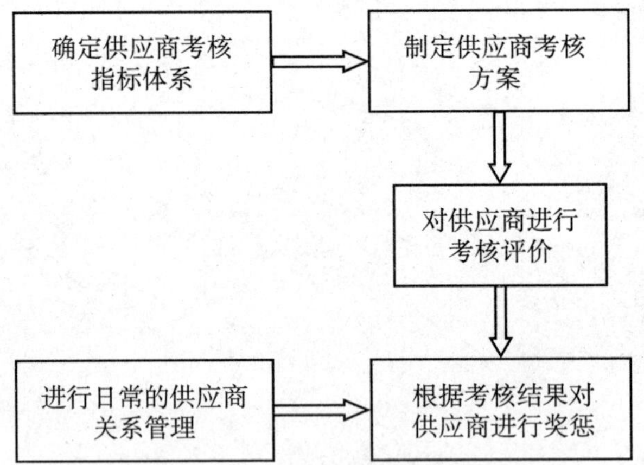

学习目标

- 能根据企业实际情况建立供应商考核指标体系和考核方案
- 能根据不同的供应商类型进行相应的关系管理

任务一　考评供应商

为了确保供应商能持续稳定地为新星超市有限公司按时、保质、保量地进行商品供应，采购部制定了相应的供应商管理办法，定期对供应商进行相应的考核，并给予相应的激励与惩处。采购二科科长郑刚给小李的任务是：对新引进的百货类商品供应商进行相应的考评，并定期上交考评报告。

任务工作流程

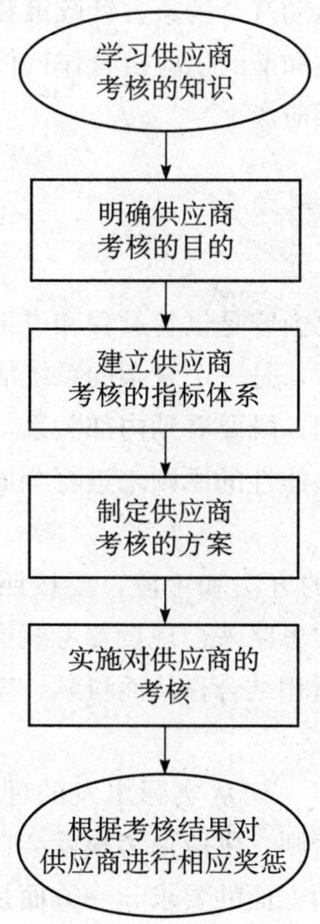

学习要求

能建立供应商考核指标体系，形成考核方案。

相关知识

供应商开始按合同供货之后，连锁企业对供应商进行管理的重点就是供应商绩效管理。

一、供应商考核的目的、对象及原则

（一）供应商考核的目的和对象

连锁企业对供应商考核的目的是引导供应商积极参与本企业的商品采购活动，完善企业采购制度，提高供应商的竞争意识和竞争能力，规范竞争行为和采购质量，降低采购风险，强化售后服务，使供应商的活动符合国家方针政策和有关法律法规的规定，更好地为本企业的经营管理服务，最终建立和谐的供应链合作伙伴关系。其考核对象是与连锁企业签订正式合同、登记在册的各类供应商。

（二）供应商考核的原则

1. 整体性原则

连锁企业对供应商考核的主要内容是供货过程和成果，涉及方针政策、市场竞争、交通运输和企业发展等多方面的因素，是一个复杂的系统活动。因此，进行供应商考核既要分析合作成果，又要分析合作过程；既要看到内部关系，又要看到外部环境的变化，要在充分掌握信息资料的基础上遵循整体性的原则来进行全面、系统的分析。

2. 科学性原则

供应商考核必须要采用科学的方法和手段，要按照“内容全面、突出重点、客观公正、操作简便、适应性强”的基本思路来合理设置考核指标体系，要做到定量分析和定性分析相结合、静态分析和动态分析相结合，从而科学、全面、准确地考核供应商。

3. 真实性原则

供应商考核应树立实事求是、一切从实际出发的理念。评价所需的资料必须准确可靠，能如实反映供应商的实际，否则，供应商考核就会在错误的前提和依据下开展，从而导致错误的考核结论。真实性有两方面的要求，一方面是质的要求，即考核资料和考核结论要能真实地反映被考核供应商的客观实际；另一方面是量的要求，即所提供的各种数据资料的数量要合理，反映考核结果的数据资料的准确度要高、误差要小，这样才能得出客观准确的考核结论。

二、供应商考核指标体系

由于供应商考核的内容广泛，每一单项指标都只能反映其商品供应状况的一个侧面，难以全面、完整、综合地反映商品供应的全部工作，因此，必须建立一套相互联系、相互制约和相互补充的指标体系，从各方面反映供应商的工作绩效。常用的连锁企业供应商考核指标体系主要由 11 项指标构成，如图 5 -1 所示。

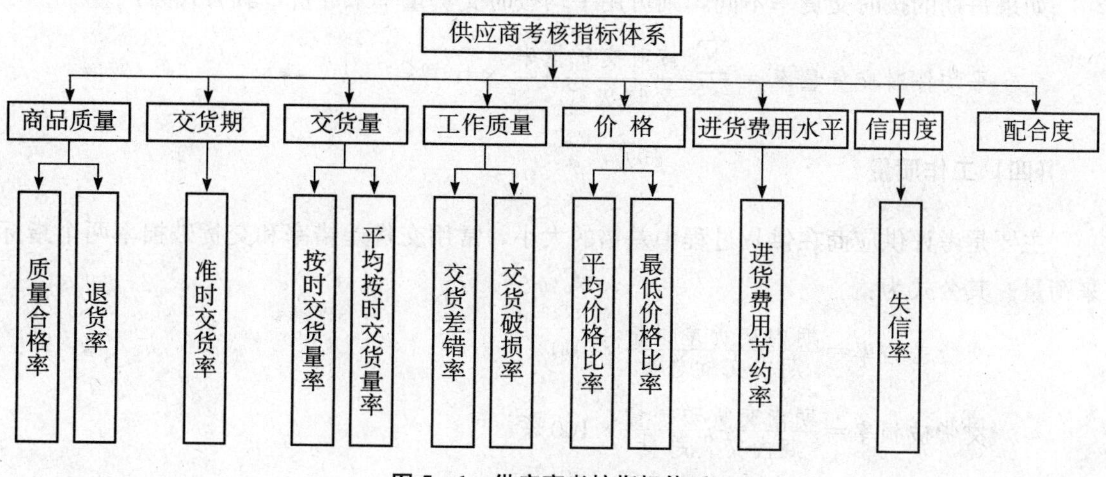

图 5 - 1 供应商考核指标体系

（一）商品质量

质量合格率是指供应商所提供的商品中合格的商品量占全部商品的百分比，其公式为：

$$质量合格率=\frac{合格商品数量}{所供商品总量}\times 100\%$$

供应商的商品质量也可用退货率来评价，退货率是某供应商的退货量占所提供商品总量的百分比。退货率越高，表明该供应商所提供的商品质量越差。其公式如下：

$$退货率=\frac{退货量}{所供商品总量}\times 100\%$$

（二）交货期

这也是一个很重要的考核指标参数。考察交货期主要是考察供应商的准时交货率。准时交货率可以用准时交货次数与总交货次数之比来表示，该指标越高越好。其公式如下：

$$准时交货率=\frac{准时交货次数}{总交货次数}\times 100\%$$

（三）交货量

主要是考虑供应商能否按合同规定的数量按时交货，它可以用按时交货量率来评价。按时交货量率是指在规定交货期内的实际交货量与期内应当完成的交货量的比率。其公式为：

$$按时交货量率=\frac{期内实际交货量}{期内应完成的交货量}\times 100\%$$

如果每期的按时交货率不同，则可用平均按时交货量率来评价，其公式为：

$$平均按时交货量率=\frac{\sum 按时交货量率}{交货次数}\times 100\%$$

（四）工作质量

主要是考评供应商在供货过程中差错的大小，常用交货差错率和交货破损率两个指标来衡量。其公式为：

$$交货差错率=\frac{期内交货差错量}{期内交货总量}\times 100\%$$

$$交货破损率=\frac{期内交货破损量}{期内交货总量}\times 100\%$$

（五）价格

价格是考核供应商的重要指标之一。考核供应商的价格水平可与市场上同档次产品的平均价格和最低价格进行比较，常用平均价格比率和最低价格比率两个指标来衡量。其公式为：

$$平均价格比率=\frac{供应商的供货价格-市场平均价}{市场平均价}\times 100\%$$

$$最低价格比率=\frac{供应商的供货价格-市场最低价}{市场最低价}\times 100\%$$

（六）进货费用水平

进货费用水平越低，利润空间越大。连锁企业为了获取较高的利润，就必须降低进货费用水平，而进货费用水平很大程度上取决于供应商，所以连锁企业常用进货费用节约率进行衡量。其公式为：

$$进货费用节约率=\frac{本期进货费用-上期进货费用}{上期进货费用}\times 100\%$$

（七）信用度

信用度主要考核供应商履行自己的承诺、以诚待人及不故意拖账、欠账的程度，主要用失信率进行衡量。其公式为：

$$失信率=\frac{期内失信次数}{期内交易总次数}\times 100\%$$

（八）配合度

该指标是个定性指标，主要考核供应商的协调合作精神。在考核中主要依据人们的主观感受来评判。在实际操作中，主要找与供应商相处较多的有关人员，让他们根据某些方面的体验为供应商评分。特别典型的，可能会有上报或投诉的情况，这就可把上报或投诉的情况也作为评分的主要依据。

三、供应商考核的步骤

供应商考核是一项复杂的工作，必须明确标准并按照一定的考核规则有计划、有组织、有步骤地进行，这样才能保证考核工作顺利进行并得出正确结论。为了正确地评价供应商，连锁企业在供应商考核中应按以下基本步骤进行考核。

（一）确定考核机构

由于供应商考核工作涉及面广、工作量大、要求高，因此在考核过程中，为了得出较正确的考核结果，往往需要确定考核机构来实施。在连锁企业中，此类机构一般由采购、质检、配送和财务等部门组成。这些部门掌握供应商的情况，由他们实施考核能比较客观地评价供应商。

（二）制定考核方案

考核方案是由考核机构根据供应商考核的目的和要求所制定的工作安排。其主要内容包括：考核对象、考核目的、考核依据、考核负责人、工作人员、工作时间安排、考核指标体系、拟用考核方法、选用考核标准、考核基础资料及其他有关工作要求等。

（三）准备考核资料

拥有必要的考核基础资料和数据是开展供应商考核的基本前提。因此，要根据考核方案的要求和评价计分的需要，做好基础资料和数据的收集工作，并认真进行核实、整理，发现问题要及时核对和纠正，以保证基础数据资料的真实性、准确性和全面性。

（四）进行评价计分

评价计分即根据供应商考核指标体系的内容和要求，先计算出相关指标数据，然后在供应商考核表（见表5－1）中逐项填写，并统计出总分，为形成考核结论做好准备。这是供应商考核的关键步骤，涉及的内容多，计算复杂，为了缩短评价时间，形成准确的评价结果，连锁企业可用专门的计算机软件进行操作。

表 5-1　供应商考核表

编号：		××公司供应商考核表		日期：
供应商名称			联系人	
地址及邮编			电 话	
项目	配 分	考核内容及方法	得 分	考核人
价 格	最高为 40 分，标准分为 20 分	根据市场最高价、最低价、平均价、自行估价制定一个标准价格，标准价格对应分数为 20 分。 每高于标准价格 1%，标准分扣 2 分，每低于标准价格 1%，标准分加 2 分。 同一供应商供应几种商品，得分按平均计算。		
品质	30 分	以交货批退率考核： 批退率＝退货批数÷交货总批数 得分＝30 分×（1－批退率）		
逾 期 率	20 分	逾期率＝逾期批数÷交货批数 得分＝20 分×（1－逾期率） 另外：逾期 1 天，扣 1 分；逾期造成停工待料 1 次，扣 2 分。		
配 合 度	10 分	出现问题，不太配合解决，每 1 次扣 1 分；公司会议正式批评或抱怨 1 次扣 2 分；客户批评或抱怨 1 次扣 3 分。		
总　计				
备注	1. 得分在 85～100 分者为 A 级，A 级为优秀供应商，可加大采购量。 2. 得分在 70～84 分者为 B 级，B 级为合格供应商，可正常采购。 3. 得分在 60～69 分者为 C 级，C 级为应辅导供应商，需进行辅导，减量采购或暂停采购。 4. 得分在 59 分以下者为 D 级，D 级为不合格供应商，应予以淘汰。 5. 单项得分低于 60%者，属于不合格供应商。			

资料来源：http：//www. bestpmc. com/caigou/2008102791. html.

（五）形成考核结论

这是指将评价计分结果与同类供应商的平均水平（或先进水平）进行对比分析，以确定该供应商的绩效水平。为了更正确地评价供应商，连锁企业还需要结合供应商的领导班子状况、经营战略、配合度和服务水平等定性指标进行深入分析，以形成综合考核结论。

（六）传递考核信息

供应商考核的最终目的是提高供应商经营业绩，完善供应商管理机制。因此，供应商的考核信息一要传递给连锁企业管理层，为完善连锁企业的供应商管理机制提供依据；二要及时反馈给被评价的供应商，为促进其改善经营管理、提升服务水平作出努力。

（七）做好考核总结

考核结论确认后，考核机构应及时进行工作总结，将考核目的、考核标准、指标体系、考核过程、认定结果、考核工作中遇到的问题及意见建议等形成书面总结材料，并建立考核工作档案，为今后的供应商考核打好基础。

相关链接 5-1

国内某大型连锁超市企业供应商贡献评估表

所属部科	贡献排名	供应商编号	供应商名称	进货金额	销售金额	毛利	返佣	费用	综合毛利	账期	销售排名	综合毛利排名	差异（销售排名减去综合毛利排名）	周转天数	库存

四、供应商的激励与控制

为了保证供应商日常商品供应工作的正常进行，根据考核结果，连锁企业要采取一系列的措施对供应商进行激励和控制。供应商激励和控制的目的，一是努力充分发挥供应商的积极性和主动性，让其做好自己所承担的商品供应工作，以保证连锁企业的生产或销售正常进行；二是防止供应商的不轨行为，预防一切对连锁企业、对社会可能造成的不确定性损失。

激励和控制往往是并存且不可分割的，一些激励措施可能同时又是控制措施。因此，对供应商的激励与控制应当注意以下方面的工作。

（一）逐渐建立起一种稳定可靠的关系

连锁企业应当和供应商确定一个较长时间的业务合同关系，如 1～3 年。时间不宜太短，太短了让供应商不完全放心，从而总是对连锁企业留一手，不可能全心全意为做好连锁企业的物资供应工作而倾注全力。只有合同时间长，供应商才会感到放心，才会倾注全力与连锁企业合作。特别是当业务量大时，供应商会把合作的连锁企业看做是自己生存和发展的依靠和希望，这就会更加激励供应商努力与连锁企业合作，连锁企业发展，它也得到发展，连锁企业垮台，它也跟着垮台，形成一种休戚与共的关系。但是合同时间也不能太长。这一方面是因为将来可能会发生变化，如市场变化导致产量变化，甚至产品变化、组织机构变化等；另一方面，也是为了防止其产生一劳永逸、“铁饭碗”的思想而放松对业务的竞争进取精神。

为了促使供应商加强竞争进取，就要使其有危机感。所以合同时间一般一年比较合适，如果合适，第二年可以续签。第二年不合适，则合同终止。这样签合同，就是既让供应商感到放心，可以有一段较长时间的稳定合作，又让供应商有危机感，不要放松竞争进取精神，才能继续下一年的合作。

（二）有意识地引入竞争机制

有意识地在供应商之间引入竞争机制，促使供应商为产品质量、服务质量和价格水平不断优化而努力。例如，在几个供应量比较大的品种中，每个品种可以实行 AB 角制或 ABC 角制。所谓 AB 角制，就是一个品种设两个供应商，一个 A 角，作为主供应商，承担 50%～80%的供应量；一个 B 角，作为副供应商，承担 20%～50%的供应量。在运行过程中，对供应商的运作过程进行结构评分，一个季度或半年评比一次，如果主供应商的月平均分数比副供应商的月平均分数低 10%以上，就可以把主供应商降级成副供应商，同时把副供应商升级成主供应商。需要注意的是，变换的时间间隔不要太短，最少 1 个季度以上。太短了不利于稳定，也不利于一些偶然犯错的供应商纠正错误。ABC 角制则实行三个角色的制度，原理与 AB 角制一样，同样也是一种激励和控制的方式。

（三）与供应商建立相互信任的关系

疑人不用，用人不疑。当供应商经考核转为正式供应商之后，一个重要的措施就是应当将验货收货逐渐转为免检收货。免检，这是给予供应商的最高荣誉，也可以显示出连锁企业对供应商的高度信任。免检，当然不是不负责任地随意给出，应当稳妥地进行。既要积极地推进免检考核的进程，又要确保产品质量。一般情况下，免检考核要经历三个月左右的时间。在免检考核期间内，起初总要进行严格的全检或抽检。如果全检或抽检的不合格品率很小，则可以降低抽检的频次，直到不合格率几乎降到零。这个时候，要组织供应商有关方面的人，稳定生产工艺和管理条件，保持零不合格率。如果能保持零不合格率一段时间，这时就可以实行免检了。

当然，免检也不是绝对地免检，还要不时地随机抽检一下，以防供应商的质量滑坡，影响连锁企业的商品质量。抽检的结果如果满意，则继续免检。一旦发现了问题，就要增大抽检频次，进一步加大抽检的强度，甚至取消免检。通过这种方式，也可以激励和控制供应商。

此外，建立信任关系还可以从很多其他方面入手，如不定期地开一些企业领导的碰头会以交换意见、研究问题、协调工作，甚至开展一些互助合作。特别对涉及双方的一些共同的业务、利益等问题，一定要开诚布公，把问题谈清楚。要做好这些方面的工作，需要确立一个指导思想，就是“双赢”。一定要尽可能让供应商有利可图，不要只顾自己，不顾供应商的利益。只有这样，双方才能真正建立起比较协调可靠的信任关系，这种关系实际上就是一种供应链关系。

（四）建立相应的监督控制措施

供应商的绩效在很大程度上影响着连锁企业的运作效率。并不是所有的供应商的绩效都令人满意，也不是所有的供应商都十分合作。作为供应商的直接监管部门——采购部，就要根据供应商的不同表现对它们施以不同力度的监管，有时需要软硬兼施。

根据供应商的不同表现，可采取下列方法去监控供应商：

（1）安排合适的品管或工程技术人员常驻供应商工厂，以监控供应商的生产与检验，并可在一定程度上作为连锁企业的代表及时处理部分业务及品质事务；

（2）对供应商的关键工序进行重点关注，要求供应商提供重点工序的工艺参数或关键工序的检验记录；

（3）采购人员或其他相关人员定期或不定期到供应商工厂进行监督检查；

（4）要求供应商在对原材料、设备、重点生产工艺、生产场所等有可能影响产品的外观、尺寸、性能的方面进行变更前须征得连锁企业相关人士的许可；

（5）与相关人员一起对供应商进行审核与检查；

（6）由连锁企业资深品管或工程技术人员对供应商相关人员进行辅导，以提高供应商的生产水平及品质管理能力。

有些诚信不佳的供应商的人员在合作过程中会以种种借口或手段欺骗采购人员，采购人员要根据所掌握的信息对这种情况做出分析判断，一旦识破其借口或欺骗手段，除了予以严厉警告外，还要找其主管或企业负责人进行沟通以防止类似情况重演。

如果供应商的高层管理者在合作过程中对多次发生的品质、交货问题不以为然或对连锁企业的合理要求置之不理，采购人员应引起高度重视，除了报告采购部负责人或企业高层管理者外，还要对这种供应商施以“制裁”措施，并要及时采取补救措施，如及时开发新供应商等，以避免断货的危险。主要方法有以下几种：

（1）减少订单量或暂停采购；

（2）根据签订的采购合同或品质合同进行罚款；

（3）暂时停止支付供应商的货款；

（4）用法律手段对供应商施压或挽回损失等。

相关链接 5-2

供应商管理规范

一、目的

规范公司的供应商管理程序。

二、适用范围

适用于公司采购部全体员工。

三、职责

(1) 建立供应商管理规范。

(2) 优化供应商结构。

(3) 维护公司整体利益。

(4) 提高供应商对店铺的支持，提升销售量。

四、工作程序

(一) 寻找优秀的供应商

1. 供应商的分类

(1) 按供应性质分类：制造商、代理商、批发商。

(2) 按区域分类：全国性供应商、区域性供应商、本地供应商。

(3) 按品牌分类：知名品牌供应商、一般品牌供应商、自有品牌供应商。

2. 供应商选择策略

(1) 全国品牌商品争取向制造商、地区代理商直接进货。

(2) 地方商品应向本地制造商直接进货。

(3) 同一品类应有至少两家供应商供货，以获取较低的供货价格。

(4) 不引进只提供一种商品的供应商，除非情况特殊并经采购总监批准。

3. 供应商应提交的材料

(1) 盖公章的企业营业执照复印件（并已办理当年度年检）。

(2) 盖公章的企业税务登记证复印件（并已办理当年度年检）。

(3) 企业法人代码证书。

(4) 商标注册证明。

(5) 代理、经销商的代理、经销许可（授权书）。

(6) 企业开户行资料。

(7) 盖公章的增值税发票复印件。

(8) 盖公章的商品报价单。

(9) 其他相关资料。

(10) 食品类商品供应商还应提供食品生产企业许可证、食品卫生许可证、新产品批准证书防疫检测报告、销售地当地的卫生防疫检测报告、进口商品卫生许可证。

(11) 药字号保健品供应商应提供药品生产企业许可证、药字号保健品批准证书等。

(二) 供应商的谈判

1. 谈判要点

谈判要点	谈判细则
销售分析	(1) 最近时期的销售情况（最近一个月或半个月） (2) 供应商商品中销售最好和最差的商品 (3) 每天、每周、每月销售额 (4) 顾客反馈
利润回顾	(1) 销售情况很好，供应商是否能再降低进价，以便扩大销售量 (2) 销售达到供应商的返利要求，供应商应予返利 (3) 供应商提供给其他超市更低价格，应对本超市一视同仁或提供更低价格 (4) 供应商的通道费用
促销活动安排	(1) 新产品上市时的促销活动 (2) 节假日的促销活动 (3) 店庆及超市组织的促销活动 (4) 供应商自身的产品促销活动 (5) 促销的详细计划应提前 5～10 天提交给超市 (6) 促销的配合与衔接 (7) 促销员的管理 (8) 促销品、赠品的管理 (9) 促销期间的加大订单和货源保证 (10) 促销费用
供货情况	(1) 严格控制断货的现象 (2) 与供应商一起分析断货原因： a. 信息沟通中的不顺畅、不及时 b. 供应商的生产、供应能力跟不上 c. 其他原因 (3) 在供应商商品畅销的情况下，要求供应商优先供货 (4) 对于销售缓慢或者滞销商品，与供应商共同分析原因并采取相应的措施 a. 促销 b. 供应商提供折扣、降价 c. 调整位置 d. 退换商品 (5) 要求供应商逐步建立与本超市的信息系统相连的信息系统，以便及时进行信息传递 (6) 对多次断货的供应商采取惩罚措施
送货	(1) 直接送货 (2) 送货至配送中心 (3) 送货的预约
价格分析	(1) 其他超市同样商品的售价 (2) 其他品牌同类商品的售价 (3) 与其他供应商共同分析，是否还能在降价的基础上降低其零售价

续前表

谈判要点	谈判细则
付款方式	(1) 现金方式（现金买断？30天付款？代销？其他？） (2) 总部统一结算？分店结款？
新货	(1) 新产品的推广计划 (2) 新产品的进场 (3) 新产品的促销方案
市场信息	(1) 同类商品的销售情况 (2) 顾客的反馈 (3) 有潜力的商品
季节性销售计划	(1) 提前30～60天准备 (2) 供应商应备足货源 (3) 供应商的促销计划
竞争情况分析	(1) 与供应商共同分析其产品在不同商场的销售情况，分析本超市的优势与不足 (2) 其他品牌同类商品的市场情况
货品种类发展潜质	(1) 同一品类应增加的品种 (2) 不同规格、不同包装产品的开发 (3) 根据顾客的要求进行新产品的开发

2. 与供应商谈判的技巧

(1) 谈判前要有充足的准备。

(2) 谈判时要精神焕发、有朝气。

(3) 尽量与有决定权的人谈判。

(4) 尽量在本超市办公室内谈判。

(5) 我方掌握主动权。

(6) 必要时转移话题。

(7) 尽量以肯定的语气与对方谈话。

(8) 尽量成为一个倾听者。

(9) 尽量站在对方的角度，为对方着想。

(10) 必要时以退为进。

(11) 不要草率地做决定。

(12) 谈判时要避免谈判破裂。

(三) 供应商档案的建立

供应商档案应包括以下内容：

(1) 供应商登记表。

(2) 供应商产品价格登记表。

(3) 供应商企业资料。

(4) 供应商采购合同。

(5) 供应商洽谈登记表。

(6) 供应商顾客投诉登记表。

(7) 供应商顾客服务登记表。

(8) 供应商销售业绩分析表。

(9) 优秀供应商综合评估加权评分表。

供应商的档案应由专人负责整理、保管，并录入电脑系统保存。

(四) 供应商的淘汰

(1) 经常对供应商的销售情况进行检查，与供应商共同分析销售差的原因。

(2) 应先淘汰销售差的单品。

(3) 对总体销售差的供应商在双方协商后仍无改进的，要及时淘汰。

(4) 对只提供一种商品的供应商在销售较差时要尽可能淘汰。

(5) 对销售额大、单品品种多的供应商要关注，避免其控制超市品种、价格。

相关链接 5-3

某企业供应商奖惩办法

为了严格执行供应商绩效评估，使考核公平、公正，激励供应商在质量、交货期及成本等诸多方面的改善意愿，提高供应商的经营绩效与竞争力，特制定本供应商奖惩办法。

1. 奖励办法

(1) 能按期交完订货数量，且经评价考核为A等的供应商，给予交货价格0.5%的奖励金，每季度由供应商开立统一发票（或收据）申请。

(2) 同一产品连续10批次交货均合格通过，若第11批次起仍连续保持合格记录，则该批次货款以一个月内的期票支付，作为奖励。

(3) 经评审认定为优良的供应商，可优先取得交易机会。

(4) 参与评价考核成绩优良的供应商，每年度向其颁发奖状或奖章以资鼓励，并参加由企业举办的各项培训与研习活动。

(5) 对品管制度、生产技术改善推行成果显著的供应商，另行给予奖励。

2. 罚则

(1) 凡属供应商责任未按约定交货的，每超过交货日期1天，罚未交货货款的1‰，并从该批货款中扣除抵消；若合约中另有逾期罚款的规定，则按合约规定执行。

(2) 供应商提供的产品，若在进料检验或企业产品生产过程中发现品质不良或为变异品（属企业责任的除外），应于规定期限内更换新品或重新加工，造成的损失按其价格加罚1‰的罚款。若不能按规定的日期更换新品或重新加工的，则每超过1天加罚0.5%的罚金，并从下批次货款中扣除。

（3）月考核成绩连续3个月评定为C等以下者，应接受减量交易、各项稽查、改善辅导等措施。

（4）月考核成绩连续3个月评定为D等，又未在要求期限内改善者，则停止交易。

资料来源：http：//doc. studyget. com/showdoc-58552. html.

任务二　供应商关系管理

为了确保供应商队伍，尤其是优质供应商与连锁企业能保持长期、稳定的合作关系，实施供应商关系管理是连锁企业采购部门的重要日常工作。采购部经理王峰给每个采购科布置了一项任务，在百货类商品新经营策略实施半年后，将组织一次供应商大会，在会上重点宣传新星超市有限公司的供应商管理制度，并对优秀供应商进行表彰和奖励。在此次大会之前，采购各科不仅要做好供应商的日常考核工作，还要根据不同类型的供应商进行相应的关系维护和管理。

小李的任务是：在完成供应商考评的基础上，对供应商进行分类，并根据分类结果最终形成供应商关系管理策略报告。

任务工作流程

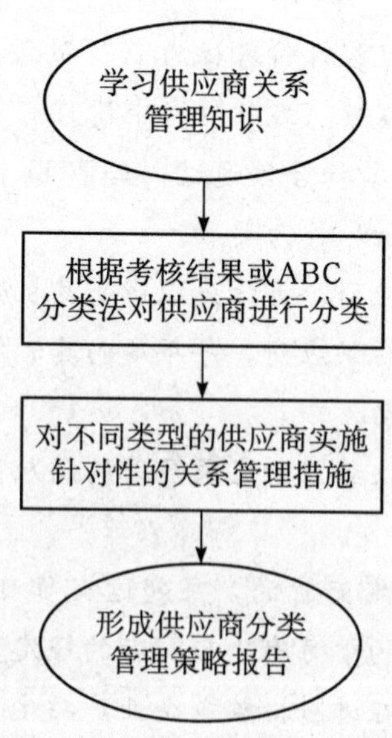

学习要求

能根据一定的标准或方法对供应商进行分类，并提出相应的管理策略。

相关知识

一、连锁企业与供应商的关系种类

总体来看，连锁企业与供应商的关系主要有以下四种：

第一种是普通交易关系。连锁企业和供应商之间的合作关系不稳定，合作的随机性较强，双方间是纯粹的买卖关系。

第二种是稳定供货关系。连锁企业和供应商之间建立长期的合作关系，签订长期的供销协议，既保证了供货的效率又节省了采购成本。

第三种是合作伙伴关系。这种关系要求连锁企业和供应商之间建立长期合作关系，而且需要相互信任，在合作过程中信息透明、相互沟通，达到共同提升的目的。

第四种是战略联盟关系。这种关系要求连锁企业和供应商之间有非常紧密的合作关系（技术共享、联合开发、战略协同等），形成“命运共同体”（超长期，甚至是无限期的合作）。

相关链接 5-4

百安居的供应商管理

目前，国内建材连锁超市虽然已建立起全国统一的销售网络，但还没有一家实现了真正意义上的统一采购、统一配送。现在百安居的商品采购有总部统一采购、地区采购、门店采购等不同的方式。总部的采购部负责进口商品、自有品牌商品与厂商直供商品的全国统一采购，下达采购订单后，商品由百安居的签约第三方物流公司——上海佳宇物流公司负责运送到百安居的物流中心或遍布全国的门店；而约 20 000 多种特殊商品，则由各门店的订货办直接向供货商下单采购，再由供货商或其经销商直接送到门店或者顾客家中，并负责安装、退换货等售后服务。

百安居认为，对建材超市来说，顾客满意度非常重要。现在百安居60%～70%的顾客都是回头客以及经朋友推荐来的，他们对整个销售额的贡献最大。因此，百安居始终把满足客户需求放在第一位。进入中国以来，百安居通过一系列措施不断缩短供应链，优化采购流程，降低采购成本，减少缺货现象。

1. 建立合作伙伴关系

百安居认为，与供货商之间不应当是简单的商品采购关系，而是共同合作的商业伙伴。百安居提出："加入我们，支持我们，一起合作，一起发展，那将会是双赢的结局!"成为百安居的供货商后，不仅意味着产品销售可以稳定增长，更为重要的是，通过与百安居的合作，供货商的产品能逐步进入翠丰集团亚洲中心的采购体系，有机会进入欧洲市场和全球其他建材连锁超市，而目前翠丰集团亚洲采购中心的采购额已达到每年近10亿美元。

2. 减少供应商数量

百安居在达到一定规模、运行逐渐平稳后，开始对供应链进行优化。到目前为止，已经有200个区域型、中小型供应商被百安居淘汰。现在百安居在中国还拥有1 000多家供货商。

3. 引入厂商直供模式

为了进一步规范自身的物流服务，百安居对销售额排名前200位的供货商（占百安居销售总额的70%～80%）推行厂商直供模式。即由百安居总部统一向供货商采购，供货商直接送货到百安居的门店或物流中心。只有做到厂商直供，才能省掉许多中间环节，整合社会物流资源，提高物流效率，使供应链管理更加优化。据测算，厂商直供的商品采购成本比中间商供货可下降25%以上。目前，百安居已经与科勒、东海瓷砖厂等部分厂家签订了直供协议。

4. 加速发展自有品牌商品

自有品牌商品堪称当今世界商业发展的潮流趋势，商品的品种和销售额都在不断增长。专家分析，由于广告成本低、采购规模大，自有品牌商品可以与同类商品拉开25%～30%的价格差距，显现出巨大的价格优势。在中国，标示着"B&Q"字样的百安居自有品牌商品正加速面世，并以其鲜明的个性、超低的价格，受到越来越多消费者的青睐。百安居（中国）总部提供的信息显示，全新面世的百安居自有品牌商品系列几乎覆盖家庭装潢、居家生活等各领域。与此同时，百安居自有品牌商品的销售额节节攀升。

5. 提高信息管理水平

为了满足企业发展的需要，百安居开发了面向供货商的B2B采购平台。采用该系统后，供货商可以直接上网查询自己商品的销售情况，其最终目的是变百安居的被动采购为供货商的自动补货。

资料来源：http：//edu. wuliu800. com/2009/0825/20803 _ 2. html.

二、供应商准入制度

供应商准入制度是供应商管理的基础。做好供应商准入工作，可大大提升供应商管理工作的效率。建立供应商准入制度，获取供应商的初步信息，建立并健全供应商资料库，对于提高采购效率、降低采购成本、避免采购过程中的重复工作有着重要作用，同时有利于客观、系统、科学地评价供应商，保证采购产品的质量，从而达到优化供应链的作用。供应商准入制度是指允许供应商的商品进入连锁企业的管理制度。它主要包括供应商的商品进入连锁企业之前对供应商的主体资格和商品质量进行检查登记、建立购销账目、准入查验登记等制度。

一般来说，连锁企业具有庞大的生产经营体系，需要采购大量商品，是众多供应商理想的销售渠道。但连锁企业受经营规模和品种等的限制，必须对希望进入连锁体系的众多供应商进行选择。连锁企业设立供应商准入制度，就是为了淘汰和筛选不合格供应商，节约洽谈时间。供应商准入制度一般先由连锁企业采购部起草，经采购委员会审核通过后由总经理签发实施。

供应商准入制度的核心是对供应商资格的要求，包括供应商的经营资格、经营范围、资金实力、技术条件、资信状况和经营能力等。这些条件是供应商供货能力的基础，也是将来履行供货合同的前提和保证。这些基本的背景资料由供应商提供，并可通过银行、咨询公司等中介机构予以核实。

当供应商符合基本要求后，采购人员应将本企业有关供货的要求向供应商提出，初步询问其是否能够接受。若对方能够接受，方可准入，并且将这些要求作为双方进一步谈判的基础。这些要求主要包括：商品的质量和包装要求；商品的送货要求；配货和退货要求；商品的付款要求等。

供应商准入制度主要包括对供应商资格的准入要求和对供应商商品的准入要求两方面的内容。

相关链接 5－5

某大型连锁超市企业合作供应商审核评估表

<table>
<tr><td>科别/分类</td><td colspan="2"></td><td>采购编号</td><td></td><td>采购经理</td><td colspan="2"></td><td>□ 新签</td></tr>
<tr><td>供应商名称</td><td colspan="3"></td><td rowspan="2">合同签署厂编</td><td rowspan="2"></td><td rowspan="2">废止厂编</td><td rowspan="2"></td><td>□ 续签</td></tr>
<tr><td>合同期限</td><td colspan="3"></td><td>□ 自营</td></tr>
<tr><td>合作门店</td><td colspan="3"></td><td>引进目的</td><td></td><td>供应商来源</td><td></td><td>□联营</td></tr>
<tr><td>主营品项（牌）</td><td colspan="2"></td><td>准入品项总数</td><td></td><td colspan="2">供应商已经合作的竞争对手</td><td></td><td>□ 经销商</td></tr>
<tr><td>差额补偿</td><td>□ 是　□ 否</td><td>退货</td><td>□是　□ 否</td><td>账期</td><td>□ 月结</td><td colspan="2">□ 日结</td><td>□ 厂家</td></tr>
<tr><td>No.</td><td colspan="2">年度对比项目</td><td>科平均水平</td><td>同类厂商合作条款（厂编：　）</td><td>去年条款（续签）</td><td colspan="2">今年条款</td><td>备注</td></tr>
<tr><td>1</td><td colspan="2">预估进货额</td><td></td><td></td><td></td><td colspan="2"></td><td></td></tr>
<tr><td>2</td><td colspan="2">预估销售额</td><td></td><td></td><td></td><td colspan="2"></td><td></td></tr>
<tr><td>3</td><td colspan="2">预估毛利率</td><td></td><td></td><td></td><td colspan="2"></td><td></td></tr>
<tr><td>4</td><td colspan="2">月度销售奖励</td><td></td><td></td><td></td><td colspan="2"></td><td></td></tr>
<tr><td>5</td><td colspan="2">年度销售奖励
□ 超额　□ 全额</td><td></td><td></td><td></td><td colspan="2"></td><td></td></tr>
</table>

6	商品陈列服务费	（1）市场推广服务费					
		（2）新品推广服务费（品/店）					
		（3）海报推广服务费（品/档/店）					
		（4）地堆陈列服务费					
		（5）节庆特别推广服务费					
		（6）灯箱广告服务费					
		（7）促销员管理费					
		（8）开幕促销服务费					
		（9）门店翻新促销服务费					
		（10）网上对账服务费					
		（11）配送服务费					
		（12）其他服务费					
7	固定费用总额						
8	综合毛利						
9	质量保证金						
10	促销员保证金						

采购经理：　采购总监：　品类部：　法务部：　财务部：　评审委员会盖章：（新签必备）

三、ABC 分类法的应用

供应商供应的商品品种繁多、数量巨大，有的商品品种数量不多但市值很大，有的商品品种数量巨大但市值不大。由于连锁企业各方面的资源有限，不能对所有供应商的商品都同样重视，因此，要将连锁企业有限的资源用在需要重点管理的供应商上。

（一）ABC 分类法的分类步骤

第一步，收集数据，分析各供应商供应的商品，收集相关的品种和单价数据。

第二步，处理数据，对收集来的数据资料进行整理，计算出每一类的数目总量及金额和总的供应数量及总金额。

第三步，制 ABC 分析表，确定分类。统计各品种占品种总量的百分数、累计品种百分数、供应金额占总供应金额的百分数、累计供应金额百分数。例如，将累计库存金额为60%～75%的定为A类；将累计库存金额为20%～25%的定为B类；将其余的定为C类。

第四步，以累计品目百分数为横坐标，以累计资金占用额百分数为纵坐标画ABC分析图。

（二）对供应商的分类管理

1. A类供应商的关系管理

（1）坦诚对待供应商，和他们多分享中长期战略、业务模式、流程、目标及技术项目等信息。

（2）在企业内部设置单独的工作小组或供应商管理办公室来引导供应商，以此处理与供应商的沟通问题，可以随时监控A类供应商需求的动态变化，在他们需要帮助时及时给予援助，这样才能保证双方关系的长久维持和提升。

（3）定期（短期）和A类供应商见面，了解他们的最新商品或技术。用晚宴和午宴的形式，同供应商一起庆贺成功，从而增强双方的关系。在适当的时候，可用正式的“年度供应商质量奖”来认可和嘉奖最佳供应商。

2. B类供应商的关系管理

（1）连锁企业要不断地开发新的供应商，寻找多个供应渠道。要将供应商的服务水平要求放在第一位，要求供应商能够送货、退货、换货等；要保证产品质量，而产品价格可以放到考虑因素的后面；要能保证及时供应。

（2）连锁企业可以不断地修正自己，摆脱这类商品对自己的限制，同时还应不断进行市场供需状况及变动趋势数据信息特别是供应商能力变化等情况的分析研究，考虑寻找替代方案，努力控制供应风险。

（3）定期与这类供应商进行对话，加强双方的沟通，维持这种关系并加以提升。

3. C类供应商的关系管理

（1）连锁企业要充分引入竞争。通过供应商之间的激烈竞争，使采购价格保持较低的水平。但要特别注意防止过度竞争可能带来的质量风险，要建立相对稳定的供应商名单，保持有序竞争的氛围，努力营造采购优势地位，降低采购供应成本。

（2）委派人员对这类供应商进行管理，但不能在这类商品的供应商管理上花费过多的人力和时间。

（3）对于C类商品的供应商，连锁企业要充分利用现代网络技术、电子商务等进行筛选。

人们通常认为，售价高的商品毛利润也高。但如果应用ABC分类法的原理来分析调查各类商品的毛利润贡献度差异，可以看出实际上售价低的商品利润贡献度大。这是因为售价高的商品购买频率低、周转速度慢，毛利率虽高但因为周转速度的缘故实际带来的毛利润在同等额度资金前提下反而低于低售价的商品。

相关链接 5-6

供应商评价办法

一、目的

为合理选择供应商制定评判标准。

二、适用范围

适用于公司采购部供应商评价工作。

三、工作程序

（一）产品销售情况

(1) 销售情况是否理想，在本品类中的销售排名怎样。

(2) 产品是否有市场需求，是否属于滞销品。

（二）产品创利情况

产品是否给公司带来效益，综合贡献额是否占有一定比例。

（三）市场价格比较

(1) 与同类供应商的同类商品价格相比较。

(2) 加合理毛利后与市场价格相比较。

（四）产品质量保证

(1) 有无因产品质量问题发生销售、运输、库存中的损失现象。

(2) 有无因产品质量问题发生顾客投诉现象。

（五）送货及时

(1) 向配送中心送货是否及时。

(2) 向店铺送货是否及时。

（六）促销配合情况

(1) 是否定期有自己的促销活动。

(2) 是否积极配合公司进行各种促销活动。

(3) 促销活动中费用的负担情况。

（七）售后服务

(1) 是否有解决残品的具体办法。

(2) 在发生残损时，是否能够及时主动解决。

相关链接 5-7

某连锁企业供应商清场作业程序

1.0 目的

本作业流程的制定是为了使采购人员在清退供应商时有章可循，并通过正确的清场审核，达到真正清除绩效不良供应商的目的。

2.0 适用范围

适用于公司采购部门所有采购商品的供应商。

3.0 职责

3.1 采购部

3.1.1 依《供应商评估作业流程》对供应商进行正确评估。

3.1.2 供应商清场申请及核准。

3.1.3 供应商信息资料。

3.1.4 通知楼面相关人员。

3.1.5 通知财务部。

3.2 楼面

3.2.1 接到采购部通知后，办理该供应商商品退货手续，参照《退货流程》处理。

3.3 财务部

3.3.1 接到采购部通知后，止付该供应商所有货款。

3.3.2 与供应商财务部门进行对账。

3.3.3 收到楼面确认后支付供应商货款。

3.4 供应商业务人员

3.4.1 领取所有退货商品。

3.4.2 协助本公司财务部人员进行对账工作。

4.0 工作程序

4.1 申请供应商清场

4.1.1 采购主管如实填写《供应商清场申请书》。

4.2 供应商清场审批

4.2.1 采购经理及采购总监分别对《供应商清场申请书》进行审核。

4.2.2 申请获准后，采购部应复印获准的《供应商清场申请书》，并以传真或人工传递的方式通知楼面及财务部门。

4.2.3 申请获准后，采购部录入组修改供应商档案信息。

4.2.4 申请如不获准，应与供应商恢复正常交易合作。

4.3 楼面人员办理退货

4.3.1 采购部通知楼面该供应商余款数额，以便于楼面退货。

4.3.2 楼面人员接到清场通知后，将该供应商所有商品办理退货，参照《退货流程》处理。

4.4 对账，最后支付货款

4.4.1 财务部接到清场通知后，支付该供应商所有货款。

4.4.2 财务部与供应商进行对账。

4.4.3 最后支付供应商货款。

资料来源：http：//www.lke5.com/p-12468.html.

案例讨论

联华超市的供应商关系管理

百联集团总裁、联华超市有限公司董事长王宗南认为，零售业与供应商建立双赢互利的新型工商关系，是一种新的战略选择。联华是基于这样的考虑：中国的零售业竞争相当激烈，在目前阶段，谁能和供应商建立良好的战略伙伴关系，谁就能够在商品上增加竞争力，在经营上增强竞争力，赢得市场。因此，各自都要给对方提供优惠的条件。比如，供应商给超市提供好的商品、比较低的价格和有力度的促销支持等；超市则提供好的货架位置，在物流和门店营运要配合好，这样大家都做大。供应商在联华做大销售，意味着联华从中获取的利润就丰厚，这是一种双赢双惠的关系。

为把与供应商的战略伙伴关系固定在一定的载体上，联华构筑了几个平台。

其一是和供应商平等协商的采购平台。王宗南说："我认为和供应商平等的协商是很重要的"，这几年联华形成制度，每年必须和销售前100位的大供应商交流，和他们平等、友好地洽谈一年的销售计划、交易条件。

其二是建立一个好的信息平台，双方能够沟通商品信息、订货信息及门店的存货信息，把战略伙伴关系建立在IT的技术平台上。联华把这个平台称为"供应商综合服务平台"，供应商可以看到自己的商品在联华门店的销售情况和在物流中心的存货情况。这样，今天这个门店缺货、明天物流中心缺货的情况，就容易避免了。

其三是建立供需双方共同开发产品平台。一般超市都会有定牌产品，联华现在的定牌产品开发已经改变了过去传统的"拿来主义"，不是简单地把供应商的产品拿来贴上超市的牌子就是定牌了，而是依据市场需求，和供应商共同研究产品的开发。还有特供产品，主要体现在包装上，根据联华大型综合超市、超级市场和便利店三大业态的要求来分别设计。这样的平台，使得商家掌握的第一线消费者的需求信息，能够及时传递给供应商。可口可乐饮料的供应商上海申美表示，联华这样的渠道是与消费者之间沟通的桥梁，同超市保持良好的长期合作伙伴关系是保证供应商信息传达连贯性、项目执行正确性的关键所在。

王宗南认为，这三个平台巩固了与供应商的战略伙伴关系。

资料来源：http：//news.linkmall.cn/view/1/14594.shtml.

问题：

连锁企业建立长期伙伴关系的途径和管理要求有哪些？

课程实训一

◆ 实训项目

编制供应商考核方案。

◆ 实训任务

1. 以小组为单位，搜集某连锁企业或门店特定商品品类的供应商数据。
2. 建立供应商考核指标体系。
3. 形成供应商考核方案，尝试对至少 3 个以上供应商进行考核，并得出结论与评价。

◆ 实训提示

1. 指导老师可事先搜集好相应的连锁企业供应商数据。
2. 指导老师应对各组提出的考核指标体系给出相应的建议。

◆ 实训效果评价标准

编制供应商考核方案实训评分表

考评人		被考评小组	
小组成员			
考评内容	编制供应商考核方案		
考评标准	考评点	分值（分）	评分（分）
	考核指标体系的合理性	30	
	考核方案的完整性、合理性	30	
	考核结论与评价的合理性	30	
	实训参与度	10	
	合计	100	

注：评分满分 100 分，60～70 分为及格，71～80 分为中等，81～90 分为良好，91 分以上为优秀。

课程实训二

◆ 实训项目

运用 ABC 分类法制定供应商关系管理策略。

◆ 实训任务

1. 以小组为单位，搜集某连锁企业或门店特定商品品类的供应商数据。
2. 运用 ABC 分类法对供应商进行分类。
3. 对每一类供应商提出相应的管理策略。

◆ 实训提示

1. 指导老师可事先搜集好相应的连锁企业供应商数据。

2. 对不同行业、不同业态的企业来讲，ABC 分类的标准是不同的，不可一概而论。

◆ **实训效果评价标准**

运用 ABC 分类法制定供应商关系管理策略实训评分表

考评人		被考评小组	
小组成员			
考评内容	运用 ABC 分类法制定供应商关系管理策略		
考评标准	考评点	分值（分）	评分（分）
	分类标准的合理性	20	
	供应商分类的准确性	30	
	每一类供应商管理策略的合理性	40	
	实训参与度	10	
	合计	100	

注：评分满分 100 分，60～70 分为及格，71～80 分为中等，81～90 分为良好，91 分以上为优秀。

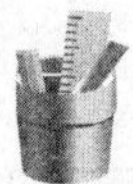

项目小结

1. 供应商考核的步骤有：确定考核机构、制定考核方案、准备考核资料、进行评价计分、形成考核结论、传递考核信息、做好考核总结。

2. 连锁企业与供应商的关系类型有：普通交易关系、稳定供货关系、合作伙伴关系、战略联盟关系。

3. 供应商准入制度是供应商管理的基础，做好准入工作，可大大提升供应商管理工作的效率。

4. 运用 ABC 分类法对供应商关系进行管理。

主要概念

供应商考核　供应商关系管理　供应商激励　供应商准入制度　ABC 分类法

课后自测练习

一、单选题

1. （　　）属于考核供应商供应商品质量的指标。

A. 准时交货率　　B. 失信率

C. 退货率　　D. 信用度

2. 供应商（　　）是指允许供应商的商品进入连锁企业的管理制度。

A. 准入制度　　B. 管理制度

C. 考核制度　　D. 激励制度

3. 供应商准入制度的核心是对（　　）的要求。

A. 供应商规模　　B. 供应商知名度

C. 供应商信用　　D. 供应商资格

4. 连锁企业与供应商之间如果成为（　　）的关系，则连锁企业和供应商之间有非常紧密的合作关系，形成“命运共同体”。

A. 普通交易　　B. 稳定供货

C. 合作伙伴　　D. 战略联盟

二、多选题

1. 供应商考核的原则有（　　）。

A. 真实性原则　　B. 全面性原则

C. 整体性原则　　D. 科学性原则

E. 标准化原则

2. 连锁企业与供应商的关系主要有（　　）。

A. 普通交易关系　　B. 战略联盟关系

C. 稳定供货关系　　D. 合作伙伴关系

E. 交易性竞争关系

三、判断题

1. 供应商准入制度主要包括对供应商资格的准入要求和对供应商商品的准入要求两方面的内容。

2. 运用 ABC 分类法进行供应商关系管理的本质目的是要将连锁企业有限的资源用在需要重点管理的供应商上。

3. 对于 C 类供应商，连锁企业要充分引入竞争机制。

4. 供应商的商品质量一般只用质量合格率来考核。

5. 连锁企业采用 AB 角制或者 ABC 角制是为了制造供应商之间的竞争。

四、简答题

1. 简述供应商考核的基本步骤。

2. 简述 ABC 分类法的分类步骤。

项目六　连锁企业采购绩效评估与改善

项目简介

采购绩效评估是从量化的角度对连锁企业采购活动过程进行控制和持续改进，发现采购环节存在的问题与不足的重要手段，恰当而合适的采购绩效评估体系和制度，可有效激发采购部门和采购人员的工作积极性，同时为后续改善与提升连锁企业经营业绩措施的出台提供决策基础。在新的经营年度执行过半之时，采购部经理王峰根据新星超市有限公司的经营制度，将对采购部半年来的工作绩效进行评估，并根据评估结果提出有针对性的改进意见和措施。

工作流程

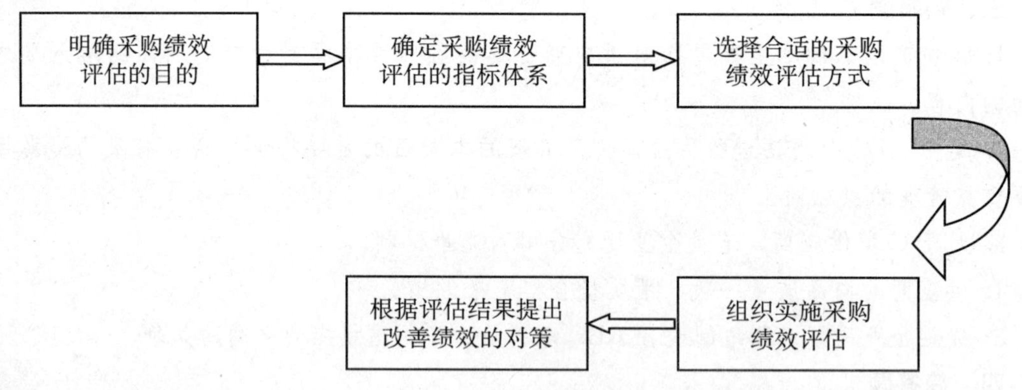

学习目标

- 能根据连锁企业实际情况建立采购绩效评估指标体系
- 能根据采购绩效评估结果提出合理的改进意见

任务一　评估采购绩效

为了确保采购绩效评估结果的科学性、合理性，采购部经理王峰在进行半年度采购绩效评估前最重要的工作就是确定恰当的采购绩效评估指标体系，之后再选择合理的采购绩效评估方式，最后才是组织和实施此次采购绩效评估。因此，为顺利、有效地完成采购绩效评估工作，采购部将首先由王峰经理确定评估指标体系、评估方式和评估人员，然后由各科科长对所在科室分别组织实施采购绩效的评估，最后汇总形成采购绩效评估报告。

任务工作流程

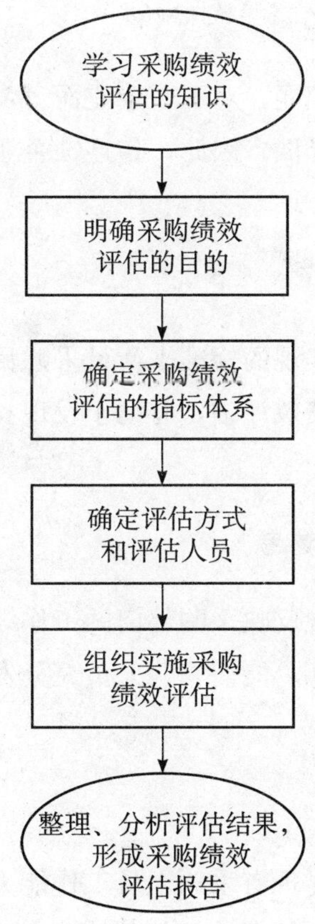

学习要求

能根据连锁企业实际情况建立采购绩效评估指标体系；能运用主要的评估指标，进行简单的采购绩效评估并得出相应的结论。

相关知识

采购绩效评估是指对采购工作进行全面系统的评价、对比，从中判定采购工作的整体水平的做法。

一、采购绩效评估的目的

许多连锁企业现在还是以“工作品质”“工作能力”“工作知识”“工作量”“合作”“勤勉”等一般性的项目来考核采购人员的工作绩效，导致采购人员的专业功能与绩效未受到应有的尊重与公正的评价。实际上，若能对采购工作做好绩效评估，通常可以达到下述目的。

（一）确保采购目标的实现

各连锁企业的采购目标各不相同，对不少企业而言，采购工作除了维持正常的产销活动外，还要非常注重产销成本的降低。因此，各连锁企业可以对本企业的采购目标加以评估，并督促其实现。

（二）提供改进绩效的依据

绩效评估制度，既可以提供客观的标准来衡量采购目标是否达成，也可以确定采购部门目前的工作表现如何。正确的绩效评估，有助于发现和指出采购作业的缺失所在，从而据以拟订改进措施。

（三）作为个人或部门奖惩的参考

良好的绩效评估方法，能客观反映采购部门的工作绩效及采购人员的个人表现。依据客观的绩效评估，实现公正的奖惩，能使采购人员充分发挥工作积极性，从而使整个部门发挥合作效能。

（四）协助人员甄选与训练

根据绩效评估的结果，可针对现有采购人员工作能力的缺陷拟订改进计划，如安排参加专业性的教育培训；若发现整个部门缺乏某种特殊人才，则可由企业进行内部甄选或向外界招募。

（五）促进部门关系

采购部门的绩效，与其他部门能否有效配合紧密相关。采购部门的职责是否明确，表单、流程是否简单、合理，付款条件及交货方式是否符合管理制度，各部门的目标是否一致等，均可通过绩效评估予以判定，故绩效评估可以改善部门间的合作关系，增进企业整体的运作效率。

（六）提高人员的士气

有效且公平的绩效评估制度，将使采购人员的努力成果获得适当回馈与认定。采购人员通过绩效评估，将与业务部门人员一样，对公司的利润贡献有客观的衡量尺度，成为受到肯定的工作伙伴，对其士气的提升大有帮助。

二、采购绩效评估的基本原则

进行采购绩效评估应把握三大原则：

（1）要选择适用的衡量指标；

（2）绩效指标的目标值要合理；

（3）确定绩效指标要符合有关原则。

采购绩效评估指标的设定应同连锁企业的总体采购水平相适应。对于采购体系不太健全的企业，刚开始可以选择批次、质量合格率、准时交货等来控制和考核供应商的供应表现，而平均降价幅度或平均毛利水平则可用于考核采购部门的采购业绩。随着供应商管理程序的逐步健全、采购管理制度的日益完善、采购人员专业化水平和供应商管理水平的不断提高，采购绩效指标也就可以相应地系统化、整体化，并且不断细化。

三、采购绩效评估指标体系

采购绩效评估的关键是要制定一套客观的、能够充分展示采购人员绩效的、对评估对象有导向作用的指标体系，同时要制定相应的、合理的、适度的标准，只有这样才能真正发挥采购绩效评估的监督、激励、惩罚的作用。

（一）采购绩效评估的指标

采购人员在其工作职责上，必须达成适时、适量、适质、适价及适地等基本任务，因此，其绩效评估一般以“5R（质量、数量、时间、价格、效率）”为中心，并以数量化的指标作为衡量绩效的指标。

1. 质量绩效指标

质量绩效指标主要是指供应商的质量水平以及供应商所提供的产品或服务的质量表现，它包括供应商的商品质量和质量体系等方面。

（1）商品质量。包括批次质量合格率、商品抽检缺陷率、商品免检率、退货率及处理时间等。

（2）质量体系。包括通过ISO9000的供应商比例、商品免检的供应商比例、商品免检的价值比例、围绕本企业的商品标准或要求开展专项质量改进的供应商数目及比例等。采购的质量绩效可由验收记录来判断。验收记录指供应商交货时，为连锁企业所接收（或拒收）的采购项目数量或百分比。其公式为：

$$验收记录指标=\frac{合格（或拒收）数量}{检验数量}$$

2. 数量绩效指标

当采购人员为争取数量折扣，以达到降低价格的目的时，可能导致存货过多的情况。因此，应对数量绩效指标进行考核。

（1）储存费用指标。即现有存货利息及保管费用与正常存货水准利息及保管费用之间的差额。其公式为：

储存费用指标＝现有存货利息及保管费用－正常存货水准利息及保管费用

（2）积压商品处理损失指标。即处理积压商品的收入与其取得成本的差额。存货积压越多，利息及保管的费用越大，积压商品处理的损失越高，显示采购人员的数量绩效越差。

3. 时间绩效指标

时间绩效指标主要是用来评估采购人员处理订单的效率，及对供应商交货时间的控制。延迟交货，固然可能形成缺货现象，但是提早交货，也可能导致连锁企业负担不必要的存货成本或提前付款的利息费用，故控制好交货时间也十分重要。

（1）紧急采购费用指标。紧急运输方式（如空运）的费用是指因紧急情况采用紧急运输方式所产生的费用。紧急采购费用指标就是紧急运输方式的费用与正常运输方式的费用的差额，用公式表示为：

紧急采购费用指标＝紧急运输方式的费用－正常运输方式的费用

（2）缺货损失指标。除了直接减少的营业额损失外，尚有企业形象受损等间接损失。

4. 价格绩效指标

价格绩效是连锁企业最重视及最常见的衡量标准。通过价格绩效指标可以衡量采购人员的议价能力以及供需双方势力的消长情形。通常用年采购总额、各采购人员年采购额、年人均采购额、各供应商年采购额、供应商年平均采购额、各采购商品年度采购基价及年均采购基价等进行价格绩效评估。它们一般作为计算采购价格指标的基础，同时是展示采购规模、了解采购人员及供应商负荷的参考数据，是进行采购过程控制的依据和出发点，常提供给连锁企业管理层参考。

5. 采购效率指标

质量、数量、时间及价格等绩效指标，主要是衡量采购人员的工作效果的指标，而采购效率指标通常用来衡量采购人员的能力。采购效率指标主要有以下几个：

(1) 年采购金额。年采购金额是连锁企业一个年度商品的采购总金额。

(2) 年商品毛利额。这是指连锁企业在一个年度里采购商品所实现的经营毛利，它反映了连锁企业所采购的商品的盈利能力。

(3) 订购单的件数。订购单的件数是指连锁企业在一定时期内采购商品的数量，主要是按 ABC 分类法，对 A 类商品的数量进行反映。

(4) 采购人员的人数。这是反映连锁企业劳动效率指标的重要因素。

(5) 采购部门的费用。采购部门的费用是指一定时期内采购部门的经费支出，它反映了采购部门的经济效益指标。

(6) 供应商开发个数。供应商开发个数是指连锁企业采购部门在一定期间内与新的供应商的合作数量，它反映了连锁企业采购部门的工作效率。为使供应来源充裕，对唯一来源的商品，常要求采购人员在一定期限内增加供应商数量。此绩效指标可用唯一来源商品占所有主力商品的比率来衡量。

(7) 采购计划完成率。采购计划完成率是指一定期间内连锁企业商品实际采购额与计划采购额的比率，它是衡量采购人员努力工作程度的绩效指标。其计算公式为：

$$采购计划完成率=\frac{本月累计完成件数}{月累计请购件数}\times100\%$$

采购计划完成率有两种计算标准：一种是以采购人员签发订购单为计算标准，另一种是以供应商交货验收完成为计算标准。

(8) 错误采购次数。错误采购次数是指一定时期内连锁企业采购部门因工作失误等原因造成错误采购的数量，它反映了连锁企业采购部门工作质量的好坏。

(9) 订单处理的时间。订单处理的时间是指连锁企业在处理采购订单的过程中所需要的平均时间，它反映了连锁企业采购部门的工作效率。

相关链接 6-1

向跨国公司学习如何遏制采购腐败

在跨国公司，绩效考核制度、企业文化和采购制度建设是限制采购腐败的三种主要手段，有些做法非常值得国内企业借鉴。

绩效考核不但是调动员工积极性的主要手段，而且是防止业务活动中非职业行为的主要手段，在采购管理中也是如此。可以说，绩效考核是防止采购腐败最有力的武器。好的绩效考核可以达到这样的效果：采购人员主观上必须为公司的利益着想，客观上必须为公司的利益服务，没有为个人谋利的空间。

如何对采购人员进行绩效考核？跨国公司有许多很成熟的经验可以借鉴，其中的精髓是量化业务目标和等级评价。在年中和年初（或年底），跨国公司都会集中进行员工的绩效考核和职业规划设计。针对采购部门的人员，就是对采购管理的业绩回顾评价和未来的目标制定。在考核中，交替运用两套指标体系，即业务指标体系和个人素质指标体系。

业务指标体系主要包括：

（1）采购成本是否降低？卖方市场的条件下是否维持了原有的成本水平？

（2）采购质量是否提高？质量事故造成的损失是否得到有效控制？

（3）供应商的服务是否增值？

（4）采购是否有效地支持了其他部门，尤其是生产或销售部门？

（5）采购管理水平和技能是否得到提高？

当然，这些指标还可以进一步细化。如采购成本可以细化为：购买费用、运输成本、废弃成本、订货成本、期限成本、仓储成本等。把这些指标一一量化，并同上一个半年的相同指标进行对比所得到的综合评价，就是业务绩效。

应该说，这些指标都是硬性的，很难加以伪饰，所以这种评价有时显得很“残酷”，那些只会搞人际关系而没有业绩的采购人员这时就会“原形毕露”。

在评估完成之后，将员工划分成若干个等级，或给予晋升、奖励，或维持现状，或给予警告、辞退。可以说，这半年一次的绩效考核与员工的切身利益是紧密联系在一起的。

对个人素质的评价就相对灵活一些，因为它不仅包括现有的能力评价，还包括进步的幅度和潜力。主要内容包括：谈判技巧、沟通技巧、合作能力、创新能力、决策能力等。这些能力评价都是与业绩的评价联系在一起的，以期对业绩中表现不尽如人意的方面进行改进。为配合这些改进，那些跨国公司为员工安排了许多内部的或外部的培训课程。

在绩效评估结束后，安排的是职业规划设计。职业规划设计包含下一个半年的主要业务指标和为完成这些指标需要的行动计划。这其中又有两个原则：一是量化原则。这些业务指标能够量化的尽量予以量化，如质量事故的次数、成本量、供货量等。二是改进原则。在大多数情况下，仅仅维持现状是不行的，必须在上一次的绩效基础上有所提高，但提高的幅度要依具体情况而定。

国内企业也进行绩效考核，但是，这些考核有些流于形式。其缺陷就是没有量化的指标和能力评价，考核时也不够严肃，同时缺乏培训安排。那些供应商们为什么要给采购人员“好处费”？为什么带采购人员出入高级娱乐场所？无非是想提高价格或在质量、效率方面打折扣，如果采购人员参与这些腐败行为，也许具体情节不为人知，但必然体现在其业务绩效上。如果有绩效考核这个“紧箍咒”，采购腐败的机会成本就会大得多。所以，绩效考核是减少采购腐败主观因素的法宝。

当然，绩效考核更多的作用是提高员工的工作积极性，但对于防止采购腐败也不失为有效的措施。

资料来源：http：//www.cswhy.com/shtmlnewsfiles/ecomnews/713/2012/20121211458248380 5.shtml.

（二）采购绩效评估的标准

采购绩效评估一定要能够说明考核时段的工作是好还是坏，这就需要有一定的参照物，即采购绩效考核标准。连锁企业必须考虑将何种标准设为与目前实际绩效比较的基础，才能更客观地说明考核时段工作的好坏，更好地对采购工作起到激励作用。一般常见的采购绩效评估标准有以下几种。

1. 历史绩效

选择连锁企业的历史绩效作为考核目前绩效的基础，是十分有效的做法。但是只有在采购部门无论是组织、职责还是人员等均没有重大变动的情况下，才适合使用此项标准。

2. 标准绩效

如果历史绩效难以取得或在采购业务变化比较大的情况下，连锁企业可以使用标准绩效作为衡量的基础。标准绩效的设定，要遵循以下三个原则：

第一，固定标准。标准绩效一旦建立，就不能随意变动，要有持续性和连续性。

第二，挑战标准。挑战标准是指标准的实现要有一定的难度，采购部门和采购人员必须经过努力才能完成。

第三，可实现标准。可实现标准是指在现有内外环境和条件下，经过努力确实应该可以达到的水平，通常依据当前的绩效加以衡量设定。

3. 行业平均绩效

如果其他同行业企业在采购组织、职责以及人员等方面与本企业相似，则可与其绩效进行比较，以辨别彼此在采购工作成就上的优劣。数据资料既可以使用个别企业的相关采购结果，也可以使用整个行业绩效的平均水准。

4. 目标绩效

标准绩效是指在现实状况下，应该可以达成的工作绩效；而目标绩效则是在现实状况下，得经过一番特别的努力才能达到的较高境界。目标绩效代表连锁企业管理者对采购人员追求最佳绩效的期望值。

四、采购绩效评估方式

在设立采购绩效评估指标的同时，也要考虑如何实施采购绩效评估：第一，谁来评估？哪些部门、哪些人员作为考评对象？第二，评估的周期多长？第三，有哪些评估程序？

（一）采购绩效评估人员的选择

采购绩效评估人员的选择与评估的目标有着密切的联系，要选择最了解采购工作情况的人员及与评估目标实现关联最紧密的部门参与评估。

连锁企业通常可以选择以下几类部门和人员参与评估。

1. 采购部门主管

采购部门主管是对所管辖的采购人员实施采购绩效评估的第一人。采购部门主管最熟悉采购人员的工作任务以及工作绩效的优劣，因此，由采购部门主管负责评估，可以更全面、公平、客观地评价每个采购人员的采购绩效，但也应考虑采购部门主管进行评估可能包含的一些个人情感因素，而使评估结果出现偏颇。

2. 财务部门

财务部门掌握着企业经营成本的所有数据，全盘掌控资金的获得与付出，因此，财务部门可以从采购成本节约对企业利润的贡献、采购成本节约对资金周转的影响等方面来评价采购部门的工作绩效。

3. 销售部门

当采购项目的品质与数量对企业的产品质量与销售影响重大时，销售主管人员应参与采购绩效的评估。

4. 供应商

供应商与采购人员接触最多、最频繁，通过供应商对企业采购部门或人员的意见，可以间接了解采购工作的绩效和采购人员的素质，但对供应商的意见要全面分析、正确对待。

5. 外界专家或管理顾问

为了让评估工作更为客观、权威，可以聘请外界的采购专家或管理顾问对企业的采购制度、组织结构、人员分配、流程设置、工作绩效等定期做客观的分析和评价，并提出具有可行性的建议。

（二）采购绩效评估的方式

采购人员进行工作绩效评估的方式有定期评估和不定期评估两种。

1. 定期评估

定期评估是配合企业年度人事考核制度进行的。一般而言，如果能以目标管理的方式，也就是从各种工作绩效指标中选择年度重要性比较高的项目中的几个定位绩效目标，年终按实际达到的程度加以考核，那么一定能够提升个人或部门的采购绩效。并且，这种方法因为摒除了“人”的抽象因素，以“事”的具体成就为考核重点，也就比较客观、公正。

2. 不定期评估

不定期绩效评估，是以专案的方式进行的。比如连锁企业要求某项特定商品的采购成本降低 10%。当设定期限一到，评估实际的成果是否高于或低于 10%，并就此成果给予采购人员适当的奖励或处分。此种评估方法对采购人员的士气有巨大的提升作用，特别适用于新商品开发或引进计划、资本支出预算、成本降低的专案。

（三）采购绩效评估的方法

采购绩效评估方法直接影响评估计划的成效和评估结果的正确与否。常用的评估方法有以下几种。

1. 排序法

在直接排序法中，采购部门主管按绩效表现从好到坏的顺序依次给采购人员排序，这种绩效表现既可以是整体绩效，也可以是某项特定工作的绩效。

2. 两两比较法

两两比较法是指在某一绩效标准的基础上把每一个员工都与其他员工相比较来判断谁“更好”，记录每一个员工和任何其他员工比较时被认为“更好”的次数，根据次数的高低给员工排序。

3. 等级分配法

等级分配法由评估小组或主管先拟定有关的评估项目，再按评估项目对员工的绩效做出粗略的排序。这种评估方法能够克服上述两种方法的不足之处。

相关链接 6－2

采购部考核标准

一、目的

为明确规定公司的采购工作重点和考核标准。

二、适用范围

适用于公司采购部门全体员工。

三、职责

在遵循公司总体经营目标的前提下，制定并落实本年度采购目标及采购标准，使商品结构的品项合理化、毛利合理化和库存合理化。

四、工作程序

（一）销售计划

为强化各部门、门店的目标责任制，应该制订相应的销售计划。销售指标可分为两个阶段：

第一阶段计划如下：

	A类店（400～800平方米）	B类店（1 500～1 800平方米）
日均销售	15 000元	25 000元
平均米效	30元	15元
客单价	20元	20元
日来客数	550人次	1 350人次
周转次数	14次/年	10次/年
周转天数	24天	34天
平均库存	40万元	98.5万元

第二阶段计划如下：

	A类店（400～800平方米）	B类店（1 500～1 800平方米）
日均销售	20 000元	45 000元
平均米效	40元	25元
客单价	22元	22元
日来客数	900人次	2 045人次
周转次数	14次/年	12次/年
周转天数	22天	30天
平均库存	45万元	135万元

(1) 销售额指标要细分为大分类商品指标、中分类商品指标、小分类商品指标以及一些特别的单品项商品指标。

(2) 根据不同的业态模式中商品销售的特点来制定分类的商品销售额指标比例值。

(3) 根据不同的季节、月份、节假日制定细分的季度、月份、周销售额目标。

(4) 制定促销商品的销售额指标。

(5) 制定DM商品的销售额指标。

(6) 每天查看电脑系统的销售信息，包括昨日、本周、本月的销售额与前一日、上周、上月的对比情况。

(7) 周一由信息部汇总上周、本月的销售报表，按部门、门店分别汇总，提交给公司总经理、业务副总、采购总监、采购部经理、采购主管。

(8) 采购主管在掌握销售情况后，应针对部门、门店和单品销售中存在的问题，提出改进措施。

(9) 采购部应在每周例会中通报销售增长较高和下降较大的部门，以引起重视，并跟进改进措施。

(二) 销售占比和毛利计划

为便于公司毛利的调整，根据超市的具体情况，便利店和便利超市系统（不含未来的大卖场）将毛利指标分为三个阶段实行，计划如下：

分类	第三阶段		第一阶段		第二阶段	
	毛利	销售占比	毛利	销售占比	毛利	销售占比
生鲜	10%	9%	15%	10%	15%	11%
副食	25%	12.5%	20%	12.5%	20%	12.8%
食品	33%	13%	30%	13.5%	30%	14%
洗化	14%	10.5%	14%	11%	14%	12%
百货	14%	25%	14%	25.4%	14%	28.4%
综合	100%	13.8%	100%	14%	100%	15%

（1）制定各商品类别的占比：生鲜食品、食品、百货、服装等。

（2）制定各大类商品下小分类商品的占比。

（3）同一商品类别中，不同性质商品的占比，包括全国性品牌、区域性品牌、自有品牌、非品牌商品。

（4）每天查看电脑系统销售占比和毛利变化，包括本部门、各门店以及店内各类的情况，及与上月实际、去年同期实际及部门计划的对比。

（5）每周一由信息部汇总上周、本月的销售占比、毛利报表，按部门、门店内分类分别列出，并列出与公司计划的对比，提交给公司总经理、业务副总、采购总监、采购经理和采购主管。

（6）采购主管在掌握毛利情况后，应针对部门、门店和单品毛利中存在的问题，提出改进措施。

（7）采购部应在每周例会中通报毛利增长较高和下降较大的部门，以引起重视，并跟进改进措施。

（三）库存周转

为强化超市系统库存周转意识，逐步提高商品周转率，优化商品结构，合理控制库存，公司应制订严格的库存商品周转计划，按不同品类制定相应的库存周转指标，并严格按照计划掌握库存情况。采购部门和相关人员应随时了解公司、各店、各类商品库存情况，及时采取措施加以调整，加快商品周转。不同商品类别的库存周转天数如下：

大分类	商品类别	库存天数	大分类	商品类别	库存天数
生鲜食品	蔬菜	1～3	洗化百货	洗涤用品	15
	水果	3～5		卫生用品	20
	鲜活水产	1		厨房用品	30
	冰鲜水产	15		化妆用品	20
	熟食	1		医药品	30
	乳制品	3		纺织品	35
	日配冷冻	10		文体用品	25
	肉类	3		婴儿用品	42
食品	休闲食品	15	副食	调味品	20
	饮料	10		保健食品	30
	糖果饼干	15		干货食品	20
	烟酒	22		罐头食品	15

（1）每天检查电脑系统的库存周转情况，了解本部门目前总体和各门店的商品库存金额与周转天数。

（2）每周一信息部汇总上周、本月的商品库存情况，按部门、门店分别列出，提交公司总经理、业务副总、采购总监、采购部经理和采购主管。

(3) 采购主管在掌握库存情况后，针对部门、门店和单品库存中存在的问题，找出原因，提出调整改进措施。

(4) 采购部门应在每周例会中通报过高或低库存的部门，以引起重视，并跟进改进措施。

（四）商品引进率指标

(1) 根据不同业态制定新商品引进率指标。便利店的新商品引进率指标通常一年达到40%～50%。

(2) 新商品引进率指标要落实到全年、每月、每个商品分类。

(3) 每个部门每月都应该引进本类商品5%～10%的新商品，新商品清单汇总后提交采购部经理并通知各店铺。

(4) 必须严格执行新商品引进率指标，以经常给顾客带来新鲜感，并通过新商品创造较高的利润。

（五）商品淘汰率指标

(1) 淘汰有效销售发生率指标一直较低的商品。

(2) 商品淘汰是为了促进超市商品的良性循环。

(3) 商品淘汰原则上采取“一进一出”的政策。

(4) 每周以文件方式通知店铺汰换商品的清单。

（六）其他收入利润指标

超市向供应商收取一定的赞助费用。合理的其他收入指标有利于提高超市的毛利率，过高的额外费用指标也会损害与供应商的战略伙伴关系。

相关链接 6-3

基于平衡计分卡的采购绩效评价指标体系

平衡计分卡从企业的愿景和战略出发，从财务、顾客、内部业务流程、学习与成长四个维度来衡量企业的业绩。在这四个维度中，财务维度是最终目标，顾客维度是关键，内部业务流程维度是基础，学习与成长维度是核心。平衡计分卡的四个维度是相互支持的，综合考虑影响企业的内外因素及重要的利益相关者，把投资者、顾客、供应商、员工的利益有机地结合起来，把企业的短期目标与长期目标、动因与成果指标有机地结合起来，通过满足利益相关者来实现企业价值的最大化。为了获得最终的财务业绩，企业必须有良好的市场表现，关注其顾客；为了获取市场，企业必须在内部业务流程上做改善；为了有效地进行内部运作，企业必须不断地学习与成长。无论平衡计分卡运用于企业何种层次的评价，其道理都是相通的。

根据平衡计分卡理论，采购流程的财务维度应主要反映成本降低、生产率和资产效率的提高等；采购流程的顾客维度应主要反映采购满意度、供应商满意度等；内部业务流程维度应主要反映订单处理要求、产品质量要求等；学习与成长维度应主要反映采购参与人员对流程运作的帮助、对企业供应链文化的支撑等。

资料来源：冯建海，陈丹．基于平衡计分卡的企业采购绩效评价．财会月刊，2011（27）．

任务二　改善采购绩效

在组织实施了采购绩效评估、得出评估结果之后，采购部经理王峰发现：郑刚所在的采购二科在根据公司经营战略调整而引进新的供应商之后，不少品类的商品在销售毛利、商品周转速度、商品库存量等方面都存在着不少问题。因此，王峰要求采购二科根据绩效评估的结果，提出相关商品采购绩效提升的对策。

为此，采购二科科长郑刚将根据绩效评估所发现的问题，有针对性地提出下一季度改善采购绩效的具体措施，并向王峰经理提交绩效改善策略报告。

任务工作流程

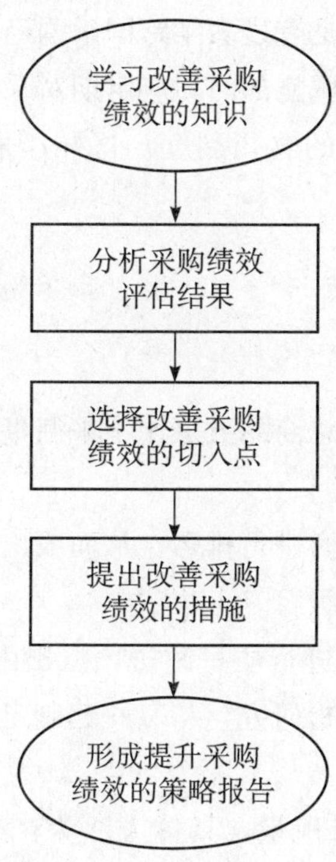

学习要求

能根据连锁企业采购绩效现状，提出改善采购绩效的对策。

一、改善采购绩效的措施

（一）采购绩效改进的切入点

采购绩效的改进一般可以从三个方面入手：第一，营造良好的组织氛围，充分挖掘潜力。第二，以行业先进指标为参照目标，不断寻找差距，优化工作方法。第三，对采购商品供应绩效进行测评，以排行榜的方式奖励先进、鞭策落后。

对于任何采购组织来说，融洽、和谐、流畅的工作气氛是搞好各项工作的基础。如果采购组织内部存在剧烈的矛盾，采购人员与供应商之间互相不信任、缺乏合作诚意，采购人员的感觉是如履薄冰、处处小心行事，本来全部精力应放在主要工作上，但事实上却严重分散了注意力。

此外，采购人员要经常把自己的业绩与同行业高水平相比，不要对已经取得的成绩沾沾自喜，采购行业高手很多，特别是有过多年跨国采购经验的高级职员，他们的经验非常值得借鉴和学习。采购组织的管理职能部门，应定期对采购人员的业绩、供应商的业绩进行测评，并进行排名，再配以相应的奖罚制度，这样，采购绩效才会不断地得到改善和提高。

（二）采购绩效改善的具体措施

1. 质量改善措施

质量的好坏多用“不合格数与总商品数之比”来衡量，因此，可以采取的改进方法有以下几个：

（1）依据质量数值大小对供应商进行排名，从而找出最差的几名供应商，令其在规定的时间内进行改善，否则给予“降级”；

（2）对有希望的供应商帮助其进行质量改进，派出由相关技术人员、质量管理人员、采购人员等组成的小组进行现场分析研究，与其一起制定改善方案。

2. 成本降低措施

成本问题多用价格差额比率来衡量，具体方法为：第一，按照比率对供应商进行排名，对较差的几名供应商的定价合理性进行分析研究，并令其限期改进。第二，对表现较好、没有欺诈行为的供应商，通过帮助其改善包装运输方式等途径来降低商品成本；对于有欺诈行为的供应商，要采取罚款、警告、终止供货合同等处理措施。

3. 挑选供应商措施

这种措施多通过及时供应率来衡量供应的好坏，计算公式为：

$$及时供应率=\frac{商品及时供应数}{商品需求总数}\times 100\%$$

可采取的改进方法：一是依据及时供应率数值的大小对供应商进行排名，对较差的几名供应商分析原因所在，对属于供应商原因的，责令其限期改进；二是对于市场行情较好的商品，由于其稳定性要求较高，应提前一段时间向供应商做预测提醒，以便供应商安排适量的库存。

4. 增加采购柔性措施

拓展供应商并确保重点商品有三家以上供应商供货，以避免独家供应商垄断。

5. 评估实力措施

根据技术水平、管理水平、指标稳定性、合作意识、沟通能力等方面的内容，针对具体的供应商设计“实力问卷调查表”，以打分的方法获得供应商的实力量化数值。

6. 评价服务措施

根据商品退货配合程度、上门服务程度、管理水平、服务意识、竞争公正性表现、沟通能力等方面的内容，针对具体供应商设计“服务问卷调查表”，以打分的方法获得供应商的服务指标量化数值。

7. 评定采购工作效率措施

采购工作效率的计算公式为：

$$采购工作效率=\frac{期间采购成本总额}{期间工作总人数}\times 100\%$$

提高采购工作效率的方法：一是调查行业平均水平和最高水平，寻找差距；二是简化采购流程。大多数采购工作效率常与采购流程设置的合理性有关，流程简单实用，采购工作效率就会提高。

8. 测定人员流动比率

人员流动比率的计算公式为：

$$人员流动比率（R）=\frac{年流入、流出人数}{员工总人数}\times 100\%$$

采购人员流动比率取值范围在7%～15%，应总体保持平衡，与业务需求相匹配。

若$R<7\%$，则可能因为违反“流水不腐”的自然原则而发生严重的问题，进而影响采购质量、成本、供应及时性等。

若$R>15\%$，则可能导致采购技术的交替传播环境不成熟，从而使采购人员采购操作熟练程度不够。

9. 测定供应商流动比率

供应商流动比率的计算公式为：

$$供应商流动比率=\frac{年流入、流出供应商数}{供应商总数}\times 100\%$$

供应商流动比率取值范围有待研究，总体上应保证采购业务的正常开展，常值应小于20%，理想数值为“零”。对垄断技术的供应商尽量不采用，仅非常重要时才使用独家供应商；独家供应商比率在某种程度上也反映了企业产品技术的层次。新专利、新技术商品独家供应的可能性较高，大众商品通常不会产生独家供应商。

10. 确定订单周期

订单周期是采购合同中所确定的采购商品从下单到完成入库的时间差。

11. 提高库存周转率的措施

库存周转率的计算公式为：

$$库存周转率=\frac{年销售额}{年平均库存值}\times 100\%$$

采购人员应根据市场预测计划和采购市场的供应行情，及时调整库存水平，对热销商品要适当增加库存量，以支持市场的销售计划。此外，还应掌握商品的生命周期，对需求不大的老商品，制定采购计划时要小心谨慎。

相关链接 6-4

某连锁超市企业运用PDCA法改善采购绩效分析表

部/科：家电科

序号	项目	D—执行情况	C—发现问题	A—调整方向	P—工作计划及目标（下半年）	责任人/时间
1	1～6月销售2 509.2万元。	可比上升3.89%；预算达成97.54%。	1～6月业绩达成预算97.54%，差距63万元，主要是6月空调、风扇可比下降61万元。	争取在7～8月的季节性商品空调、风扇销售上找回之前的差距。	1. 增强自营OPP商品的价格形象，强化××白色家电的价格形象。 2. 调整细化商品品类结构，提升卖场销售气氛，以吸引不同阶层群的消费，全面拉动销售。 3. 新开店，尤其××店，按照公司要求打造超市百货化的方向，打造一个形象突出、环境舒适、选择面更广的百货化的超市家电卖场。 4. 目标全年业绩可比增长10%。	

续前表

序号	项目	D—执行情况	C—发现问题	A—调整方向	P—工作计划及目标（下半年）	责任人/时间
2	1～6月毛利额139.2万元。	可比上升10.30%；预算达成103.14%。			1. 自营买断空调、冰箱的毛利提升。 2. 调整提升2010年做的专柜扣点，以使41科提升毛利率1%。 3. 目标预算达成110%。	

二、加强采购付款操作的内部控制

为了预防、检查和纠正采购付款操作中的错误，建立、健全采购付款操作内部控制，连锁企业通常采取以下控制措施。

（一）职责分工

在采购付款操作中，为保证采购确为连锁企业经营所需并符合连锁企业的利益，收到的商品完整安全，价款及时地支付供应商，应将采购与付款操作的下列职责进行分工：

（1）提出采购申请与批准采购申请职责相互独立，以便加强对采购的控制。

（2）批准采购申请和具体实施采购任务的职责相互独立，以防止采购部门购入不必要或过量商品而损害连锁企业整体利益。

（3）验收部门与会计部门相互独立，以保证按实际收到的商品数额登记入账。

（4）应付账款记账员不能接触现金，以保证应付账款记录的真实性、正确性。

（5）支票的签字和应付账款的记账相互独立，以保证按所欠供应商的真实金额按时签发支票。

（6）内部检查与相关的执行和记录工作相互独立，以保证内部检查的独立性和有效性。

（二）信息传递程序控制

建立、健全与采购付款操作相关的内部控制，要求连锁企业对于与付款操作相关的信息传递程序实施严格有效的控制。这些控制包括以下几个方面。

1. 授权程序

有效的内部控制要求采购付款操作的各个环节要经过适当的授权批准。授权批准程序包括：

（1）企业内部应当建立分级采购批准制度。

（2）只有经过授权的人员才能提出采购申请。

（3）采购申请需由独立于采购部门和使用部门的被授权人批准，以防止采购部门购入过量或不必要的商品，或者为取得回扣等个人私利而牺牲企业整体利益。

（4）签发支票要经过被授权人的签字批准，以保证购货款能以真实金额向特定供应商及时支付。

2. 文件和记录的使用

为了满足健全业务审批、财产保管以及便于记录的要求，企业要合理地设计和使用各种文件和记录，具体要求包括以下几点：

（1）关键性文件，如订单、验收单、付款单、支票等都要预先编号。

（2）连续编号的关键性文件要由经手人员按编号的档案保存，并由工作人员定期检查存档文件的连续性。

（3）订单中要包括足够的空间，尽量全面、详细地表明订货要求，以避免现订货中的遗漏或供应商的误解。

（4）为了加强对企业支付采购价款的控制，应设立付款凭单制，以付款凭单作为支付货款的依据。

（5）设置采购日记账，及时完整地记录所有的采购业务，并定期记入总账。

（6）对每位供应商设立应付账款明细账，并与总账进行平行登记。

3. 独立检查

除采购付款操作外，还应当实施一些独立检查，防止各环节发生疏忽和舞弊，同时也有利于及时消除采购付款操作过程出现连续作弊的风险。这些独立检查主要有：

（1）对供应商发票、验收单、订单和请购单进行独立的内部检查，确定实际收到的商品品种、数量、价格等确实符合订购要求，与供应商实际情况一致。

（2）每笔采购业务都应在收到商品或供应商发票时，及时记入采购日记账和应付账款明细账，并且定期进行核对。

（3）检查付款凭单各项目的填制是否与供应商发票一致。

（4）定期检查已编制付款凭单的各项付款业务是否及时开具了支票或以其他方式进行付款，防止延期支付。

（5）签发支票办理其他付款手续前应由负责签字的被授权人员检查所付各种凭证的一致性。

（6）定期检查采购日记账与总账、应付账款明细账与总账、银行存款日记账与总账的金额是否一致。

4. 实物控制

采购付款操作中的实物控制包括两个方面：

（1）加强对已验收入库的商品的实物控制，限制非授权人员存货，防止错用和盗窃。验收部门的人员应独立于仓库保管人，同时加强对退货的实物控制，货物的退回要有经审批的合法凭证。

（2）限制非授权人员接近各种记录和文件，防止伪造和更改会计资料。特别应注意对支票的实物控制，应保证已签字支票由签字人本人寄送，不得让核准或处理付款的人员接触；未签发的支票应予以安全保管；作废支票予以注销或另加控制，并且制定一个注销已签发支票单据的方法，如在供应商发票上注明已签支票号码，或盖“款已付讫”戳记，防止重复开具支票。

三、采购回扣的产生与杜绝措施

采购中的回扣问题一直是一种不容易杜绝的现象，令所有的企业头疼不已，却又无可奈何。回扣有两方面的定义：一是指卖方企业支付给买方企业或买方企业员工的贿赂金；二是买方企业向卖方企业员工支付回扣以取得卖方企业员工的欺诈性合作，以从中得利，而这一切是以买方企业的损失为代价的。

（一）采购回扣产生的原因

供应商支付回扣给连锁企业采购人员进行串通欺诈时，无非想获取以下两种利益。

1. 非法争取业务

一些供应商运用回扣，先于竞争对手获得有关连锁企业的计划和战略方案信息以及连锁企业估价小组所使用的未公开的投标估价准则，或偷看竞争对手的密封投标书，或向竞争对手提供误导性信息，或笼络连锁企业有影响的要员否决其他竞争对手，以此来达到自己的目的。

2. 非法提高利润率

提高利润率是供应商支付回扣的目的所在。供应商通过支付回扣给连锁企业有关的员工，使其同意不正当的价格变动；买通连锁企业的检验和质量控制部门，使其低于标准的或不符合规格要求的商品得以验收合格，并设法避开连锁企业其他职能部门对质量和价格的监控。

（二）回扣的支付方式

供应商所支付的回扣在账上没有体现，通常是通过非法经济活动取得和支付的。

1. 非现金贿赂

非现金贿赂可以作为供应商的一项正常开支予以掩盖。如供应商为其工作人员购买或租用汽车时，可以为那些对供应商有“帮助”的连锁企业员工赠送若干飞机票、旅行账单。其中最易掩盖贿赂的就是供应商早已提供的产品或劳务，如修建住宅、增加员工福利设施等。

2. 现金贿赂

供应商以现金进行贿赂的方式多种多样，如支付虚构的业务费；将未记录的收入或变现后的剩余产品、过期报废的设备，以货币形式储存起来进行行贿等。

（三）供应商欺诈的促成因素和审计线索

1. 供应商欺诈的成因

了解供应商欺诈的促成因素是及时识别供应商欺诈的一个重要前提。任何企业都可能发生供应商欺诈事件，有以下情形之一的企业更易发生供应商欺诈事件：

（1）连锁企业自身存在欺诈行为或不道德行为。俗语说“苍蝇不叮无缝蛋”，如果连锁企业本身容忍不道德行为的发生，则其员工更易接受供应商回扣或参与其他利益争夺。

（2）连锁企业灵敏度低。即连锁企业对供应商欺诈事件的先兆一无所知。对于那些对供应商欺诈的先兆一无所知的连锁企业来说，发生欺诈的可能性更大且不易察觉。连锁企业对供应商的欺诈方式不了解或不具备相关的知识，又无明确的对供应商欺诈行为进行制约的制度，很容易成为供应商欺诈的对象。

2. 供应商欺诈的审计线索

（1）连锁企业员工（尤其是采购人员）奢侈豪华的生活方式。这种生活方式往往是其受贿以及发生供应商欺诈的一个强烈信号，特别是那些有权决定供应商或掌握了大量对供应商有帮助的信息的员工，他们的奢侈生活方式往往隐含着受贿和供应商欺诈活动。只要多加注意，不难发觉这些异常信息。

（2）不正当的单一供应商渠道。如果达到了一名好的供应商所具备的一切条件，而被选为单一渠道的供应商是一件很正常的事情。但是对单一渠道的供应商必须要有一定的防范制度，如安排定期的检查等，以确认商品的质量是否达到规定的要求，并在合同条款中明确指出，一旦供应商的商品供应出现问题，如不适当的价格上涨或质量达不到要求，连锁企业可单方面中止合同。如果缺乏相应的控制制度而采用单一供应商渠道，可能就是欺诈行为发生的先兆。

（3）其他供应商的抱怨和申诉。对于竞争者而言，自然不愿看见其他企业以不正当的手段夺去其业务。当利益发生冲突时，他们会向连锁企业进行抱怨或申诉，这种抱怨或申诉可能说明供应商正在进行欺诈活动。如果不诚实的供应商成功地买通连锁企业的某些员工，并利用他们挤走了其他的供应商，被挤走的供应商会通过抱怨的方式提醒连锁企业有关人士应注意到受贿行为及欺诈的发生。

（4）供应商与连锁企业员工之间的亲密关系。连锁企业员工有意无意地为供应商进行欺诈提供信息帮助，这种帮助并不以接受回扣或报酬为目的，而可能是出于友谊或其他原因。如连锁企业的员工可能对企业经营者怀有宿怨，希望看到经营者上当受骗而获得心理满足；有时连锁企业的员工为了给自己留一条后路而故意帮助供应商，期望从供应商那里获得工作的许诺等。供应商与连锁企业之间的亲密关系还包括父子或夫妻等。但从另一个角度看，对连锁企业而言，有时这也是一件好事，他们也可以利用这种关系从供应商处获取自己想要的信息。

（5）经常发生但却一直得不到解决的对供应商产品的投诉。销售人员可能对供应商提供的商品质量很不满意，财务人员可能觉得供应商提供的商品价格过高，而采购部门仍然将订单交给同一供应商。如果能够排除采购人员不负责任的情况，那就是供应商正在对连锁企业进行欺诈。

3. 采购伦理道德法律

从事采购工作的采购人员，在一开始从事该工作，就应该懂得相关的法律，明确自己的权力与义务的范围和界限。

在采购职能高度集中的连锁企业里，在书面政策中通常有关于明示或实际代理权的条文，而且也被严格地遵守。但在非集中化的环境中，书面政策常常不太完整或有些过时，采购人员和他们的供应商在更大程度上要依赖上级授权。重新设计采购职能，常常会促使连锁企业重新审视和定义他们的采购权力范围，调整采购政策和作业程序。简言之，采购人员必须关心代理权的两个方面：

（1）明确权限范围。应该如何进行连锁企业的采购活动，是否确保只有拥有明示采购权的人才能进行采购，从而避免或至少减少“后门采购”。说明哪种工作头衔拥有采购权的最新书面政策是最好的。除了正式政策外，还必须有内部沟通程序，使连锁企业的所有员工都知道并且定期地提醒他们能做什么和不能做什么。

（2）明确活动范围。在与供应商谈判时，确定协议法律有效性的最好办法是警惕采购人员可能超越其活动范围的情况。当你认为可能出现问题的时候，要求采购人员以书面形式归纳出他能做的事，并将此内容包括在采购合同中。

与连锁企业赋予其采购人员的职权相关的是采购人员的责任，因为企业信任采购人员作为代理人代表其行动，采购人员就应承诺受委托的责任，要完全以企业的利益为行动准则，其个人的利益绝对不能影响决策。采购人员不仅要服务于企业的财务利益，在代表企业实施采购行动的时候，还必须在任何时候都在法律范围内行事并且真诚地对待第三方。无论代理关系是明示还是授权，上述责任都存在，它们是采购道德标准的核心。当可能出现利益问题的时候，即存在一种使采购人员看起来不完全独立于供应商的环境，通过向连锁企业详细说明此情况，获取连锁企业对这种安排的同意，常常可以解决此类道德问题。近年来，连锁企业和行业协会已经尽力阐明这些要求，而且它们常常把法律标准合并到正式的道德政策上，产生了连锁企业的道德政策。

采购人员的多数日常活动都与合同法有关。采购人员和供应商之间的合同，都要受到合同法的约束。在涉及国际合同的时候，会涉及相互开展贸易的不同国家的法律。每个国家都有自己的合同法，但是为了促进业务的开展，许多国家通过合约联合在一起，制定了共同的合同原则——《联合国国际货物销售公约》来管理国际业务。各个国家必须自愿地决定是否受其约束。因此，当我们与其他国家的企业签订合同的时候，明确适用什么法律以及法律的内容是十分重要的。

4. 杜绝采购回扣现象的措施

在采购过程中，采购回扣现象一直都存在，虽然不可能完全杜绝此类现象的发生，但可以采取一定的措施以减少此类现象的出现。

(1) 三分一统。"三分"是指三个分开，即市场采购权、价格控制权、验收权要做到三权分离。"一统"是指合同的签约特别是结算付款一律统一管理。商品管理人员、质量检验人员和财务人员都不能够与供应商见面，实行严格的封闭式管理。财务部门依据合同规定的质量标准，对照检验结果，认真核算后付款。这样就可以形成一个以财务管理为核心，最终以降低成本为内容的制约机制。

(2) 三统一分。"三统"是指所有采购商品要统一采购验收、统一审核结算、统一转账付款。"一分"则是指费用要分开控制。只有统一采购、统一管理，才能既保证需要，又避免漏洞；既保证质量，又降低价格；既维护企业信誉，又不至于上当受骗。各部门要对费用的超支负责，并有权享受节约所带来的收益。这样，商品采购部门和销售部门自然形成了一种以减少支出为基础的相互制约的机制。

(3) 三公开两必须。"三公开"是指采购品种、数量和质量指标公开，参与供货的供应商和价格竞争程序公开，采购完成后的结果公开。"两必须"是指必须在货比三家后采购，必须按程序、按法规要求签订采购合同。

(4) 五到位一到底。所谓"五到位"是指所采购的每一笔商品都必须有五方的签字，即只有采购人、验收人、证明人、批准人、财务审查人都在凭证上签字，才被视为手续齐全，才能报销入账。"一到底"就是负责到底，谁采购谁负责，并且要一包到底，包括价格、质量、使用效果等都要记录在案，什么时候发现问题就什么时候处罚。

(5) 全过程、全方位的监督制度。全过程监督是指采购前、采购过程中和采购完成后都要有监督。从采购计划的制订开始，到采购商品使用的结束，其中共有九个需要进行监督的环节（计划、审批、询价、招标、签合同、验收、核算、付款、领用）。虽然每一个环节都有监督，但重点在于制订计划、签订合同、质量验收和结账付款四个环节。计划监督主要是保证计划的合理性和准确性；合同监督主要是保证其合法性和公平程度，保证合同的有效性；质量监督是保证验收过程不降低标准、不弄虚作假，每一个入库商品都符合买方要求；付款监督是确保资金安全，所有付款操作都按程序、按合同履行。如果我们能够把监督贯穿于采购活动的全过程，就可以建立确保采购管理规范和保护企业利益的第二道防线。所谓全方位的监督，是指行政监察、财务审计、制度评估三管齐下，各方面都没有遗漏，形成严密的监督网。

案例讨论

沃尔玛："秘密特工"调查采购腐败

在零售业，商品进店环节上的采购是腐败的多发地带，几乎令所有企业都头痛不已。如在之前推行"单店作战"放权模式的家乐福，由于门店科长、处长、店长等都不同程度拥有订货权，出现了大大小小的蛀虫。而其他企业的采购"大贪"也时有出现。但是在沃尔玛，采购人员是谈"腐"色变。在沃尔玛总部的资产保护部内设有一个专门的调查小组，如"秘密特工"一般调查公司内部采购等环节的腐败。

1. "秘密特工"：一只无形的手

在沃尔玛，采购人员都有一个共同的意识：不要使自己处于被怀疑的边缘。

一位原沃尔玛采购高层告诉记者，在新员工入职的时候，公司就开始给员工制造一种紧张的气氛。如公司会告诉你在总部资产保护部有一个专门调查腐败的小组，有很多"秘密特工"，平时在公司是不露面的，谁都不知道是哪些人，但是他们可能正监视着你。这就产生"此处无形胜有形"的效果。在很多企业，采购人员与客户吃饭是很平常的事，但是沃尔玛员工都会自动避免在公司外与供应商接触。

这位原沃尔玛采购高层就遇到过一件尴尬的事。有一次，他请沃尔玛在职的一个高级采购经理吃饭，同时他也请了一位供应商朋友，但是与沃尔玛并没有业务往来。结果这位采购经理得知对方是供应商后，中途就找个借口匆匆离开了，因为怕引起"秘密特工"的怀疑。

据记者了解，"秘密特工"会采取多种手段监控采购人员。他们会冒充沃尔玛的采购人员去向供应商买东西，然后对比采购人员谈的价格，看是否存在回扣的空间。他们还会直接向供应商询问，采购人员有没有拿回扣。一旦发现内部腐败行为，"秘密特工"就会去调查，情节严重的移交相关部门处理。

"秘密特工组织如同一只无形的手，给有不轨企图的采购人员造成巨大的心理压力，这是监控腐败的高境界。"一位业内人士如是评价。

2. 与供应商签订反腐协议，从外部制约

除了秘密特工组织外，沃尔玛还通过向合作伙伴——供应商们宣传公司的廉洁政策，从外部来制约腐败行为的发生。

最关键的是，沃尔玛会与供应商签订反腐协议，采购人员也要签字。其中供应商的条款有：保证不贿赂公司的员工，包括现金、实物、票证等各种形式的馈赠；如果供应商行贿被公司发现，将自行承担后果，包括解除与沃尔玛的合作，以及其他形式的处罚等；如果有采购人员索贿的话，供应商要向公司汇报等。实际上，沃尔玛通过这个协议也对供应商的行为进行了规范，并通过解除合作等严重的处罚作为威慑。

在防腐问题上，沃尔玛的原则是“在诚实问题上不能有任何折扣”，对再细小的问题也不会睁一只眼闭一只眼。如逢年过节，供应商送挂历、文具等小礼物，沃尔玛的员工都一概不能收。有一次在沃尔玛东莞的一家门店，有收银员被发现用的笔是由供应商提供的，结果有7个相关的收银员都被开除了。

采购人员到供应商工厂考察，由供应商接送、请吃饭在很多企业是很正常的事。但是在沃尔玛，采购人员来回的路费、食宿费都由公司承担。当然，供应商也逐步适应了这种方式。

3. 各个环节监控：在管理流程上控制腐败

事实上，沃尔玛防腐比较有效的另一个关键因素是，在各个管理流程上不给腐败留下空间。

在供应商样品管理上，每个送达的样品都要贴上标签，包括样品名、送达时间、价值、采购人员等；在样品看完后，让供应商带走或者交到公司的样品管理处。如果采购人员下次要看样品，就必须填写样品借记单；样品看完后必须归还样品管理处，不允许私自动用。

沃尔玛原则上不允许用公司电话打长途，每个月防损部（现在改名为资产保护部）的人就会把每个员工的电话清单拿过来，让你写打给了谁。如果员工忘了打给了谁，会被要求再打一遍确认。防损部的人员还会根据员工提供的清单抽查，看提供的情况是否属实。这主要是调查员工有无乱打电话，从而看有无侵占公司资源。

资料来源：http：//tieba. baidu. com/p/259851466.

问题：

1. 沃尔玛是如何防范采购腐败的？
2. 沃尔玛的做法给其他连锁企业什么启示？

课程实训一

◆ 实训项目

设计连锁超市采购人员绩效评估指标体系。

◆ 实训任务

1. 以小组为单位，收集关于连锁超市采购人员绩效评估指标体系的有关资料。
2. 选择一家区域内的连锁超市，对其采购人员的绩效考核进行实地调研和考查。
3. 确定该超市采购人员的绩效评估指标体系。

◆ 实训提示

1. 尽量选取管理较为规范、采购部门有相对完善的运营制度的连锁超市。
2. 各小组可选择一个商品品项来建立绩效评估指标体系。

◆ 实训效果评价标准

设计绩效评估指标体系实训评分表

考评人		被考评小组	
小组成员			
考评内容	设计绩效评估指标体系		
考评标准	考评点	分值（分）	评分（分）
	调研、考查结果的有效性	30	
	指标体系选择的合理性	50	
	实训参与度	20	
	合计	100	

注：评分满分100分，60～70分为及格，71～80分为中等，81～90分为良好，91分以上为优秀。

课程实训二

◆ 实训项目

采购绩效的评估与改善。

◆ 实训任务

1. 确定小组的角色和分工。
2. 调查某连锁企业连续两个月的相关采购数据。
3. 分析采购成本是否降低，并分析原因。
4. 分析采购商品质量是否提高，供应商服务是否增值。
5. 分析采购管理水平和技能是否得到提高。
6. 针对采购业务的绩效评估提出相应改进意见。

◆ 实训提示

1. 调查某连锁企业同期同类商品的采购数据。
2. 结合连锁企业的内、外部环境进行全面分析。
3. 利用相关分析软件进行评估并提出改进意见。

◆ 实训效果评价标准

采购绩效评估与改善实训评分表

考评人		被考评小组	
小组成员			
考评内容	采购绩效评估与改善		
考评标准	考评点	分值（分）	评分（分）
	采购成本是否降低	10	
	采购质量是否提高	20	
	供应商的服务是否增值	20	
	采购是否有效地支持了其他部门	20	
	采购管理水平和技能是否得到提高	20	
	实训参与度	10	
	合计	100	

注：评分满分100分，60～70分为及格，71～80分为中等，81～90分为良好，91分以上为优秀。

项目小结

1. 进行采购绩效评估的基本原则主要有：选择适用的衡量指标；绩效指标的目标值要合理；确定绩效指标要符合有关原则。

2. 采购绩效评估的指标体系主要由数量、质量、时间、价格、效率等指标构成。一般的评估标准包括：历史绩效、标准绩效、行业平均绩效与目标绩效。评估方式主要有排序法、两两比较法、等级分配法。

3. 改善采购绩效的切入点主要有营造良好的组织氛围、优化工作方法和对供应商进行有效测评。

4. 杜绝采购回扣现象的措施有：三分一统；三统一分；三公开两必须；五到位一到底；全过程、全方位的监督制度。

主要概念

采购绩效评估　数量绩效指标　质量绩效指标　时间绩效指标　价格绩效指标　及时供应率　供应商流动比率

课后自测练习

一、单选题

1. （　　）是企业最重视及最常见的采购绩效衡量标准。

A. 质量绩效指标　　B. 价格绩效指标
C. 时间绩效指标　　D. 数量绩效指标

2. （　　）的设定一般要遵循固定标准、挑战标准、可实现标准三个原则。

A. 历史绩效　　B. 标准绩效
C. 目标绩效　　D. 时间绩效

3. （　　）是在对供应商充分调查了解的基础上，再进行认真考核、分析比较而选择供应商的方法。

A. 考核选择　　B. 判断选择
C. 招标选择　　D. 协商选择

二、多选题

1. 下列选项中的（　　）属于常见的采购绩效考核的标准。

A. 历史绩效　　B. 标准绩效

C. 行业平均绩效　　D. 目标绩效

E. 时间绩效

2. 连锁企业通常可以选择（　　）等部门和人员参与考核。

A. 采购部门主管　　B. 财务部门

C. 销售部门　　D. 供应商

E. 外部专家或管理顾问

3. 采购绩效考核常用的方法有（　　）。

A. 排序法　　B. 两两比较法

C. 自我鉴定法　　D. 行业比较法

E. 等级分配法

三、判断题

1. 采购人员绩效考核一般以质量、数量、时间、价格、利润为中心。

2. 储存费用指标是指现有存货利息及保管费用与正常存货水准利息及保管费用之间的差额。

3. 标准绩效是指在现实状况下应该可以达成的工作绩效；而目标绩效则往往是追求最佳绩效的期望值。

四、简答题

1. 简述采购绩效考核的主要指标。

2. 简述采购绩效改进的切入点。

3. 简述采购绩效改善的措施。

项目七　连锁企业采购新模式的应用

项目简介

随着市场环境的不断变化以及信息时代的到来，除了传统的商品采购模式外，连锁企业还可以通过更多的方式实现商品的采购，并进一步提高经营效率、降低采购成本。新星超市有限公司经过近几年的不断发展与扩张，传统的商品采购模式已经无法适应不同区域内所有门店及全部品类商品采购的需要，公司高层要求采购部根据不同区域的市场环境、竞争格局、经营特点制定多种采购方案，以全面提高企业的采购绩效、降低采购成本。

工作流程

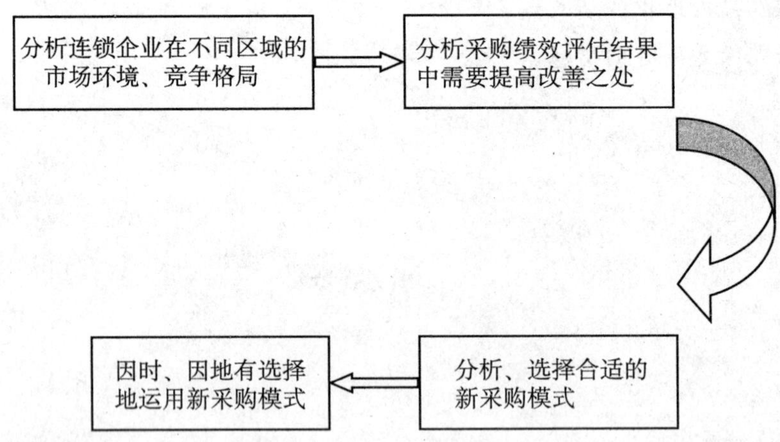

学习目标

- 能根据连锁企业的实际情况选择合适的新采购模式
- 能了解并简单运用新采购模式

任务　运用新采购模式进行商品采购

随着新星超市有限公司业务规模的不断扩大，传统的采购模式已无法满足各门店对商品采购的要求。采购部应公司的要求，开始逐步在一些商品品类实施新的采购模式，其中选择采购二科来试运行电子采购的新模式。

采购二科该如何实施完全陌生的商品电子采购呢？科长郑刚要求小李在分析、比较行业内现有电子采购模式的基础上，形成一个采购二科实施电子采购的初步方案，并由小李负责实施某一单品的试采购。

任务工作流程

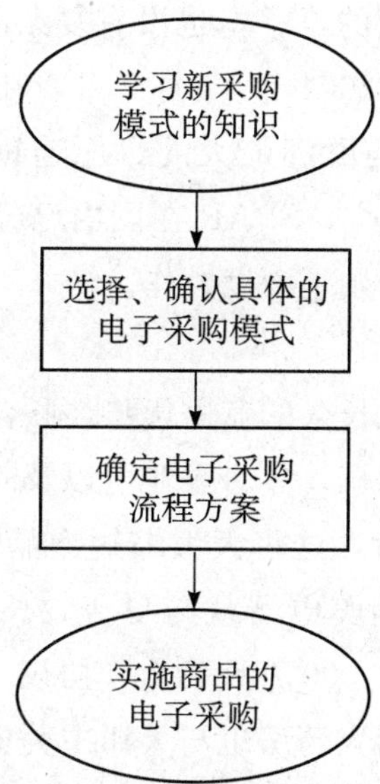

学习要求

能根据连锁企业的实际情况，进行电子采购的模拟交易。

相关知识

一、联合（联盟）采购

（一）联盟的分类

1. 战略联盟

“战略联盟”一词不能涵盖所有的企业间合作关系，应该指企业之间某些特定的合作关系。本土企业结成战略联盟不但有利于企业之间的相互交流和学习，同时也可以借此增强自身实力。

2. 采购联盟

一些中小零售企业在采购量上往往难以与大型企业相抗衡，因此在批量采购或通过拥有自身品牌降低货物中间成本方面处于劣势。为降低进货成本，部分零售企业联合起来组成采购联盟，从而将某个公司优势产品的采购平台转化为各区域的联合采购平台。

3. 国际自由联盟组织

国际自由联盟组织通过将不同规模的区域中的小零售商联合起来，与一些外资巨头对峙。随着国内零售企业的飞速发展，很多国际自由联盟组织也将目光投向了中国。由于各成员间有地理上的距离，没有直接的竞争，也没有复杂的股份合资，因此可以统一采购，共同开发自有品牌和进出口贸易。2004 年 11 月 9 日，在深圳举行的第六届中国连锁业会议上，山东家家悦超市有限公司与欧洲最大的自愿连锁体系——SPAR 正式签约，成为 SPAR 在国内的首个正式成员。如今，SPAR 在国内已经与山东家家悦、湖北雅斯、河南思达、广东东莞嘉荣等本土企业开始了深度合作。

4. 零供联盟

零供联盟是指零售企业为建立长久的竞争优势，联合供应商建立的产销联盟。零供联盟的建立，通过产销双方的信息共享，零售企业可以及时决策商品进货的品种和数量，借助供应商管理库存，实现自动进货，这将大大缩短商品订货、进货、保管、分拣、补货、销售等整个业务流程的时间。如国美电器就与夏普、长虹、海尔等 10 家家电品牌厂家，在 20××年 8 月签署了一份价值 1 000 万元的合作协议，彼此保证在该年夏季大规模降价促销活动的顺利进行。北京德威治大药房也与天津中美史克、上海健特生物、桂林三金药业、哈药六厂、吉林修正等 10 多家著名医药制药企业结成合作联盟，采用包销、买断等方式用最快的速度向厂家规模采购，以增强德威治大药房在医药流通领域的竞争力。零供联盟的建立，可以把双方的利益结合在一起，在协调一致的前提下相互配合，及时解决各种渠道冲突。

5. 供应商联盟

在零供关系的博弈中，供应商联盟在某种程度上能提高与零售商谈判的筹码。在零供关系日益紧张的今天，处于弱势群体的供应商结成联盟关系不但可以增强其话语权，也可以使零供关系向着更为健康的方向发展。

（二）联盟成员的选择标准

1. 必须具有良好的兼容性

联盟中的合作伙伴必须处在同一行业或相关行业内，这是联盟成立的前提。之所以成立联盟，是由于双方有合作的可能性和可行性，在不同的行业领域，合作的几率将很小。

2. 必须具有互补性

建立联盟的目的是联合各方力量，共同合作，因此在联盟成员的选择上，应该选择那些具有本企业所缺乏的能力的企业。企业的优势在联盟合作中可以充分利用，而劣势在联盟中可以被克服。建立战略联盟的目的就是通过不同企业的优势互补达到 1＋1＞2 的效果，因此，联盟伙伴必须具有某种优势或专长，具有能够对联盟投入互补性资源的能力。

3. 联盟成员的协同性

联盟能否成功不仅取决于各方是否具有互补性的资源，而且取决于各方所付出的努力能否形成一个合力，从而帮助双方实现战略目标。在罗弗公司与本田的联盟中，双方的合作是多方面的，罗弗公司提供的专长是使本田汽车进入欧洲市场，而本田提供的是本田发动机的设计和生产质量，联盟所取得的成效自然是双方专长相结合与共同努力的结果。因此，如果一家企业想进入市场，那么它不仅应该选择一个能帮助它进入该市场的伙伴，还必须考虑双方的努力能否形成一个合力，最终实现预期的目标。

4. 对等性

这是指建立联盟的各方在实力上要具有对等性。一般情况下，联盟各方应该选择与自己规模和实力都相当的合作伙伴。合作者必须有能力互相合作，这样的合作才有价值。如果联盟各方实力严重失衡，这样的联盟便不能在互惠互利的基础上进行决策，其稳定性和发展前景也会受到严重的威胁。

5. 共赢性

这里的共赢包括两层含义：一是成员各自获得自己所需的能力或资源；二是由联盟共同创造的利益得到合理、公平的分配。只有这样，联盟成员间的合作才能长久、有效。

（三）采购联盟的概念及类型

1. 采购联盟的概念

采购联盟主要是指伙伴企业为了寻求在某一种特定产品上获得规模经济效应而结成的合作关系。这种企业之间的联合采购，并不是简单地通过大规模的采购量压低收购价格，而是以产销定向订单和稳定的采购量提高供应商的生产积极性，使之能够按照连锁企业的质量要求和安全要求组织生产。这样不但可以降低连锁企业的采购、运营成本，还可以从源头上把控产品质量。国际上，美国的 LGA、欧洲的国际 SPAR 已成为跨国采购联盟；国内如上海家联联采、河南四方联采等，都是成功的先例。

2. 采购联盟的类型

根据采购联盟成员的合作形式，采购联盟可划分为三种类型：

（1）非正式采购联盟。联盟成员间不签订具有约束力的协议，通过技术研讨、信息交流、人员互换进行松散的合作。

（2）契约式采购联盟。联盟成员间有正式协议，强调相互间的协作，在经营灵活性、自主权等方面具有优越性，但是存在对联盟成员的控制力差、组织效率低下和缺乏稳定性等问题。

（3）合资型采购联盟。当合作项目复杂庞大时，常采用合资型采购联盟。联盟成员共同出资组建新的独立企业（组织），各方在此基础上风险共担、收益共享。合资型采购联盟建立了稳定的组织，奠定了长期合作的基础，提高了组织效率，增强了竞争力，但缺乏一定的灵活性。

据调查，目前最常见的合作形式是契约式采购联盟，占40%左右。

（四）中小连锁企业联合采购模型

传统采购过程中只存在简单的采购商和供应商关系（如图7-1所示），而联合采购在采购商和供应商之间多了一个采购联盟（如图7-2所示）。采购联盟相对于中小连锁企业采购商来讲是商品的供应商。但是，中小连锁企业通过采购联盟向供应商进行采购时，采购联盟又作为商品采购商的身份出现。采购联盟具有集采购商和供应商两种角色为一体的特征。联合采购使众多中小连锁企业的采购捆绑在一起形成规模优势，有利于与供应商抗衡。通过专业性的联合采购，中小连锁企业可以专心致力于营销体制的创新、市场渠道的推广，甚至可以通过联合采购得到大量由于自身规模限制原本不可能得到的信息。从利益分配的角度来看，传统采购中采购商和供应商是直接的利益关系，而联合采购中采购商和供应商之间存在着间接的利益关系，其利益通过采购联盟实现。所以采购联盟如何实现采购商和供应商之间的利益，在很大程度上决定了联合采购在中小连锁企业中运行的成败。

采购商
供应商

图7-1　传统采购供应关系图

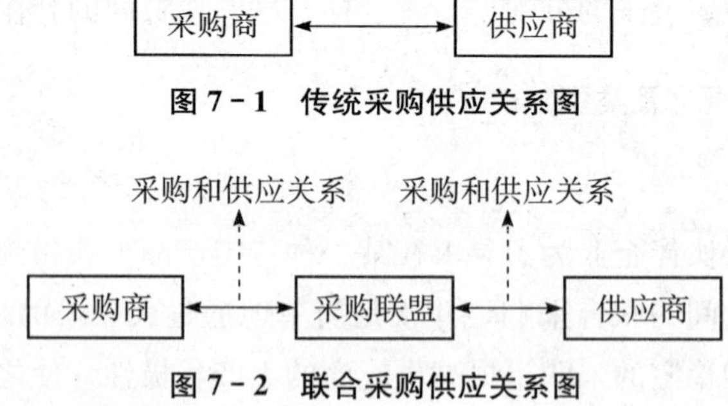

图7-2　联合采购供应关系图

中小连锁企业联合采购模型（见图7-3）中有3个主体，分别是中小连锁企业、采购联盟和供应商，其中关键的是采购联盟这一主体，采购联盟的不同决定了中小连锁企业联合采购模式的不同。

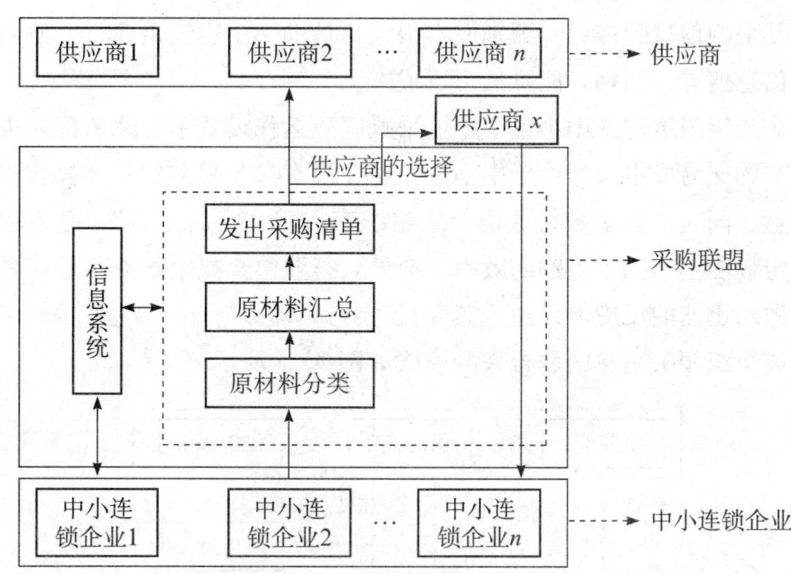

图 7－3　中小连锁企业联合采购模型

1. 中小连锁企业（采购商）

中小连锁企业（采购商）是联合采购模型中的原始需求方。中小连锁企业销售的产品品种繁多，同时销售具有不确定性，因此采购联盟在选择中小连锁企业时，可以是同一行业内的中小连锁企业，或者是需要同一规格商品的中小连锁企业。

2. 供应商

联合采购所选择的供应商可以是国内的，也可以是国外的，而且规模各不相同。中小连锁企业的采购订单通过采购联盟的联合，在供应商心目中的地位得到提升，供应商为了能保持与采购联盟的长久合作，势必主动建立战略合作关系，制订采购和供应计划并积极向采购联盟提供商品信息。

3. 采购联盟

采购联盟把同性质中小连锁企业的采购订单联合起来共同向供应商发出采购请求，目的在于以规模取得采购价格的折扣，同时为中小连锁企业提供更多的采购管理服务。在采购联盟内的中小连锁企业拥有采购联盟外企业所不具备的优势，如商品信息、价格优惠以及专业技术信息等。

（五）中小连锁企业采购联盟的运作模式

中小连锁企业运用联合采购应根据各自的特点，采用多种形式的采购联盟组织方式，因为不同的采购联盟组织方式会选择不同的运行方式，同时将用不同的管理机制来控制中小连锁企业、采购联盟、供应商之间的关系。

1. 行业协会或组织领头组建的中小连锁企业采购联盟运作模式

随着市场竞争的日趋激烈，市场信息量增长迅速、真假难分，单靠一个中小连锁企业独自完成对商品采购信息的搜寻、甄别成本很大，借助中小连锁企业行业协会或组织可以有效进行采购信息搜寻、甄别，能降低市场成本。

在行业协会或组织组建的中小连锁企业采购联盟运作模式下，物流配送方便，易于管理，且能有效节约交易成本，但由于中小连锁企业没有参与采购的具体操作过程，很难及时掌握采购信息。同时，大多数行业协会或组织存在着“官商作风”，办事程序多、效率不高，这在一定程度上影响了采购的效率。此外，行业协会或组织亦很难有效对中小连锁企业的多变性做出迅速的反应，以适应其变化。

行业协会或组织领头组建的联合采购模式如图 7－4 所示。

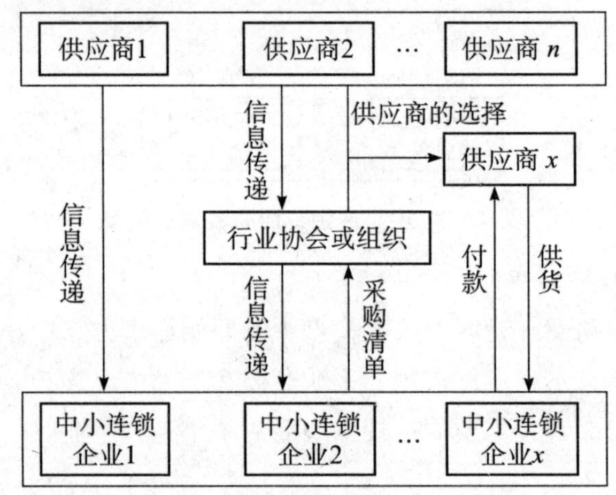

图 7－4　行业协会或组织领头组建的联合采购模式

2. 多家中小连锁企业以结盟方式共同组建的中小连锁企业采购联盟运作模式

这种模式中的采购联盟随意性较大，自发组织的联盟成员具有不确定性，所以把该联盟界定为临时性组织，甚至可界定为一次性组织。该模式下的信息传递，可以看成是供应商与中小连锁企业之间的信息传递，因为采购联盟中有各联盟企业的具体负责人，所以从供应商那里所获得的信息可以直接传递给中小连锁企业。

中小连锁企业以结盟方式组建的联合采购模式如图 7－5 所示。

在该模式中，中小连锁企业不用担心会产生“机会主义联盟”，对采购活动有较强的控制能力，对采购的价格、价格折扣、采购的质量、供应商的情况都有全面的了解，采购的过程相对较透明。但是，该模式下参与的中小连锁企业数量有限（参与到采购活动中的各连锁企业具体负责人有限），在这个前提下所收集的信息和对采购知识的掌握程度是有限的。此外，中小连锁企业以结盟的方式组建的联合采购模式不可能长期存在，只会针对具体的目标而建立，如果目标变更则采购的主体就相应变更，致使联盟内的成员处于不断变化中，没有固定的采购联盟组织形式，无形中加大了该类采购联盟运作的不确定性。

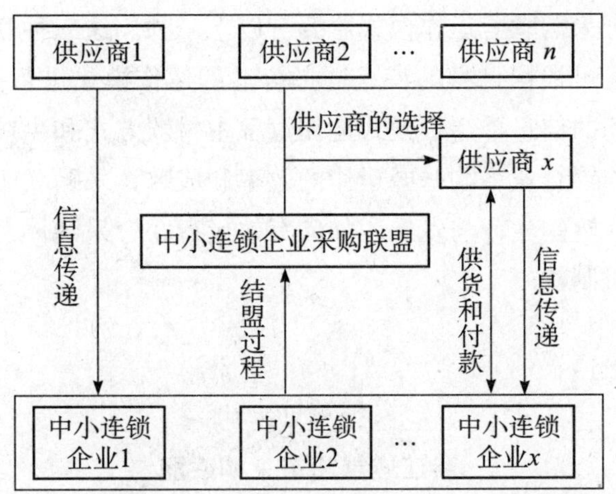

图 7-5　中小连锁企业以结盟方式组建的联合采购模式

3. 第三方运营的中小连锁企业采购联盟运作模式

第三方作为一个专门从事采购业务的营利性组织，用其专业化的知识为中小连锁企业采购服务。在第三方运营的联合采购模式中，中小连锁企业和供应商之间的信息都要靠第三方来传递，包括货款的支付、供应商向中小连锁企业进行供货等。

第三方运营的联合采购模式如图 7-6 所示。

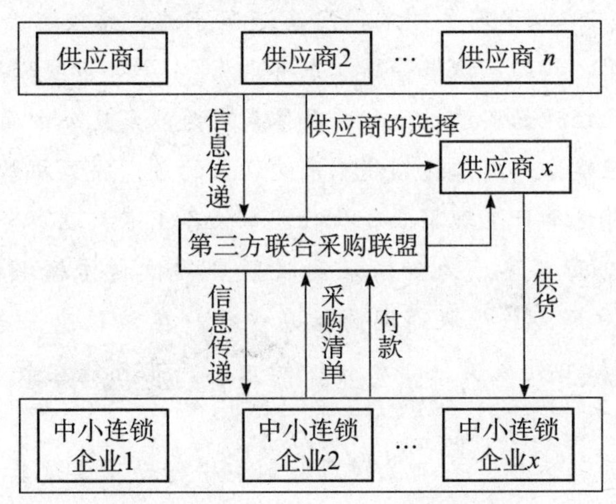

图 7-6　第三方运营的联合采购模式

第三方作为营利性组织，势必会对中小连锁企业和供应商的各自利益都有所保障，会将所收集到的信息进行专业化加工并传递给中小连锁企业和供应商。此外，拥有专业化知识的第三方会给中小连锁企业的经营决策提供建议，以使中小连锁企业进行科学决策。不过，第三方运营的联合采购模式中的第三方是一个营利性组织，中小连锁企业在委托其采购时难免会对第三方产生疑虑：通过第三方所采购的商品价格是不是最低的、采购的质量能不能得到保障等，这使得中小连锁企业一时较难接受这种新型的采购模式。

中小连锁企业联合采购联盟运作模式主要有以上三种。这三种联合采购运作模式各有优缺点，中小连锁企业可根据自身的特点选择合适的运作模式进行操作。在操作过程中，尤其要注意采购商之间的信息传递、模式运作过程中付款方式和供应商的选择，因为这些要素直接关系到中小连锁企业采购联盟运作的效率和成败。采购联盟的选择和联盟的运行方式直接关系到采购联盟的生存与发展，如何有效运行联合采购体系，取决于采购联盟各要素之间的利益分配机制。

相关链接 7-1

浙江连锁超市采购联盟

浙江连锁超市采购联盟，是一家由浙江省连锁超市企业自愿组成的民间性质的联合采购组织，隶属于浙江省连锁经营协会。2004 年 11 月 26 日，采购联盟由浙江慈客隆超市、绍兴供销超市、宁波新江厦超市、宁海小小超市、诸暨雄城配送五家浙江本地超市企业和联商网（浙江省供销社所属的中国零售行业最大网站 www.linkshop.com.cn）共同发起组建。

在成立当年，联盟拥有大小连锁店 500 余家（其中大型综合超市 40 余家），经营面积约 18 万平方米，配送中心 10 万平方米，门店遍布宁波、慈溪、余姚、宁海、象山、奉化、绍兴、浦江、嵊州、新昌、诸暨等浙江东部沿海 11 个县市区，年销售额达 25 亿元。

联盟刚一成立就已经开始实质性运行，具体表现为以下几个方面：

(1) 组织机构已经建立。浙江连锁超市采购联盟的最高决策机构是理事会，由各成员单位主要领导组成，并选举产生理事长和执行理事长各 1 名。理事会下设执行机构。

(2) 信息资源已全面共享。为确保采购联盟日常信息传输顺畅、高效、及时、正确，以中国零售业门户网站——联商网为信息平台。在该信息平台上，各成员单位不仅能及时发布、查询秘书处或其他单位传递的信息，而且能在最短时间内将相关资源进行共享。

(3) 集中采购已开始运作。为确保联盟做到统一行动，实现集中采购带来的规模优势，联盟规定：在执行机构承诺已谈妥条件低于或等于现有单家企业最优惠条件的情况下，各成员单位一旦同意执行联合采购的计划，必须无条件服从执行机构的统一指挥。包括不得中途退出或变更条件、无条件剥夺相关商品的独立采购权、无条件接受执行机构制约指令、无条件签订统一采购合同、不单独向供应商提出与统一采购合同相抵触的要求等。目前从实际情况来看，集中采购优势已经呈现，日常操作渐趋成熟和规范。

(4) 保障措施已落实到位。为确保采购联盟健康协调发展，联盟对成员单位的准入条件作了适当限制。例如：申请对象已在本地区同行中具有一定影响力和信誉度，年销售额必须在人民币1亿元以上，能向联盟公开本单位信息管理系统，能经常性参加联盟统一活动等。为确保已加入联盟的成员单位正常有效、步调一致地开展工作，联盟规定所有成员单位必须事先缴纳保证金人民币5万元，由联商网统一托管。如果成员单位出现泄密等违规行为，由联盟将该保证金转为公共费用，并重新收缴保证金。如果2年内连续三次出现违规行为，由联盟做出除名决定。为确保执行机构日常工作公正公平，联盟规定日常费用开支须由执行经理和执行理事双方签字，并逐月在联商网内部平台上公布营运情况，年终由理事会指定单位进行审计并公布。

正是基于这样一种合理的运行机制，截至2011年年底，浙江连锁超市采购联盟成员单位已达60家，拥有大小连锁网点8 000多家，年销售额超过110亿元，经营面积72万平方米，配送中心26万平方米。

资料来源：http：//www.zjcoop.gov.cn/article _ show.asp?articleid=206.

相关链接7-2

京东“联姻”1号店后　将携沃尔玛联合采购、共建供应链

2016年7月，京东和沃尔玛达成深度合作——京东将拥有1号商城包括“1号店”的品牌、网站、APP等主要资产，沃尔玛将继续经营1号店自营业务，并入驻1号商城。沃尔玛将获得京东新发行的1.45亿股A类普通股，占京东发行总股本数的5%。至此，三方将在线下线上协同合作，包括联合采购、通过沃尔玛引入进口商品等。沃尔玛麾下的山姆会员店将在京东开设旗舰店。

沃尔玛在收购1号店后，也曾雄心勃勃要整合。然而，实体零售与网购的差异、物流和各类成本的高企等，导致沃尔玛并未完全实现与1号店充分的联合采购。

相对而言，京东与1号店在商品气质上似乎更搭调。

“1号店在华南的表现不错，我们的优势在于3C电子类产品。当然，我们双方的文化理念也很相符。我们在研究具体合作方式，与沃尔玛的合作包括联合采购，比如在进口食品的采购方面达到规模效益，这几年我们有很多进口商品业务。还有和沃尔玛山姆会员店也可以合作——在京东开设旗舰店。当然，所有的合作需要一个过程，我们定期都会开会和推进。”京东商城CEO沈皓瑜如是说。沃尔玛的管理、山姆会员店和1号店等品牌，都是京东很看好的，这是长期的战略合作伙伴。

值得注意的是，此前京东入股了永辉超市。

此前入股永辉超市，也是京东希望借此丰富线下资源，尤其是永辉最有优势的生鲜品类。因为对于电商而言，缺乏的是线下SKU管理经验和品类，而实体店则需要线上导流渠道与物流支持。“我们和永辉是线下O2O合作，我们会有会员店上线、生鲜供应链方面的合作，我们并不排他，永辉也是优质零售商。”沈皓瑜表示。

资料来源：http://money.163.com/16/0711/21/BRNNLM2000253B0H.html.

相关链接7-3

线上线下龙头对接　京东与永辉建立联合采购机制

京东与永辉签署战略合作框架协议，宣布京东与永辉将建立联合采购机制，打通线上与线下，并合作探索零售金融服务。

一、大势所趋：合则赢

“我认为这是一件足以改变国内零售业生态的大事，永辉是线下的龙头，京东是线上的龙头，两者如果真能做好对接，完全有可能闯出一条新路子。”传统零售业目前正面临困境，不少公司曾尝试走自建网站的道路，但目前来看销售规模都不太大；同时，纯电商平台在渠道下沉和物流配送方面也遭遇了瓶颈，双方的融合发展应是大趋势。

“合则赢”的商业逻辑并不复杂，一是对上游供货商的议价能力，二是下游的渠道共享。据公告，双方将建立联合采购机制，“入股中百集团收购联华超市，以及引进牛奶国际作为战略股东，最直接的一个好处就是做大了采购量，增加和上游谈判的筹码，目前永辉的采购规模已经突破1 000亿元，和京东合作之后，这个数字还会大幅上升”。另据公开信息，京东目前在全国范围内已拥有七大物流中心，在43座城市运营了143个大型仓库，永辉超市则在全国17个省市经营351家门店，双方有着共享仓储物流的基础。

二、生鲜：加码

生鲜电商以高毛利、高重复购买率和高黏性屡受创业者和资本垂青。然而，生鲜电商“高冷”的背后，有着无限“苦逼”，这也是京东啃食生鲜不易的原因。

京东早在2012年就推出了生鲜频道，今年京东重推O2O战略，更是将生鲜品类放在了极其重要的地位，然而时至今日，京东生鲜仍未形成规模。

生鲜是永辉的强项，你看永辉的标语，“新鲜的永辉，绿色的永辉”。永辉各门店的生鲜经营面积超过40%，生鲜农产品的销售额占集团总销售额50%以上。

作为首批将生鲜农产品引进现代超市的流通企业，永辉的生鲜产品损耗率最低可控制在3%左右，在生鲜电商中，生鲜产品损耗率有的高达30%。

六六的《我要的只是公平》一文，公开指责京东山竹质量和售后，把一直以来发展得不温不火的京东生鲜推向了风口浪尖。

因为京东的生鲜战略采用B2C模式，平台负责采购、仓储、销售、物流等全部环节，其中任何一个环节出了问题，都会影响最终送到消费者手中的生鲜商品品质。

平台采购对采购人员的专业素养要求极高，需要其熟悉不同生鲜产品最地道的原产地。京东选择自建仓储，将采购过来的商品统一入库集中发货，这将带来极高的损耗率，比如说保质期短、出入库的搬运损耗等。而这些短板恰恰是永辉的强项。

针对生鲜的保鲜期较短、损耗大等特点，永辉会根据销售情况，随时补货。据了解，在永辉超市，每种生鲜商品不会一次摆放很多，如猪排骨，一次就摆放5块左右，然后根据销售状态，现卖现补。

正如京东集团方面所说，双方可以在联合采购、整合供应链管理能力、线上线下O2O业务模式上探索。京东入股永辉，能够给自己的生鲜业务加码。

三、降低采购、物流成本

京东邦能的业务主要是投资管理、企业管理咨询、投资咨询等；而江苏圆周主营京东商城图书、报刊、电子出版物的销售业务。

永辉超市表示，本次非公开发行的目的主要在于通过股权作为纽带，保持与牛奶国际在全球供应链方面的合作，建立与京东邦能和江苏圆周及其关联方的线上业务合作关系，打通线上线下业务，降低采购和物流成本。

针对分析师提出京东的O2O战略以及与永辉超市的合作问题，京东首席财务官黄宣德表示，京东在O2O领域的重点发展行业是生鲜产品，通过手机应用"京东到家"将居民与小区附近的超市相连接，把生鲜产品直接送到用户家里。京东与永辉超市的结盟是战略性的，会超过目前的O2O合作关系。

资料来源：http://stock.10jqka.com.cn/20150810/c580553601.shtml.

二、电子采购

电子采购是由采购方发起的一种采购行为，是一种不见面的网上交易，如网上招标、网上竞标、网上谈判等。人们把企业之间在网络上进行的这种招标、竞价、谈判等活动定义为B2B电子商务。事实上，这也只是电子采购的一个组成部分。电子采购与一般的电子商务相比，不仅仅完成采购行为，而且利用信息和网络技术对采购全程的各个环节进行管理，有效地整合了企业的资源，帮助供求双方降低了成本，提高了企业的核心竞争力。可以说，电子采购是连锁企业运营信息化的重要组成部分。

（一）电子采购的优势

1. 提高采购效率，缩短采购周期

连锁企业通过电子采购交易平台进行竞价采购，可以根据自身的要求自由设定交易时间和交易方式，大大缩短了采购周期。自连锁企业竞价采购项目正式开始至竞价结束，一般只需要1～2周，较传统招标采购节省30％～60％的采购时间。

2. 节省采购成本

美国全国采购管理协会的统计资料显示，使用电子采购系统可以为连锁企业节省大量的成本。采用传统采购方式生成一份订单所需要的平均费用为150美元，而使用电子采购则可以将这一费用减少到30美元。连锁企业通过竞价采购商品的价格平均降幅为10％左右，最高时可达到40％。

3. 优化采购流程

采购流程的电子化不是用计算机和网络技术简单替换原有的方式方法，而是依据更科学的方法重新设计采购流程，在这个过程中，摒弃了传统采购模式中不适应社会生产发展的落后因素。

4. 实现信息共享

电子采购可以使买卖双方了解当时采购、竞标的详细信息，查询以往交易活动的记录，这些记录包括中标、交货、履约等情况，既帮助连锁企业全面了解供应商，又帮助供应商更清楚地把握市场需求及企业在交易活动中的成败得失，积累经验。

5. 改善服务及与供应商的关系

电子采购能帮助连锁企业改善客户服务和客户满意度，促进供应链绩效，并改善与供应商的关系。

6. 让供应商获益

对于供应商来说，电子采购可以更及时地掌握市场需求、降低销售成本、增进与采购商之间的关系，从而获得更多的交易机会。

国内外无数企业实施电子采购的成功经验证明，电子采购在降低成本、提高商业效率方面，比在线零售、企业资源计划（ERP）更具潜力。电子采购的投资收益远远高于过去10年内已经在企业中占主导地位的任何商业革命，包括企业流程再造、策略性采购等。

（二）电子采购模式

电子采购所要进行的业务关系到供应商和采购商两个主体，特别是采购商品信息，均来自企业外部，这给电子采购模式的建立提供了各种可能性。连锁企业的电子采购模式主要有卖方模式、买方模式和市场模式三种。

1. 卖方模式

卖方模式是指供应商在互联网上发布其产品的在线目录，采购商通过浏览取得所需的商品信息，以做出采购决策，并下订单。这就像一个购物者在一条商业大街上选出各个“商店”，通过不断地比较来购买商品。在这个模式里，供应商必须投入大量的人力、物力和财力以建立、维护和更新商品目录，所以成本较高、操作较为复杂。而采购商不需要花费太多就能得到自己所需的商品信息，既便宜又方便。但是，卖方模式仍存在自身的劣势：由于“商店”是普通的门户网站，很难和采购商后端的企业内部信息系统很好地集成。所以对于采购商而言，一切似乎都没有改变，采购商还是得寻找供应商的网站，登录上去之后，通过目录网络形式输入订单。每个采购商每次都必须输入一些必备信息，如公司名称、地址、电话号码、账户等。很明显，如果一家连锁企业同时拥有500家供应商，那就要访问500个网站，不停地重复输入信息。另外，采购商与供应商是通过供应商的系统进行交流的，由于双方所用的标准不同，供应商系统向采购商传输的电子文档不一定能为采购商的信息系统所识别并自动加以处理，这些文档需要经过一定的转化，甚至需要手工处理，这大大降低了电子采购的效率，延长了采购的时间。当然，XML（Extensible Makeup Language）技术的出现，为互联网上的数据表示和传播提供了新的思路，使B2B电子采购有所发展。不过这种采购模式可以被视为小购买者和一次性采购所采用的形式。

2. 买方模式

买方模式是指采购商在互联网上发布所需采购商品的信息，供应商在采购商的网站上登记自己的商品信息，供采购商评估，并通过采购商网站进行进一步的信息沟通，完成采购业务的全过程。买方模式可以使连锁企业更紧密地控制整个采购流程，它可以限定目录中所需商品的种类和规格，甚至可以给不同的采购人员在采购不同的商品时设定采购权限和数量限制。另外，采购人员只需要通过一个界面就能了解所有可能的供应商的商品信息，并能很方便地进行对比和分析。同时，由于供求双方是通过采购商的网站进行文档传递，采购商网站与采购商信息系统之间的无缝连接将使这些文档流畅地被后台系统识别并处理。对于一个成功的买方模式来说，只有使用成熟的信息技术安全体系，只有采取了全面的技术防护手段，才能确保采购过程的顺利进行。当然，买方模式也有自身的劣势：采购商需要承担目录和系统维护的艰巨工作，最初的信息整合和合理化过程需要很大的投入。设想，如果一家公司涉及不同国家成百上千的供应商，就有可能有成百上千个项目条款，每个条款都有很多项规格说明。因此，对于那些没有将目录和系统维护作为核心竞争力的采购商来说，他们可能会考虑要将这项工作外包，这就涉及成本问题，还有技术更新的问题。

3. 市场模式

市场模式是指供应商和采购商通过第三方设立的网站进行采购业务的过程。在这个模式里，无论是供应商还是采购商都只要在第三方网站（独立的门户网站）上发布并描绘自己提供或需要的商品信息，第三方网站则负责商品信息的归纳和整理，以便于用户使用。在市场模式下，任何参与者都可以登录并进行交易，但是要交一定的费用，这是按交易税金或交易费的百分比来计算的。第三方网站上的主要内容有查看目录、下订单（竞标）、循环交货、支付等。市场模式使买卖双方省去了建立网站的费用，但由于是独立的第三方网站，它与采购商的后台系统集成比较难。为了弥补这一缺陷，现在一些电子采购方案提供商建立的电子交易中心纷纷采用了基于XML的开放型构架，这种构架已逐渐成为构建电子交易中心的主流模式。因为在这种构架下，不论企业自身的系统是什么“语言”，都可以通过XML顺利地进行“沟通”。同时，他们还为客户提供后台集成的服务，使企业能顺畅地通过电子市场进行采购。不过这些电子交易中心的服务水平千差万别。许多电子交易都只是局限于为多个采购商和供应商提供一个在线的多对多的商店门面，而且通常只关注于一个单一的水平或垂直行业部门。目前，10%～30%的采购是由电子交易中心来进行的。

相关链接 7－4

慧聪网 VS 阿里巴巴，创新 B2B 电子商务

作为业内知名的B2B网站，慧聪网和阿里巴巴以其独特的产品服务成为中国电子商务B2B行业的领头羊。那么，它们到底分别具有哪些优势和特点呢？比较慧聪网和阿里巴巴的服务内容，我们不难从中发现规律。

阿里巴巴作为知名的B2B网站之一，已经积累了大量的会员和良好的口碑，再加上阿里巴巴大量的广告和技术以及各方面资源的投入，其在吸引新会员以及维护老会员方面做得相当不错。阿里巴巴网站每天的人流量和信息发布量，都处于国内电子商务网站的前列，拥有庞大的数据量。

与阿里巴巴“是个筐，什么都可以往里装”的平台模式相比，慧聪网的运营模式是“聚垂直而成水平规模”的垂直行业运营模式。慧聪网的服务包含了B2B电子商务网站平台、互联网营销、电子采购在内的全系列网上服务，以及商情、大全、掌中宝等为代表的实体出版服务和以“行业十大评选”为代表的媒体服务。慧聪网“买卖通＋标王”的B2B电子商务体系，不仅可以帮助中小企业通过互联网，以最小的成本获得最大的推广效果，为自己的企业提供了一个全方位的展示机会，而且借助慧聪网的精准匹配、线上线下洽谈会等多种方式，能捕获900万慧聪买家资源的注意力，促成交易的达成。

资料来源：http：//eshop. yidaba. com/201007/01131243100210010002107269 2. shtml.

（三）电子采购流程方案

电子采购系统可根据连锁企业采购流程需求采取不同的采购流程解决方案，其系统提供的采购流程解决方案有典型采购方案、典型延伸式采购方案和系统独立式采购方案。

1. 典型采购方案

典型采购方案提供企业本身以SAP企业资源整合系统为主的企业整体采购控管流程，所有采购交易数据的请购单、采购单、收货单以及发票皆储存于后端的企业资源整合系统。电子采购系统提供一般请购使用者以网络浏览器简易操作的使用者接口，以产品目录等方式开立购物车（请购单），待购物车在电子采购系统上完成请购审批流程后，系统依预先定义的请购条件在后端企业资源整合系统中产生请购单、采购单或物料保留单；后续的收货以及开立发票作业，也可同时在电子采购系统以及后端的企业资源整合系统中完成。

此种方案适合导入的连锁企业：（1）企业有大量请购需求，须自行在系统中执行开立请购单作业，因其电子采购系统简易操作的特性，有效降低了企业系统培训的成本。（2）企业采购部门仅在后端的企业资源整合系统中完成采购作业。

2. 典型延伸式采购方案

典型延伸式采购方案为加强型的典型采购方案，其方案也与企业本身以 SAP 企业资源整合系统为主的企业整体采购控管流程整合，并应用电子采购系统强大的货源管理和搜寻功能，让专业采购人员针对一般请购使用者以及物资计划管理系统的请购单做进一步的处理，如直接开立招标邀请书（即询价单）、合约采购等。其系统还提供一般请购使用者以网络浏览器简易操作的使用者接口，以产品目录等方式开立购物车（请购单），等购物车在电子采购系统上完成请购审批流程后，系统依预先定义的请购流程条件，将其请购需求于电子采购系统上传送至采购人员，采购人员在电子采购系统上完成采购流程后（即询报价、询报价审批流程、采购单建立以及采购审批流程等），电子采购系统即产生采购单并传送复制于后端的企业资源整合系统中，其采购单内容仅能在电子采购系统中修改；后续的收货以及开立发票作业也可同时于电子采购系统以及企业资源整合系统中完成。

此种方案适合导入的连锁企业：(1) 企业有大量请购需求，须自行在系统中执行开立请购单作业，因其电子采购系统简易操作的特性，有效降低企业系统教育训练的成本。(2) 企业采购部门需使用电子采购系统完成整体性采购流程。(3) 企业采购部门需使用电子采购系统的货源搜寻功能。

3. 系统独立式采购方案

系统独立式采购方案提供企业本身以采购系统独立建置的方式导入电子采购系统，企业整体采购流程交易文件都在电子采购系统中产生，仅会计及财务数据在相关交易文件产生时一并在后端企业资源整合系统中更新，所有采购流程都在电子采购系统中独立完成。此种方案适合导入的连锁企业：(1) 企业后端的企业资源整合系统中并无使用采购模块。(2) 企业仅应用电子采购系统采购特定的物资，其余采购流程于后端的企业资源整合系统中完成。

相关链接 7-5

电子发票：实现全流程电子商务和电子采购的关键

在经济全球化和互联网技术飞速发展的今天，商业运营模式发生了翻天覆地的变化。电子商务和电子采购的广泛应用，使越来越多的企业、组织乃至个人都可以在全球范围合理配置资源。目前，我国电子商务与电子采购大规模发展与应用阶段已经到来，给税务行政和传统发票制度带来了一系列挑战。

我国“十二五”规划中提出要全面提高信息化水平，加快财税体制改革。电子商务和电子采购正在成为推动电子发票产生与发展的主导力量，电子发票与信息流、物流和资金流电子化的结合，可以给全社会带来巨大的效益。

实现全流程电子商务和电子采购的关键是电子发票的应用。全流程电子商务是与国际接轨的必然要求，纸质发票的局限性和滞后性促使电子发票的应用成为必然。欧盟鼓励企业更多使用电子发票，并使电子发票成为欧洲企业的首选发票形式。我国企业要走向国际化，要与跨国公司打交道，就需要采用电子化手段进行全流程的优化，提升自身的竞争力。

电子发票的应用符合财政、税务及商务系统的信息化建设需求，符合提高政府监管能力和工作效率的要求。采用电子发票有利于税务部门对发票数据信息进行管理和控制，有利于纳税人节省时间、提高办税效率，可以有效确保全国范围内对发票信息的实时跟踪，杜绝代开、虚开发票及偷税漏税等违法现象，实现整体上的税源控制和监管。

我国网络发票试点为电子发票应用实现了良好的开端。2010 年年底修订的《中华人民共和国发票管理办法》规定：国家推广使用网络发票管理系统开具发票，具体管理办法由国务院税务主管部门制定。但由于相关法律法规的不健全和限制，电子发票在我国还没有得到真正的应用。随着电子商务、电子采购的蓬勃发展，企业希望使用电子发票的愿望日益迫切，需要税务主管部门重点关注和研究。

在现行税制基础上，建议增加电子发票作为商务活动的核算凭证。当前电子商务自身尚处于不完善阶段，有关的法律规范较少，使得对电子商务的税收征管困难。鼓励电子发票与采用传统发票齐头并进，不仅能够体现公平的市场经济基本准则，而且能够防范电子商务成为合法避税港的风险。

资料来源：http：//www. people. com. cn/h/2011/0722/c25408-1117464783. html.

（四）企业实施电子采购的步骤

1. 提供培训

企业对电子采购系统的使用者进行应用技术培训，让其了解将在什么地方进行制度革新，以便将一种积极的态度灌输给使用者，这将有助于减少未来项目进展中的阻力。

2. 建立数据源

为互联网采购和提供管理功能积累数据，主要包括：供应商目录、供应商的原料和商品信息、各种文档样本、与采购相关的其他网站、可检索数据库、搜索工具。

3. 成立正式的项目小组

项目小组需要由高层管理者直接领导，其成员应当包括信息技术、采购、仓储、销售、计划等部门，甚至包括互网服务提供商（ISP）、应用服务提供商（ASP）、供应商等外部组织的成员。每个成员对各种方案选择的意见、风险、成本、程序安排和监督程序运行的职责分配等进行充分的交流和讨论，以取得共识。企业的实践证明，事先做好组织上的准备是保证整个进程顺利进行的前提。

4. 广泛调研，收集意见

为做好电子采购系统，应广泛听取有技术特长的人员，如管理人员、软件供应商的意见，同时借鉴其他企业行之有效的做法，在统一意见的基础上，制定和完善有关的技术方案。

5. 建立企业内部信息系统，实现业务数据的计算机自动化管理

在企业的电子采购系统网站中，设置电子采购功能板块，使整个采购过程始终与管理层、相关部门、提供商以及其他相关内、外部人员保持动态的实时联系。

6. 在应用前测试所有功能模块

在电子采购系统正式使用前，必须对所有的功能模块进行测试。因为任意一个功能模块在运行中存在问题，都会对整个系统的运行产生很大影响。

7. 网站发布

利用电子商务网站和企业内部网收集企业内部各个单位的采购申请，并对这些申请进行统计整理，形成采购招标计划，并在网上进行发布。

相关链接 7-6

海尔的电子采购平台

海尔物流与供应商搭建起了公平、互动、双赢的采购协作平台。在企业外部，CRM与 BBP 平台搭建起企业与用户、企业与供应商沟通的桥梁。

通过海尔的 BBP 采购平台，所有的供应商均在网上接收订单，并通过网上查询计划与库存状态，及时补货，实现 T 供货；供应商在网上还可接收图纸与技术资料，使技术资料的传递时间缩短了一半；另外，海尔与招商银行联合，与供应商实现网上货款支付。通过 BBP 采购平台，海尔不但加快了整条供应链的反应速度，而且与供应商真正实现了双赢。通过海尔的电子采购平台，物流本部订单周期缩短，及时性、准确性提高。以前从收到计划到把采购订单下到供应商手中需要 5～7 天，现在供应商第 2 天就可以到 BBP 网站上查看从 ERP 系统自动传到 BBP 系统中的采购订单并打印送货单，准确率比以前大大提高。

供应商是影响企业生产系统运行的直接因素，选择恰当的供应商是保证企业产品的质量、价格、交货期和服务的关键因素。

海尔与供应商通过洽谈来确定价格和采购条件，并最后签订采购合同。当然，海尔与供应商之间也存在一些不与传统相似的供应方法，即 JT 采购和供应链采购。

案例讨论

首个超市采购联盟——上海家联为何面临困境

2003年10月31日，在第五届中国连锁业会议上，湖南步步高、宁波三江等6家企业提出组建超市采购联盟时，众多中小零售企业眼前一亮。已被欧洲、日本成功实践所证明的自愿连锁方式，似乎成为那些不愿被人吃掉、想好好活着的中小零售企业面前的一条光明大道。

2004年4月，6家发起企业中的4家，成立了上海家联联盈采购有限公司（以下简称上海家联），并于当年5月下旬开始运作。上海家联的主要作用是与供应商谈判并签订合同，然后由成员企业一起共享采购合同。当时上海家联主要由5个人在运作，其中4个人分别来自4家成员企业，属企业派驻的采购代表，另一人是外聘的职业经理人。采购联盟与成员企业间的合同主要集中在返点方面，返点额度根据各家的销售量分成，淡化进场费的谈判，或者避免进场费的收取问题。

但成立一年后，上海家联的采购量仅400多万元人民币，与各超市年逾100亿元的采购总额形成巨大反差。时至2010年，上海家联的年营业额仅为33万余元，基本处于停滞状态。

采购联盟最主要的作用体现在采购商品价格谈判上，一些知名品牌的全国性商品，通过联合采购，在价格上可进一步获得1%～3%的优惠，这是采购联盟目前最大的价值体现。因为这些商品的销售额大，价格弹性很小，能够获得1个点的毛利在经营上都是一种可观的进步。而采购一些非食品类的杂牌品种，虽然这些商品的销售量不大，但联合采购以后议价的空间大大增加，有的甚至可以比单独采购降低40%～50%。采购联盟的作用如此明显和突出，为何上海家联作为国内首个超市采购联盟会衰落得如此之快呢？原因主要有以下几点：

（1）管理架构扁平，缺乏一个强有力的中心。上海家联的4家成员企业规模相当，都是地方的诸侯级企业，都有各自比较成熟的采购、物流体系和企业文化。如果没有巨大外力冲击，他们很难对上海家联产生依赖。20世纪80年代初，我国各级供销社就曾经采取过一种类似体制——联购分销，效果非常不错。成功的原因之一就是供销社各级是上下级的关系，这种联合相对来说要更加有力。此外，这4家成员企业分别来自湖南、山东、湖北和广西，彼此距离遥远，企业文化、经营管理模式有很大差异，导致上海家联在实际运作过程中的经营思路很难取得统一。

（2）在一些费用分摊、利益分配等实质利益问题的处理上，各项机制也不完善。由于供应商所处位置到各成员企业的距离不一样，直接导致运输费用不一样，物流费用相对较低的成员企业就不愿意为盟友承担费用。此外，当一种或几种各家都很需要的“俏货”出现时，怎样确定分配比例才能让各家都满意也是一个未得到妥善解决的难题。

(3) 成员企业间缺乏信任，尚需磨合。采购联盟信任机制的建立颇为重要，联盟各方如果都只考虑自己的利益，在信息共享方面就难以协调。因为谈判的基础是要内部相互了解和协调，这意味着成员企业的很多商业秘密数据或者采购条款要暴露出来。这种信任机制需要时间和完善的制度来建立。成员企业间缺乏坚实的信任基础，也是影响上海家联正常运作的主要原因之一。

欧洲、日本的自愿连锁组织与上海家联虽然根本目的相同，但在运作上却有很大不同。1926年诞生于欧洲的自愿连锁，不但在采购上进行联合，更重要的是在企业管理、企业文化方面采用一套模式，而后者才是联合采购能取得成功的基础。这也是我国引进的超市采购联盟与国外自愿连锁组织的最大不同，这种后天的松散组合很容易让我国超市采购联盟陷入“貌合神离”的状态。因此也就出现了“谁离开谁都能活，但是合在一起的家联却未必好活”的窘境。

资料来源：http://www.haishenproperty.com/projects/projects-3008.html.

问题：

1. 国内的地方性超市企业到底需不需要采购联盟？为什么？

2. 根据国内的市场环境和企业经营现状，可以采取哪些制度或措施，以真正发挥类似上海家联这样的采购联盟的作用？

课程实训一

◆ 实训项目

调查连锁企业采购方式。

◆ 实训任务

1. 确定调查小组成员的分工。
2. 调查至少3家连锁企业的采购方式。
3. 分析比较各家连锁企业采购方式的优劣。
4. 选择其中的1家连锁企业，对其某一采购方式进行详细说明。
5. 分析、提出该连锁企业可以采用的新采购方式。

◆ 实训提示

1. 被调查连锁企业尽量属于同一行业或业态，使得调查结果具有可比性。
2. 调查可采用实地调研与网络资料搜集相结合的方式。

◆ **实训效果评价标准**

连锁企业采购方式调查实训评分表

考评人		被考评小组	
小组成员			
考评内容	连锁企业采购方式调查		
考评标准	考评点	分值（分）	评分（分）
	调查结果的有效性	20	
	对各家连锁企业分析、比较的合理性	40	
	对其中一家连锁企业分析、说明的合理性	30	
	实训参与度	10	
	合计	100	

注：评分满分100分，60～70分为及格，71～80分为中等，81～90分为良好，91分以上为优秀。

课程实训二

◆ **实训项目**

模拟连锁企业电子采购。

◆ **实训任务**

1. 确定小组成员的分工。
2. 确定连锁企业电子采购商品的清单。
3. 分析、评价各家供应商的信用、商品的质量和价格。
4. 分析连锁企业电子采购商品的利弊。
5. 分析连锁企业电子采购商品的四流（商流、资金流、物流和信息流）。

◆ **实训提示**

1. 建议各小组选取一个较小的商品品类。
2. 对供应商的评价可参考网上其他买家的评价。

◆ **实训效果评价标准**

模拟连锁企业电子采购实训评分表

考评人		被考评小组	
小组成员			
考评内容	模拟连锁企业电子采购		
考评标准	考评点	分值（分）	评分（分）
	调查结果的有效性	20	
	对各家连锁企业分析、比较的合理性	40	
	对其中一家连锁企业分析、说明的合理性	30	
	实训参与度	10	
	合计	100	

注：评分满分100分，60～70分为及格，71～80分为中等，81～90分为良好，91分以上为优秀。

项目小结

1. 采购联盟的主要类型有：非正式采购联盟、契约式采购联盟、合资型采购联盟。

2. 中小连锁企业采购联盟的主要运作模式有：行业协会或组织领头、中小连锁企业结盟、第三方运营。

3. 电子采购主要有卖方模式、买方模式、市场模式三种模式。

4. 电子采购流程方案主要有典型采购方案、典型延伸式采购方案、系统独立式采购方案。

主要概念

采购联盟　非正式采购联盟　契约式采购联盟　合资型采购联盟　电子采购
卖方模式　买方模式　市场模式

课后自测练习

一、单选题

1. 电子采购（　　）是指供应商在互联网上发布其产品的在线目录，采购商通过浏览来取得所需的商品信息，并做出采购决策的模式。

A. 直销模式　　B. 市场模式
C. 买方模式　　D. 卖方模式

2. 在电子采购（　　）下，买方承担着目录和系统维护的艰巨工作。

A. 直销模式　　B. 市场模式
C. 买方模式　　D. 卖方模式

3. “阿里巴巴”网站所提供的采购业务属于（　　）。

A. 直销模式　　B. 市场模式
C. 买方模式　　D. 卖方模式

二、多选题

1. 中小连锁企业联合采购的作用有（　　）。

A. 降低采购成本和交易成本　　B. 提高采购效率
C. 拓宽信息渠道　　D. 加强与供应商的有效联系
E. 取得较高的销售利润率

2. 连锁企业的电子采购模式有（　　）。

A. 直销模式　　B. 邮购模式

C. 市场模式　　D. 买方模式

E. 卖方模式

三、判断题

1. 采购联盟具有集采购商和供应商两种角色于一体的特征。

2. 采购联盟在选择中小连锁企业时，可以是同一行业内的中小连锁企业，也可以是需要同一规格商品的中小连锁企业。

3. 由多家企业以结盟方式自发组建的采购联盟属于长期性的正式组织。

4. 在电子采购卖方模式中，供应商必须投入大量的人力、物力和财力以建立、维护和更新商品目录，所以成本较高、操作较为复杂。

四、简答题

1. 简述中小连锁企业采购联盟的主要运作模式。

2. 简述电子采购的主要流程方案，并说明适用对象。

参考文献

[1] 谢翠梅．连锁企业采购管理［M］．北京：对外经济贸易大学出版社，2010：1－2.

[2] 王炬香．采购管理实务［M］．北京：电子工业出版社，2007：13－14.

[3] 周鸿．采购部规范化管理工具箱（第2版）［M］．北京：人民邮电出版社，2010：6－11.

[4] 王忠宗．采购管理手册［M］．广州：广东经济出版社，2001：373－381.

[5] 张琼．连锁采购管理实务［M］．大连：东北财经大学出版社，2010：5－20.

[6] 郑光财．连锁企业采购管理［M］．北京：电子工业出版社，2007：43－83.

[7] 文峰．轻松管采购［M］．广州：广东经济出版社，2006：9－22.

[8] 李琦业．货物采购与检验［M］．北京：中国物资出版社，2004：96－128.

[9] 蔡中焕，鲁杰．连锁企业商品采购管理［M］．北京：科学出版社，2008：224－234.

[10] 覃常员．连锁经营采购管理［M］．北京：机械工业出版社，2009：169.

[11] 胡学庆，徐为明．连锁企业商品采购管理（第2版）［M］．上海：立信会计出版社，2007：135.

[12] 侍东波．买卖合同案例评析［M］．北京：知识产权出版社，2002：32.

[13] 陈广家．家乐福超市攻略［M］．广州：南方日报出版社，2004：112.

[14] 郭辉．采购实务［M］．北京：中国物资出版社，2006：183.

[15] 雷海燕，唐立新．ABC分类法在供应商关系管理中的应用探讨［J］．物流工程与管理，2009，(5)：47－48.

[16] 冯建海，陈丹．基于平衡计分卡的企业采购绩效评价［J］．财会月刊，2011(9)：26.

[17] 毛勤晶，王雨琪．零售采购联盟的风险认识和对策建议［J］．国际融资，2010(11)：53－54.

[18] 浦杰．战略采购确实有效吗？［J］．机电信息，2000（10)：48－49.

[19] 武维申．关于工程采购模式的改革研究［J］．科技信息，2007（35)：326－327.

[20] 李倩．制造企业混合采购供应物流运作模式［J］．中国物流与采购，2007

(24)：70－71.

［21］孙敬延．中小制造企业采购管理策略探讨［J］．财会月刊，2008（2)：76－78.

［22］辽宁省交通高等专科学校物流系：仓储与配送管理（第六章库存管理，第四节定期订货法）［EB/OL］．［2011－08－13］．http：//jpk. lncc. edu. cn/jpk06/ccyps/mtzy/llkj. htm.

图书在版编目（CIP）数据

连锁企业采购管理/楼永俊主编．—2 版．—北京：中国人民大学出版社，2018.1
21 世纪高职高专规划教材．连锁经营管理系列
ISBN 978-7-300-25275-9

Ⅰ.①连…　Ⅱ.①楼…　Ⅲ.①连锁企业-采购管理-高等职业教育-教材　Ⅳ.①F717.6

中国版本图书馆 CIP 数据核字（2017）第 313463 号

普通高等职业教育“十三五”规划教材
21 世纪高职高专规划教材·连锁经营管理系列
连锁经营管理专业示范建设系列教材
连锁企业采购管理（第二版）
主　编　楼永俊
副主编　张　琼
Liansuo Qiye Caigou Guanli

出版发行	中国人民大学出版社		
社　　址	北京中关村大街 31 号	**邮政编码**	100080
电　　话	010－62511242（总编室）		010－62511770（质管部）
	010－82501766（邮购部）		010－62514148（门市部）
	010－62515195（发行公司）		010－62515275（盗版举报）
网　　址	http：//www. crup. com. cn		
	http：//www. ttrnet. com（人大教研网）		
经　　销	新华书店		
印　　刷	北京溢漾印刷有限公司	**版　　次**	2012 年 5 月第 1 版
规　　格	185 mm×260 mm　16 开本		2018 年 1 月第 2 版
印　　张	14	**印　　次**	2018 年 1 月第 1 次印刷
字　　数	287 000	**定　　价**	32.00 元